双龙战法
——盘口精确买卖点

冯矿伟 著

地震出版社
Seismological Press

图书在版编目（CIP）数据

双龙战法：盘口精确买卖点/冯矿伟著．—北京：
地震出版社，2013.3（2021.8重印）
ISBN 978-7-5028-4137-9

Ⅰ.①双…　Ⅱ.①冯…　Ⅲ.①股票投资—基本知识
Ⅳ.①F830.91

中国版本图书馆CIP数据核字（2012）第230238号

地震版　XM4895/F(4818)

双龙战法——盘口精确买卖点

冯矿伟　著
责任编辑：刘素剑
责任校对：孔景宽

出版发行：地震出版社
　　　　　北京民族学院南路9号　　　　　邮编：100081
　　　　　发行部：68423031　68467991　传真：68467991
　　　　　总编室：68462709　68423029
　　　　　证券图书事业部：68426052
　　　　　http://www.dzpress.com.cn
　　　　　E-mail：zqbj68426052@163.com

经销：全国各地新华书店
印刷：天津嘉杰印务有限公司

版（印）次：2013年3月第一版　2021年8月第15次印刷
开本：787×1092　1/16
字数：166千字
印张：14.25
书号：ISBN 978-7-5028-4137-9
定价：48.00元

版权所有　翻印必究
（图书出现印装问题，本社负责调换）

前　言

　　股票市场把"强者恒强而弱者恒弱"这句话演绎的淋漓尽致，立足强势市场，你每天思考的问题是自己的股票今天能不能涨停，能涨多少点，能赚多少钱；而立足弱势市场，你每天思考的问题是自己的股票今天会不会跌停，会跌多少点，会亏多少钱。这是完全不同的两个操作思维，当然也直接影响到你的交易利润！这么来说吧，选择一波上涨周期，在上涨周期寻找最先起涨的热点板块，在热点板块中操作长期稳坐龙头宝座的股票，如果这样你还不能赚钱，那么这波行情就没有人可以赚钱了，难道操作被市场边缘化的个股会赚钱吗？强势是双龙战法的核心！

　　同一技术有人能赚钱，有人却连连亏损。其实不赚钱有两点原因：①技术形态不适应当前的市场结构。没有一招儿制胜的技术，也没有一剑封喉的绝招儿。好比过河要坐船，若开车过河只能沉入河底，这和车的好坏是没有关系的，再好的车在水中还不如一叶扁舟。②交易点的可操作性不确定。技术形态只是表面现象，形成技术形态背后的基础才是涨跌的关键。比如最基本的突破形态，我们都遇到过假突破，突破只是表面现象，而形成突破的原因才是突破有效性的关键。知其然，更要知其所以然，任何技术形态都一样，在你没有搞清楚形态背后的原因之前，不要轻易去交易。技术交易者的巅峰是交易点的可操作性的准确把握，即执行力，而提高执行力的唯一方法就是把买卖点精确量化。所谓的"逢高减仓"、"逢低进场"在没有精确量化技术做保证的前提下，不过是一种美好的愿望罢了。

　　买卖点可以简单分为左侧交易和右侧交易。左侧交易是在波段最高点和最低点之前的买卖，以调整为例：左侧交易难免要承担一定的惯性下跌风险，尤其是下跌中继的小反弹，左侧交易所引发的反弹非常弱，甚至是横盘震荡。所以左侧交易就要设置好止损、止盈点，不能把牢底坐穿，否则很容易被火中取栗的行为烫伤自己。最高点和最低点属于左侧交易的一种特殊情况，但巧妇难为无米之炊，如果极值点不出现，而直接筑尖顶或筑尖底，则操作上就要用右侧交易来填补左侧交易的不足，即左侧交易＋右侧交易＝永不套牢和永不踏空。右侧交易是脱离底部、顶部结构之后的交易，虽然相对滞后，但从交易的角度来考虑，是必不可少的一部分，因为右侧交易是实现永不踏空、永不套牢的关键环节。另外，既然选择了右侧交易，就要严格执行右侧买卖点，则不要再贪恋左侧交易火中取栗的利润了。左侧交易和右侧交易没有优劣之分，二者结合才是最完美的交易组合，才是最终实现永不踏空、永不套牢的终极目的。

　　本书共分为五章：第一章阐述了双龙战法的核心：强势。立足强势市场我们每天思考的问题是自己的股票今天会不会涨停，反之，如果立足弱势市场，我们每天思考的问题是自己的股票会不会跌停，思维不同导致操作的天壤之别。第二章是在安全气囊内从涨停板个股中挖掘具备强势延续的个股，涨停板不一定引发大牛股，但大牛股必然是从第一个涨停板开始的，至少主升浪是从涨停板开始的。第三章把进场点精确到具体的时间、价格上，而且买点的可操作性用量能、大单、安全气囊等进行加固，提高进场的安全性，提高交易的成功率。第四章阐述了我的炒股心法：止盈、止损、阶段性停止交易。当我们把市场中所有的风险全部规避掉，剩下的全部都是利润，我们不用看股票是怎么涨的，也不用预期股票上涨的高度，只要我们把股票可能出现的风险全部规避掉，剩下的只有利润。第五章把本书精确买卖点技术推向了另一个高度，即背离高低点。该技术几乎每天我们都要用到，而且在我博客直播中无数次进行精确、及时地判断顶和底，甚至精确捕捉波段的极值高点和极值低点，这在实战交易中意义重大！

本书是我多年来交易、生活的总结和感悟，虽然本书的技术已经在我的博客经过数百次、数千次的实战验证，但本书并非一剑封喉的股市秘籍，我希望每一位读者都能理性看待这个市场，保持一颗平常心，坚持保值而后增值的路线走下去！虽然实现永不踏空、永不套牢这一终极目标的道路非常坎坷，但我相信股市并非无坚不摧，凡事起于平淡而成就于锲而不舍！炒股也一样。

没有谁可以随随便便成功，成功的背后必定需要不断地沉淀和积累。坚持每天进步1‰就好，每天睡觉的时候想想自己今天是否进步了1‰，如果进步了就安心睡觉，如果原地踏步就要反思一下了。养成坚持每天进步1‰的习惯，从此会让你的交易和生活变得与众不同……

冯矿伟
2012 年 10 月于北京

目 录
CONTENTS

第一章 双龙战法的核心 ⋯⋯⋯⋯⋯⋯⋯⋯⋯⋯⋯⋯⋯⋯⋯⋯ (1)

 第1节 双龙战法的基本概念 ⋯⋯⋯⋯⋯⋯⋯⋯⋯⋯⋯⋯ (2)

  1. 反弹行情中黄线在白线上运行 ⋯⋯⋯⋯⋯⋯⋯⋯⋯⋯ (4)

  2. 反弹行情中黄线在白线下运行 ⋯⋯⋯⋯⋯⋯⋯⋯⋯⋯ (5)

  3. 下跌行情中黄线在白线上运行 ⋯⋯⋯⋯⋯⋯⋯⋯⋯⋯ (6)

  4. 下跌行情中黄线在白线下运行 ⋯⋯⋯⋯⋯⋯⋯⋯⋯⋯ (7)

 第2节 双龙战法的核心思想 ⋯⋯⋯⋯⋯⋯⋯⋯⋯⋯⋯⋯ (9)

  1. 弱于大盘的股票 ⋯⋯⋯⋯⋯⋯⋯⋯⋯⋯⋯⋯⋯⋯⋯⋯ (9)

  2. 跟随大盘的股票 ⋯⋯⋯⋯⋯⋯⋯⋯⋯⋯⋯⋯⋯⋯⋯⋯ (10)

  3. 强于大盘的股票 ⋯⋯⋯⋯⋯⋯⋯⋯⋯⋯⋯⋯⋯⋯⋯⋯ (10)

第二章 双龙战法选股策略 ⋯⋯⋯⋯⋯⋯⋯⋯⋯⋯⋯⋯⋯⋯ (13)

 第1节 涨停板选股之九龙戏珠 ⋯⋯⋯⋯⋯⋯⋯⋯⋯⋯⋯ (14)

  1. 时间 ⋯⋯⋯⋯⋯⋯⋯⋯⋯⋯⋯⋯⋯⋯⋯⋯⋯⋯⋯⋯ (18)

  2. 空间 ⋯⋯⋯⋯⋯⋯⋯⋯⋯⋯⋯⋯⋯⋯⋯⋯⋯⋯⋯⋯ (29)

  3. 异动 ⋯⋯⋯⋯⋯⋯⋯⋯⋯⋯⋯⋯⋯⋯⋯⋯⋯⋯⋯⋯ (35)

  4. 缺口 ⋯⋯⋯⋯⋯⋯⋯⋯⋯⋯⋯⋯⋯⋯⋯⋯⋯⋯⋯⋯ (41)

  5. 龙头 ⋯⋯⋯⋯⋯⋯⋯⋯⋯⋯⋯⋯⋯⋯⋯⋯⋯⋯⋯⋯ (44)

  6. 转势 ⋯⋯⋯⋯⋯⋯⋯⋯⋯⋯⋯⋯⋯⋯⋯⋯⋯⋯⋯⋯ (46)

  7. 股价 ⋯⋯⋯⋯⋯⋯⋯⋯⋯⋯⋯⋯⋯⋯⋯⋯⋯⋯⋯⋯ (50)

  8. 强度 ⋯⋯⋯⋯⋯⋯⋯⋯⋯⋯⋯⋯⋯⋯⋯⋯⋯⋯⋯⋯ (52)

  9. 热点 ⋯⋯⋯⋯⋯⋯⋯⋯⋯⋯⋯⋯⋯⋯⋯⋯⋯⋯⋯⋯ (56)

第2节 安全气囊之三龙排列 .... (66)
1. 安全气囊定义 .... (66)
2. 安全气囊下的买点 .... (67)

第3节 安全气囊之量能承接 .... (72)
1. 量能结构牵制反弹结构 .... (72)
2. 量能承接要点 .... (73)

第4节 股票池的建立方法 .... (77)
1. 建立属于自己的股票池 .... (77)
2. 建立股票池的要素 .... (79)

第三章 双龙战法买点 .... (83)

第1节 鱼跃龙门买入法 .... (84)
1. 鱼跃龙门之平台突破 .... (84)
2. 鱼跃龙门之高点突破 .... (90)

第2节 量能缺口辅助买点 .... (99)
1. 量在股价运行中扮演着重要角色 .... (99)
2. 量能缺口是辅助买点 .... (102)
3. 量能缺口注意要点 .... (103)

第3节 大量大单辅助买点 .... (108)

第4节 神龙探底买入法 .... (119)
1. 神龙探底买入法则 .... (119)
2. 神龙探底要素和要求 .... (120)

第5节 重心上移买入法 .... (126)
1. 重心上移买入法则 .... (126)
2. 重心上移特征 .... (127)
3. 双龙探底 .... (130)
4. 双龙探底特征 .... (131)

第四章　双龙战法卖出技巧 ……………………………………(135)

第1节　我的炒股心法 ……………………………………(136)
1. 止盈 ………………………………………………(138)
2. 止损 ………………………………………………(139)
3. 周期性停止交易 …………………………………(139)
4. 风险固定化 ………………………………………(140)

第2节　盘口双龙傻瓜卖出 ………………………………(142)
1. 傻瓜卖点口诀解析 ………………………………(143)
2. 傻瓜卖出警语 ……………………………………(144)

第3节　双龙筑顶卖出策略 ………………………………(149)
1. 双龙筑顶特征 ……………………………………(149)
2. 双龙筑顶口诀解析 ………………………………(150)

第4节　白龙归潭卖出策略 ………………………………(156)
1. 白龙归潭口诀解析 ………………………………(157)
2. 白龙归潭特征 ……………………………………(158)

第5节　白龙冲天极值卖出 ………………………………(166)

第五章　大级别高低点 ……………………………………(171)

第1节　大级别高低点形态 ………………………………(172)
1. 红绿角线 …………………………………………(173)
2. 峰值 ………………………………………………(174)
3. 背离 ………………………………………………(175)
4. 驼峰 ………………………………………………(184)
5. 动能衰竭性 ………………………………………(187)

第2节　高低点的级别 ……………………………………(191)
1. 共振 ………………………………………………(191)
2. 空间 ………………………………………………(196)
3. 时间 ………………………………………………(198)

4. 市场 ··· (199)
5. 速度 ··· (202)
第3节　大级别高低点的化解 ··· (207)
1. 普涨惯性 ··· (207)
2. 动能背离 ··· (209)
后　记 ·· (217)

第一章
双龙战法的核心

双龙战法的核心只有两个字：强势！这两个字贯穿于双龙战法始终，也是本书的灵魂所在！立足强势市场，你每天思考的问题是：自己的股票今天会不会涨停，会涨多少点？能赚多少钱？立足弱势市场，你每天思考的问题是：自己的股票今天会不会跌停，会跌多少点？会亏多少钱？立场的不同造成交易上的天壤之别。

第 1 节
双龙战法的基本概念

我们先来了解什么是双龙战法，双龙战法分为盘口和结构两个部分，盘口用来解决买卖点的精确化，也是本书的重要内容。

双龙战法盘口部分立足微观周期，技术在微观周期最大的特点就是灵敏而不失稳定性，从而得以反复验证，通过时间和空间的放大，可以实现技术在多周期结构的灵活运行，发挥更大的作用！股票分时图中白色分时线称其为"白龙"，黄色均价线称其为"黄龙"，双龙战法盘口就是围绕白色分时线和黄色均价线位置关系展开的盘口精确买卖点研究。如图1-1所示。

白色分时线（白龙）：表示股票盘中即时成交的价格，即价格运行轨迹。白色分时线也叫快线，盘中实时价格的表现形式。图1-1中白色分时线高开后迅速向上拉升，2次回落，3波上涨完成涨停，并且全天牢牢封死涨停板，此形态是双龙战法最基础的盘口形态，无论是涨停节奏、涨停速度，还是涨停的时间都是最完美的。

黄色均价线（黄龙）：表示股票即时成交的平均价格，即均价线。黄色均价线也叫慢线，相对白色分时线来说，黄色均价线走势较为平缓、稳健，同时也为白色分时线构成较为

第一章
双龙战法的核心

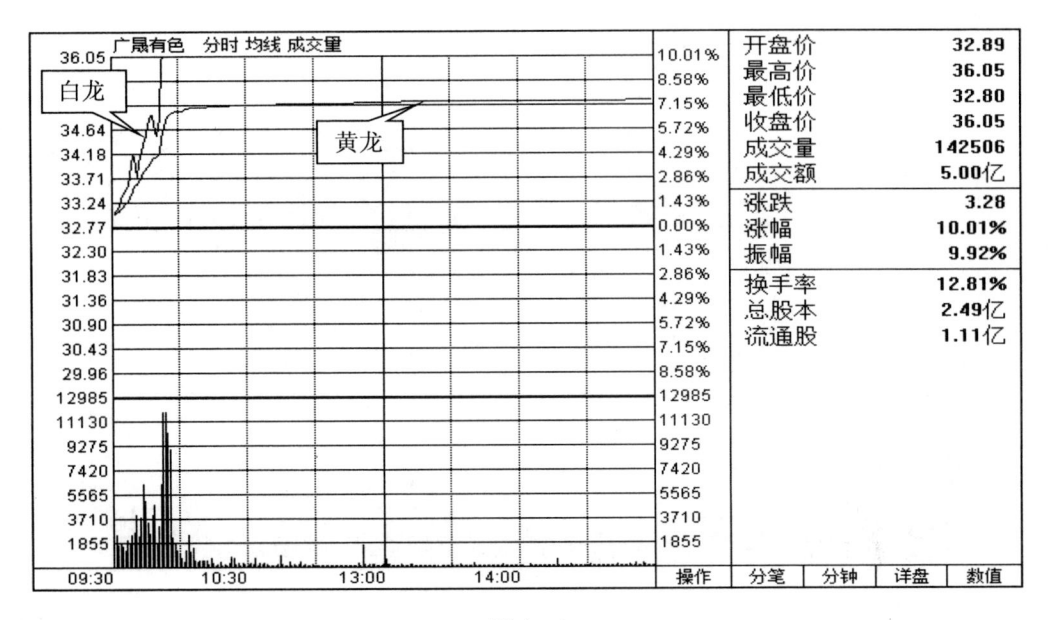

图1-1

有力的支撑，实现白色分时线依附黄色均价线共振、同向拉升。图1-1中白色分时线曾2次回踩黄色均价线，但并没有向下击穿，而是紧紧依附黄色均价线震荡爬升，直至涨停！

大盘分时图中同样有白色曲线（白龙）和黄色曲线（黄龙）。白色曲线：简称白线，表示大盘加权指数，也就是我们平时经常说的大盘指数；黄色曲线：简称黄线，表示大盘不含加权的指数，也就是说不考虑股票盘子的大小，将所有股票对指数的影响看作相同而计算出来的指数。如图1-2所示。

白线表示大盘加权指数，黄线表示大盘不含加权的指数，所以白线更能代表权重股的力道，而黄线直接体现中小盘个股的力道。**当黄线在白线上运行，说明中小盘个股活跃度较强，而权重股相对偏弱；反之，如果黄线在白线下运行，则说明中小盘个股活跃度不够强，而权重股积极护盘！**

下面分别就不同行情中对应的策略予以阐述。

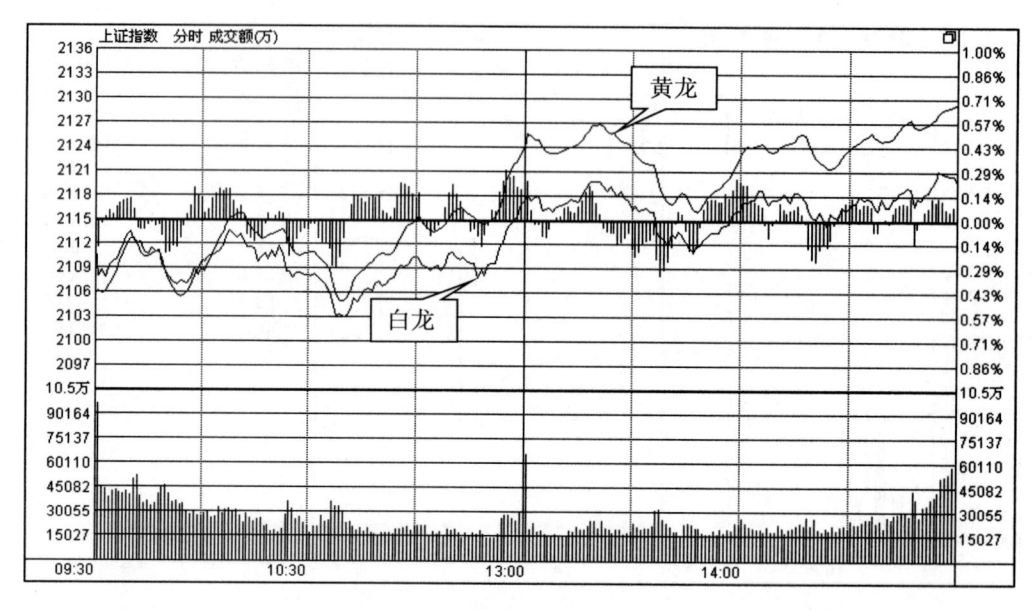

图 1-2

1. 反弹行情中黄线在白线上运行

说明中小盘个股领涨，而权重股相对偏弱，权重股的弱势牵制了整体的反弹速度，但是中小盘个股活跃度激增，市场是不缺少利润的。**对应的操作策略：重个股而轻大盘。**这样的市场往往并不缺少利润，个股将成为靓丽的风景线。如图1-3中分时线运行反弹周期，黄线在白线上运行，个股活跃度激增，权重虽然偏弱，但市场的赚钱效应较大，权重股也仅仅是牵制了反弹速度，并不改变反弹的强势环境，在这样的环境下操作股票，胜算才会比较大。

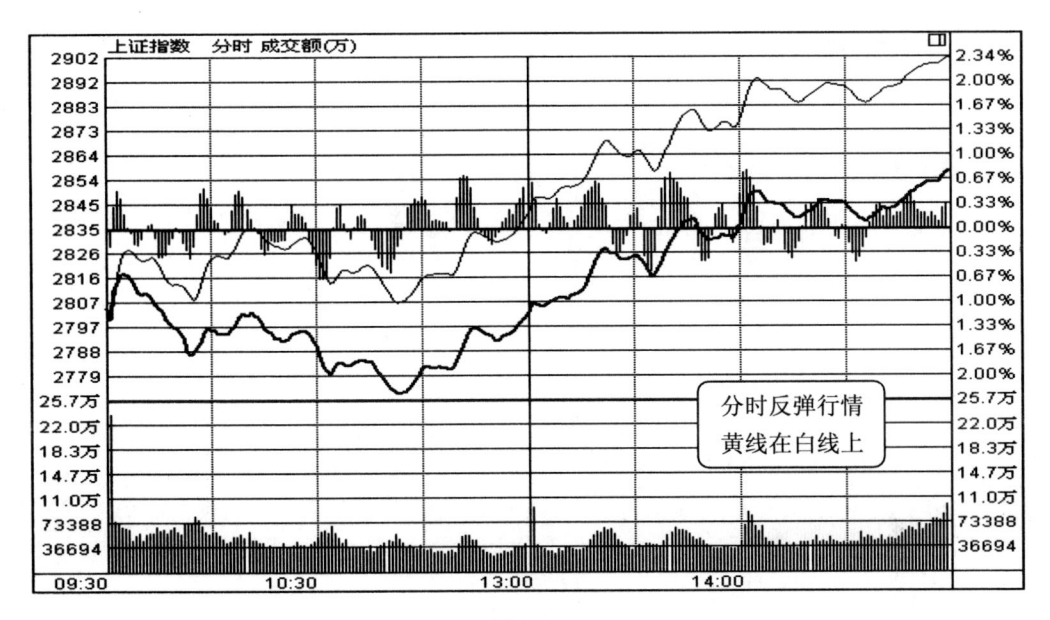

图1-3

2. 反弹行情中黄线在白线下运行

说明权重股领涨，而中小盘个股利润并不明显，也就是我们经常说的"赚了指数不赚钱"的行情。大家都还记得石化双雄联袂银行、地产等权重急速拉升，而中小盘哀鸿遍野的情况，市场的解读是拉指数逃个股，这也是黄白线不同步造成的一种市场表现形式。如图1-4中分时线运行上涨周期，白线在黄线上运行，个股活跃度降低，权重的拉升并未构成个股的强势跟随，市场赚钱效应较差，在这样的环境下操作股票，很难取胜。

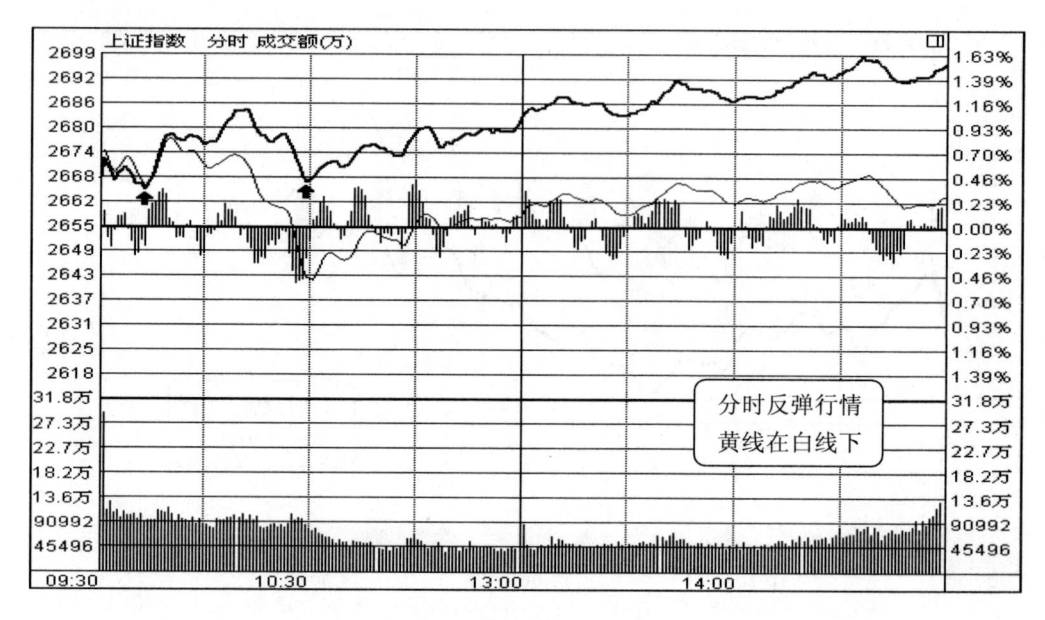

图 1-4

3. 下跌行情中黄线在白线上运行

说明中小盘个股相对抗跌,而权重领跌成为市场主要做空动能,但这样的市场并无大跌,中小盘个股的活跃度会牵制权重的下行速度,最坏的情况是权重弱势走低,而个股活跃不止。如图1-5所示,上午分时线震荡走低的同时,黄线在白线上运行,所以当天不会有大跌出现,个股活跃度牵制了权重的回落速度,下午立刻展开震荡爬升,权重的弱势拖累显得苍白无力。

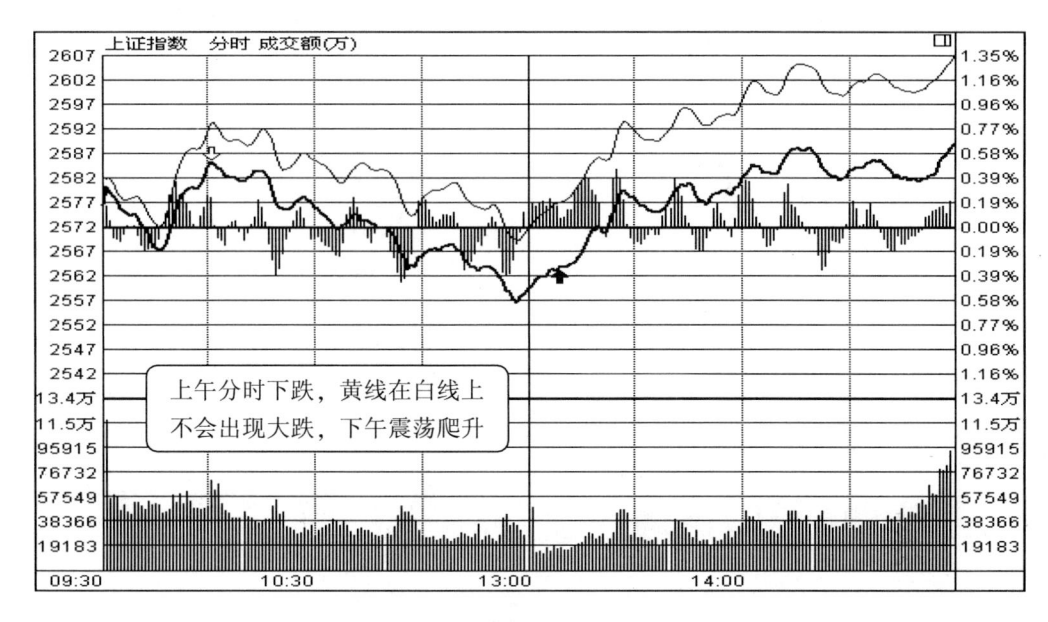

图 1—5

4. 下跌行情中黄线在白线下运行

说明权重股积极护盘，而中小盘个股哀鸿遍野，拖累市场，这样的市场很难有大的作为，而且板块个股活跃度非常低，市场赚钱效应非常差。这样的市场权重不涨还好，如果权重拉升而个股活跃度跟不上，则随后构筑的高点将成为大级别高点，风险会更大，这样的市场环境对散户投资不利。如图 1—6 所示。

合力才是关键：无论黄线在白线上还是白线在黄线上，都说明市场动能之间是存在分歧的，也叫作动能背离。背离始终不是什么好事，动能相互背离就会导致互相削弱涨跌力道，反弹和下跌的速度都不会很快，只有合力才是加速的基础。尤其是在反弹行情，只有中小盘个股和权重股合力才是

双龙战法

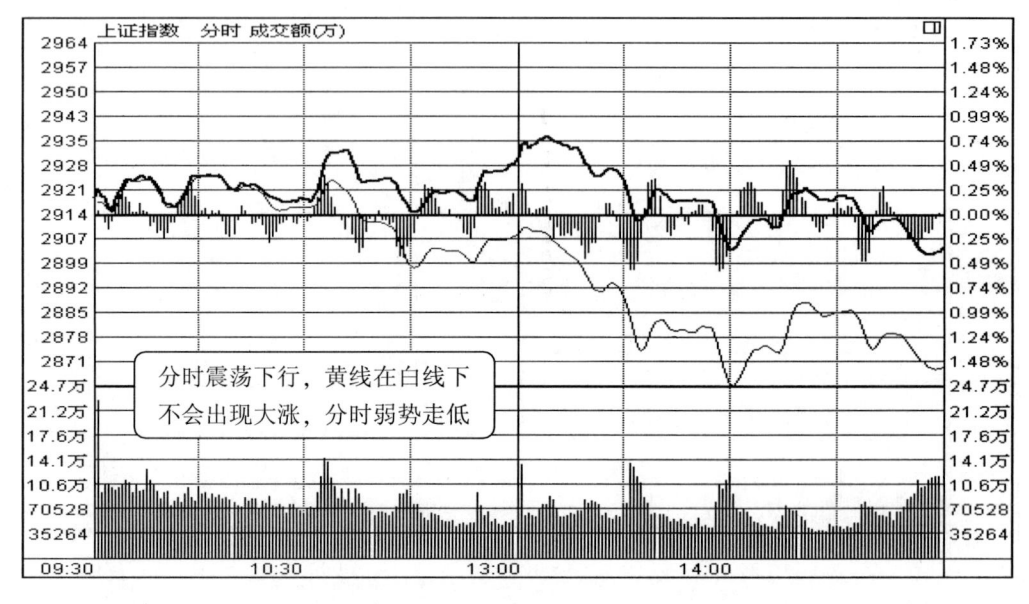

[图表注释：分时震荡下行，黄线在白线下不会出现大涨，分时弱势走低]

图1—6

　　加速走高的基础，也是反弹得以强势延续的前提！以上仅介绍了市场的几种环境，有关结构背离和动能背离的技术，本书会在最后一章详细讲解。

第 2 节
双龙战法的核心思想

双龙战法的核心只有两个字：强势！这两个字贯穿于双龙战法始终，也是本书的灵魂所在！试想，在一波强势上涨周期，选择该周期最强势的热点板块，你手中又持有该板块长期稳坐龙头宝座的股票，利润自然是属于你的，如果这样操作你都没有利润，那么这个周期别人更别想赚钱，仔细想想是不是这个道理！所以立足强势市场是股票交易盈利的第一步，即"强者恒强而弱者恒弱"，这句话在股票市场演绎的淋漓尽致。股票上涨的因素有很多，最关键的因素就是强势，一只股票的强势度是反弹空间大小和上涨周期长短的基础！强势的划分以大盘为标的，可以简单分为三类股票。

1. 弱于大盘的股票

此类股票长期、短期均弱于大盘，属于被市场长期边缘化的个股，很难在短时间内受到资金的青睐，即使市场出现反弹行情，这样的股票充其量会跟随性反弹，但反弹的空间有限，反弹延续性较差，没有比较大的利润，更别说跑赢大盘了。另外，此类个股不跟随大盘反弹，一旦大盘滞涨回落，这些股票还会比大盘和其他个股跌的更厉害，操作上应避开此类股，否则资金的使用效率将大打折扣。

2. 跟随大盘的股票

一些个股跟随大盘涨跌，速度和幅度基本同步于大盘，共振性很强，如果对大盘有很好的把握，这样个股可以考虑参与一下，但也不是首选，毕竟难以跑赢大盘。更何况在大盘上涨周期，选择领涨热点板块一定比跟随大盘涨跌的股票强很多倍。所以此类股在筑底反弹的初期无所谓，一旦脱离底部应该及时调仓换股，路遥知马力，这些个股最终会慢慢掉队，无法成为一波行情的大牛股。

3. 强于大盘的股票

此类股票长期、短期均强于大盘，属于长期稳坐板块龙头宝座的个股，一旦市场略有止跌，这样的股票就很活跃，哪怕大盘没有行情，这样的个股也会出现一定的利润，属于那种给点儿阳光就会灿烂的股票，通常情况下先于大盘止跌反弹，滞后于大盘筑顶回落，此类股票应长期关注，波段性操作，也是我们的首选！甚至可以长期放在自己的股票池里进行跟踪分析，遇到上涨周期就做一波，遇到调整周期就离场观望。

综上所述，弱于大盘和同步于大盘的股票都不是理想的选择标的，只有强于大盘的股票才是我们应该重点关注的，这一点符合双龙战法的核心：强势！强势不仅仅体现在选股上，在股票投资的多个方面，都要遵循"强者恒强"的基本原则。比如市场环境的把握，涨跌波段的把握，牛市环境每一次的调整都是机会，熊市环境每一次的反弹都是风险，在强势环境下的交易也会变得更加轻松自如。

第 1 节
涨停板选股之九龙戏珠

我曾经做过这样一个调查,在选股、买入、卖出、仓位控制这四大操作环节中,最困扰投资者的是哪个因素?很多投资者回答是选股,如果你正在看这本书,可以思考一下这个问题,如果最困扰你的也是选股,那么接下来的内容将对你非常重要。其实我还是比较理解这点的,因为很多投资者并非全职股民,平时有自己的工作、学习、应酬等等,并没有很多的时间去看盘,更没有充足的时间去选股,何谈买卖和仓位控制;时间比较充裕的交易者,选股没有方向,没有标准,也是一件很头疼的事情。在一波反弹行情中,选择一只好的股票不仅仅可以跑赢大盘,而且是实现利润最大化的基础;在一波下跌行情中,选择一只好的股票不仅仅可以让自己少亏钱,甚至可以实现逆市获利。由此可见,选择一只好的股票是多么的重要。

我遇到过这样一个交易者,他年龄不大,股龄也没两年,应该算是刚刚进入市场的新股民吧,但他的战绩非常不错,选择和持有的股票都是阶段性大牛股,这让身边的新股民羡慕不已,甚至老股民也自叹不如。他经常会找很多借口和我交谈,讲他自己的操作过程和操作中遇到的困惑,在谈及选股环节的时候,他说他每天晚上都会在选股上耗费很多时间,有时候甚至选股到凌晨2点才睡觉，虽然投资赚钱了，但压力很大，甚至会影响到次日的正常工作。这不是走火入魔，而是对选股环节的重视，这也是他作为新股民能够取得骄人战绩的关键因素，只是选股方法不当而已。

当然，我并不是提倡所有人都熬夜去选股，只是强调选股的重要性。下面我讲一个选股方法，既简单又节省时间。如果是时间比较匮乏的交易者，每天能坚持此选股方法足矣；若是时间比较充裕的交易者，则更不能放弃此选股方法：即涨停板选股法。为什么要从涨停板中选择股票呢？因为涨停股是当天最强的股票，这一点毋庸置疑，不排除带动所属板块的跟随上涨，激活板块，甚至会演变成为近期的强势热点，从而点燃一波反弹行情。涨停板发生在相对的底部，有望以涨停的方式快速筑底；涨停板发生在反弹的延续周期，会加固反弹的延续性；涨停板发生在主升的初期，会打开主升的窗口。无论你的时间多寡，无论你的选股技术高低，每天坚持涨停板选股都是非常有必要的。努力不一定成功，但成功一定需要努力；涨停不一定成为大牛股，大牛股一定是从第一个涨停板开始的。每一波行情都会产生几只大牛股、明星股，只要你长期坚持涨停板选股法，这些大牛股底部第一个涨停板就会直接进入你的视线，想跑都跑不掉。如图2—1所示，图中位置A是经过波段调整后的底部第一个涨停板，如果你坚持涨停板选股法，那么，这只个股在位置A就会直接出现在你的视线里，至于随后你在什么地方、什么时间、什么价格买入，无非是利润大小的问题，这只大牛股一定会给你带来不错的利润。当然，如何买入这样的个股，后面我会重点讲解的，就涨停板选股来说，坚持涨停板选股法，以后类似这样的大牛股，不会再和你擦肩而过。

双龙战法

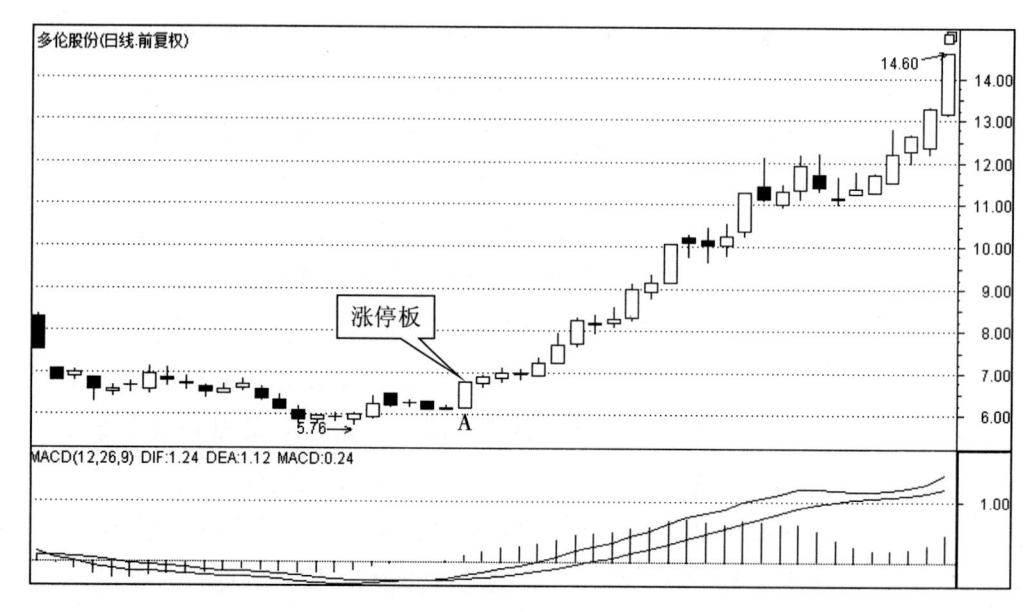

图 2-1

长期坚持涨停板选股法，经过时间的积累和沉淀，你会慢慢发现自己的股票池全部都是当前市场的主热点，甚至不少大牛股都是你曾经参与过的。长期坚持看我博客的投资者早已经养成了一个好习惯：即坚持分析每天涨停的个股。本书读到这里，我要布置两个作业：

（1）坚持每天分析涨停板的股票；

（2）坚持每天、每人、只能、必须选择一只股票（方法不限）。

你可以用涨停板选股法，也可以用你目前已经掌握的选股法，但是最终只能、必须确认一只，假如你最终选择了5只股票，你认为这5只股票都不错，不行！首先你不可能交易5只股票，其次5只股票会淡化你的选股精确性。此前我就遇到过这样一个投资者，他选择了10只股票，他认为这10只股票都不错，次日他买了其中一只，你猜结果如何？这10只股票有9只涨的都不错，只有他买的那只没有涨，还跌了

2%，他异常地懊恼，后来他严格按照上面作业的第二条，进行选股的强化训练，最终在选股上形成了自己的风格。我布置的两个作业需要自己自律来完成，没有人来监督你，你可以坚持一个月、半年或一年试试，相信最终在选股上会有质的飞跃。当然，我们都知道坚持一天很容易，坚持一年很难，永远坚持会更难，凡事起于平淡，而成就于锲而不舍，坚持很重要。

很多交易者总是寄希望于别人能送给自己一只股票，看完下面一段话后，你将不会再有这个念头。股票市场不是创造财富的地方，而是财富转移的地方，假如市场只有我和你两个人，那你赚的钱一定是我亏损的钱，我赚的钱也一定就是你亏损的钱，这还没有算上手续费，如果算上交易成本，那我们俩的资产总合计是缩水的。可想而知，在这样的市场，你送我一只股票，我敢买吗？答案是不敢，因为你赚的钱就是我亏损的钱。所以坚持完成上面布置的两个作业，慢慢强化自己的选股能力，靠山、靠水不如靠自己，尽管这是一个苦差事，未来的某一天，你会因为你今天的坚持而感到庆幸，甚至还会翻箱倒柜寻找我这本书。

不少交易者说："不是不想分析，而是面对每天的涨停股票不知道该分析些什么？不知道哪些涨停板个股具备反弹的延续性？哪些涨停个股只是单日涨停？"如果你也有同样的问题，那么这本书就是为你而写的。我把涨停板个股的分析总结为九大要点，即九龙戏珠。九龙分别为：时间、空间、异动、缺口、龙头、转势、股价、强度、热点。下面就一一展开讲解，请大家跟随我的思路一起来。

1. 时间

涨停的时间越早越好，最好是 10:00 之前完成涨停。一只股票选择早盘涨停，说明该股票做多资金势力非常雄厚，可以无视全天大盘涨跌的影响，独自牢牢封死涨停板，这不仅仅需要勇气，更需要资金实力。影响市场的因素有很多，有可控因素，也有不可控因素；有外因，也有内因。大盘盘中 4 个小时涨跌颠簸是很难提前精确做出判断的，尤其是遇到地震、战争等非人为可控的因素。一旦盘中利空所致的突发性杀跌，必然会给已经涨停的个股构成较强的压力，这种情况下，资金势力一般的涨停个股多半会打开涨停板，能够牢牢封死涨停板的个股寥寥无几。所以敢于在开盘瞬间完成涨停的个股，可见资金势力都是比较强的，对后市非常看好，并不畏惧盘中 4 个小时的涨跌颠簸，甚至突发利空，这样的涨停个股配合日线结构多半具备较强延续性，可放进股票池等待进场机会。如图 2-2 所示。

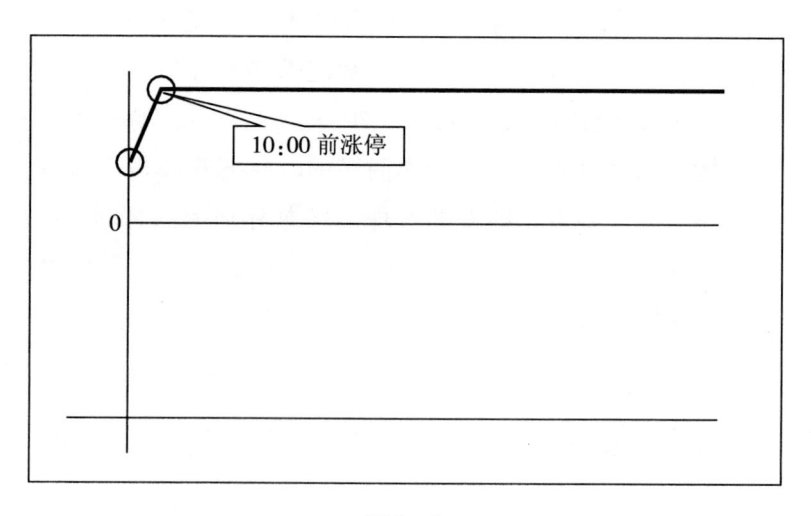

图 2-2

第一章
双龙战法的核心

我们来看一个案例：苏州高新（600736），如图2—3所示。该股强势高开之后出现了一个小小的回落，然后急速完成涨停，开盘到涨停一共用了6分钟。高开代表了强势，说明该股开盘前多空动能的平衡点就偏向多方，高开后瞬间完成涨停也代表了强势，说明做多资金势力较强，可以无视全天大盘涨跌的影响，独自牢牢封死涨停板。高开和瞬间完成涨停均体现了该股的强势和背后强大的资金实力，这样的个股反弹延续性才会有保障。

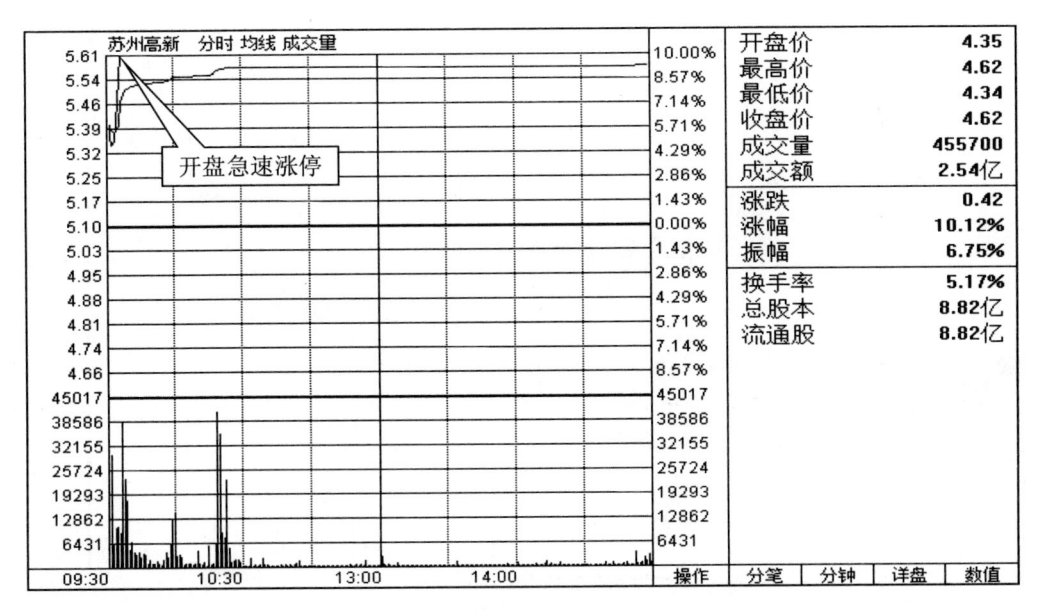

图2—3

类似苏州高新（600736）这样早盘急速完成涨停的个股，配合日线结构多半具备较强的反弹延续性，这里说的日线结构尽量是经过一波调整之后形成的涨停板。我们通过该股的日线图来看一下该股的反弹延续性。如图2—4所示，图中位置A就是分时线瞬间涨停的当天，此后该股日线连续走高形成一波不错的反弹行情。日线能够连续走强的技术因素之一，就是底部涨停是当天瞬间完成涨停，这充分说明底部起涨的资金实力相当雄厚，动能决定了反弹的延续性。另外涨停当天的日线位置在相对的底部，这给后面的反弹留下了充足的空间！如果我们只看日线底部第一个涨停板（图中位置 A）很难判断该股具备反弹的延续性，也无法判断底部起涨资金的势力强弱，但涨停当天的分时线透露了重要信息：即分时线开盘急速完成涨停，说明做多动能非常强大，无视大盘涨跌，独自牢牢封死涨停。做多动能强，反弹空间大，这样的股票自然是我们的首选股！

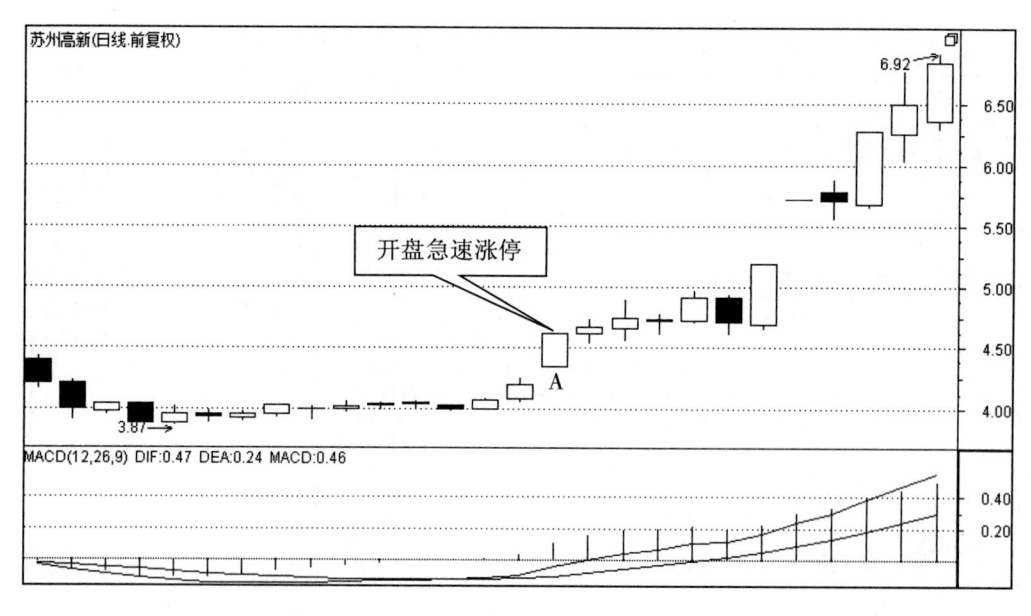

图 2—4

苏州高新（600736）要点总结：

①早盘高开，说明开盘前多空动能博弈的平衡点就偏向做多动能；

②瞬间涨停，说明做多动能势力雄厚，可以无视全天大盘涨跌的影响；

③日线底部，早盘瞬间涨停的当天在日线波段调整之后，为反弹留下足够的空间。

第一章
双龙战法的核心

我们再来看一个案例：安居宝（300155），如图 2-5 所示。该股选择平开，虽然开盘不算强，但开盘后直接形成白色分时线和黄色均价线的同向共振拉升，略微停顿之后直线冲击涨停。盘中一次回落两波反弹，9:50 直接完成涨停，和上章第一节讲到的标准双龙图形类似，这说明做多资金势力非常雄厚，可以无视全天大盘涨跌的影响，独自牢牢封死涨停板。分时线瞬间涨停告诉我们做多动能较强，如果日线具备反弹空间，那么该股的反弹延续性就比较强。

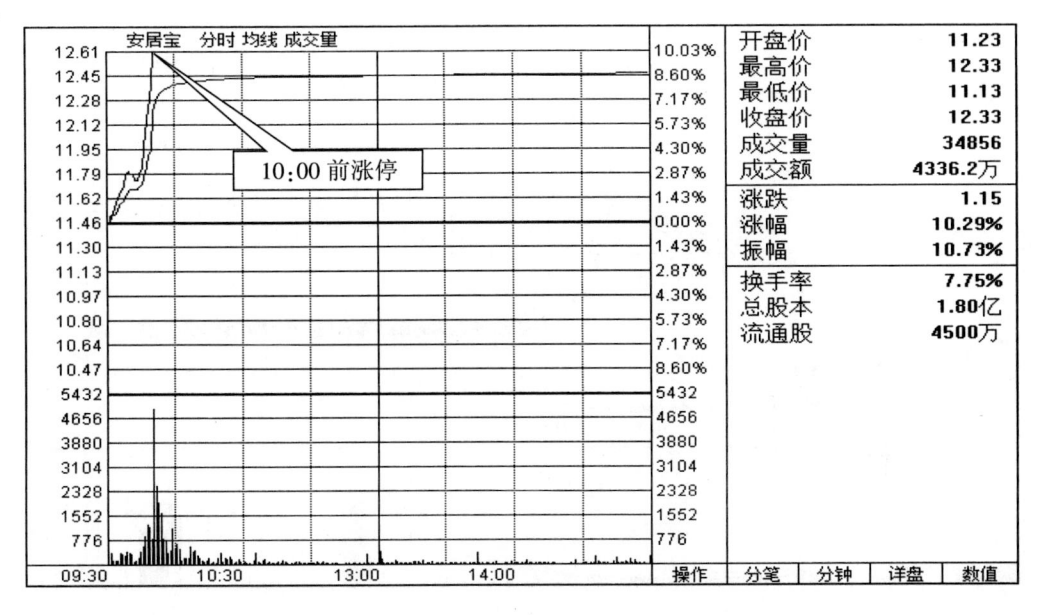

图 2-5

我们通过安居宝（300155）的日线图来看一下该股的反弹延续性。如图 2-6 所示，图中位置 A 就是分时线瞬间完成涨停的当天，之后日线跳空大阳连续走高，形成一波不错的反弹行情。日线能够连续走强的技术因素之一就是底部涨停当天瞬间完成涨停，充分说明底部起涨的资金实力相当雄厚，动能决定了反弹的延续性。另外涨停当天的日线位置在相对的底部，这给反弹留下充足的空间！如果我们只看该股的日线图，底部第一个涨停板（图中位置 A）虽然很强大，但无法判断该股具备较强的反弹延续性，况且底部第一个涨停的个股太多了，并不是所有底部第一个涨停的个股都具备较强延续性。另外，该股平淡开盘也说明开盘前多空动能基本持平，并无明显的涨跌方向，但是该股涨停当天分时图出卖了主力的意图：即分时线开盘急速完成涨停，说明做多动能非常强势，选择主动攻击，无视大盘涨跌独自封死涨停。做多动能强，反弹空间大，这样的股票自然是我们的首选股！

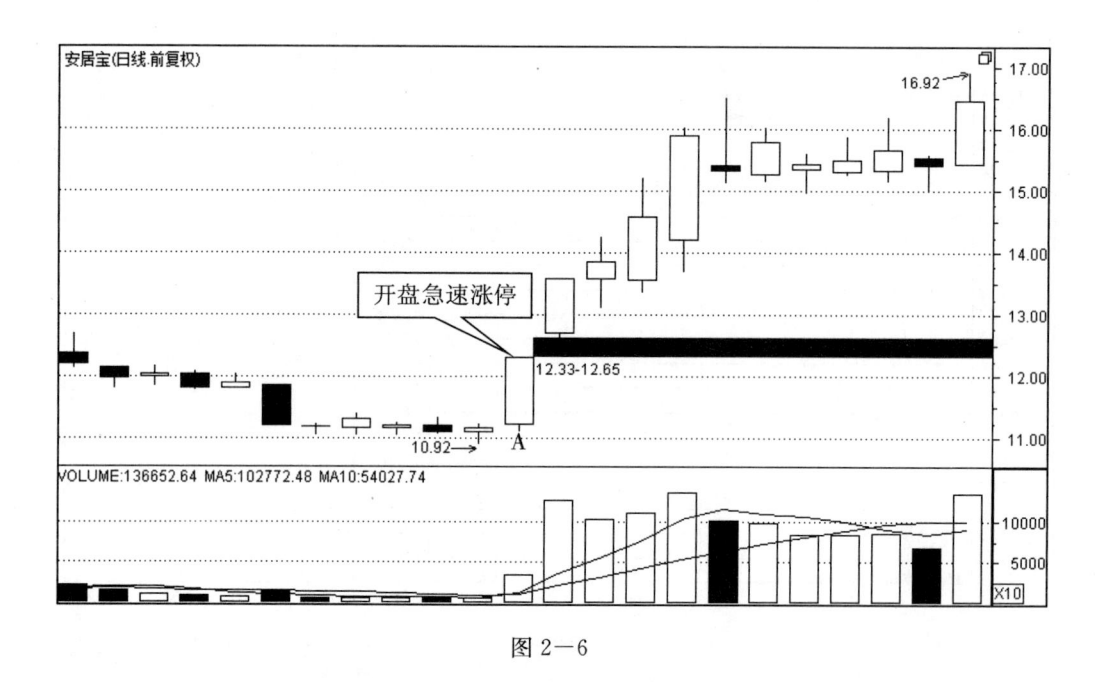

图 2-6

安居宝（300155）要点总结：

①瞬间涨停，说明做多动能势力雄厚，可以无视全天大盘涨跌的影响；

②日线底部，早盘瞬间涨停的当天在日线波段调整之后，为反弹留下足够的空间。

时间要素中有两种特殊的形态：①"一"字涨停，此类涨停不在目前的研究之内，因为"一"字涨停背后的消息和资金实力都是超强的，多数会逼空上涨，该形态需要单独讲解；②瞬间完成涨停的过程，中间没有调整，我称其为"双龙冲天"。我们来看一个双龙冲天的案例，永生投资（600613），如图2—7所示。该股早盘高开近3%，开盘的强势度非常明显，说明该股开盘前多空平衡点就偏向多方，刚开盘做空动能就溃败，这是大幅度高开的好处；高开后停顿了8分钟，然后用了5分钟时间完成涨停，前后加起来13分钟，涨停的时间符合要求；开盘停顿了8分钟之后，在冲击涨停的时候没有停顿和回落，而是直线封死涨停，这也是"双龙冲天"特有的强势，说明做多动能选择主动攻击，而且一击即中，不给空方留下任何幻想，这样的涨停个股是我们应该重点关注的，涨停时间早、拉升速度快，说明做多动能资金实力雄厚，之后的反弹延续性才会有保障。

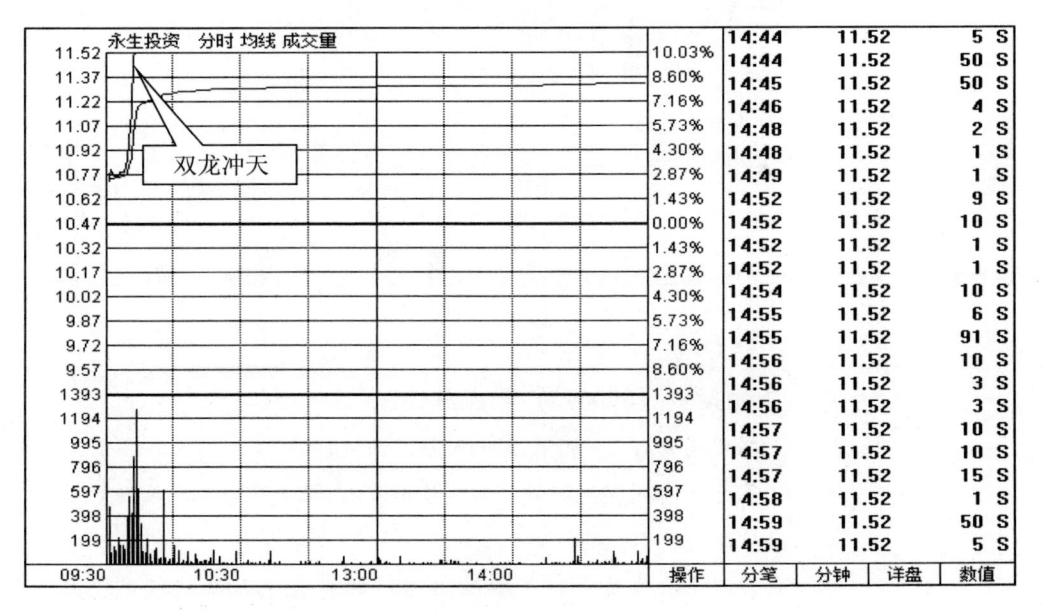

图2—7

双龙战法

我们再看永生投资（600613）的日线图，如图2－8所示。该股双龙冲天涨停的当天出现在阶段性底部，而且是波段底部第一个涨停板，随后展开了一波比较不错的反弹行情。如果我们单独来看日线图，虽然可以判断该股有可能止跌，而且后期反弹的空间也比较大，但并不能判断具备反弹延续性，但通过涨停当天的分时"双龙冲天"形态，我们认为该股具备较强的反弹延续性。

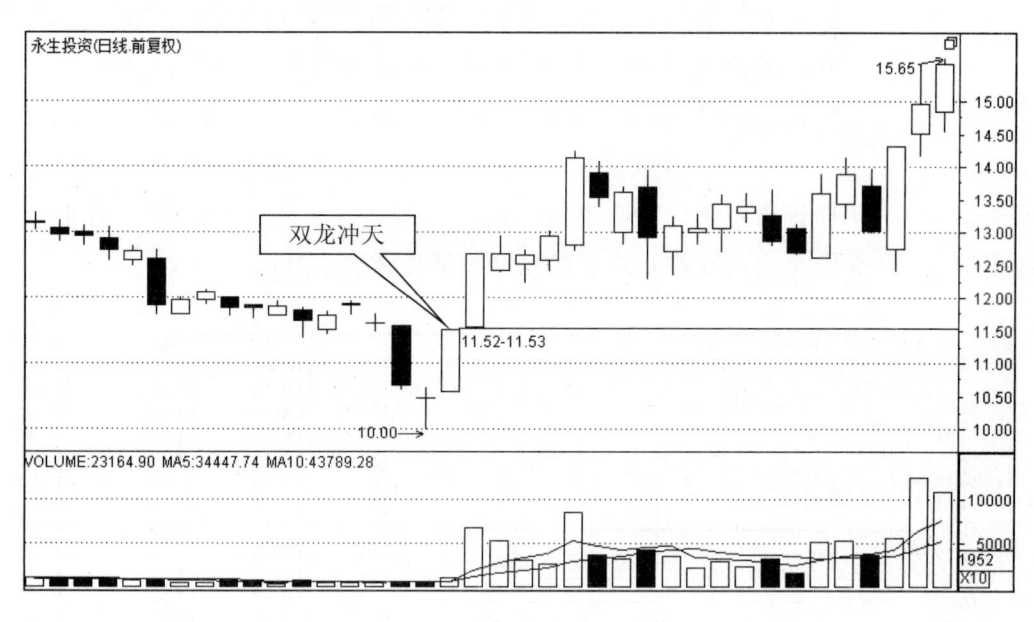

图2－8

永生投资（600613）要点总结：

①强势高开近3%，开盘即确定了强势；

②高开后瞬间完成涨停，拉升涨停的过程没有停顿和回踩，选择主动攻击；

③日线呈阶段底部，早盘瞬间涨停的当天在日线波段调整之后，为反弹留下足够的空间。

我们看到早盘急速完成涨停的个股，只要日线留足反弹空间，涨停板的反弹延续性都是很强劲的。很多投资者可能会问：如果是尾盘涨停，那将说明什么问题呢？选择尾盘涨停的个股，说明资金势力一般，畏惧盘中 4 个小时的涨跌颠簸，害怕盘中利空会影响到涨停板的强度，甚至害怕遇到大盘意外暴跌而打开涨停板，从而影响个股的上涨强度和反弹的延续性。为了避开盘中不确定的暴跌影响，资金势力一般的个股会选择尾盘涨停，这样既可以避免盘中涨跌颠簸的影响，又不会给自己构成较强的负担和压力，所以我们经常可以看到尾盘半个小时出现涨停潮。有的个股会借大盘盘中拉升之势顺水推舟完成涨停，这样没有太多的人关注，也就没有太大的拉升压力。这些盘中借势涨停的个股和尾盘涨停的个股延续性就会差一些！尤其是经过一波拉升之后，选择尾盘涨停的目的是为了吸引后来者买单资金的进入。如图 2—9 所示。

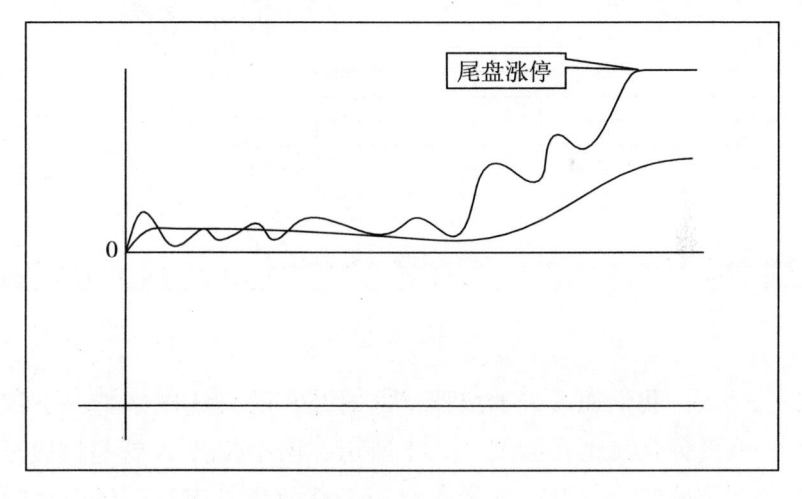

图 2—9

我们看案例天瑞仪器（300165），如图 2—10 所示。该股开盘就不算强，选择略微低开，至少说明开盘前多空动能的博弈中，多方并不占优势，开盘后白色分时线和黄色均价线围绕 0 轴线反复纠结横盘，持续了半个多小时。横盘是一把双刃剑：首先，横盘代表了强势，说明资金控盘程度比较高；其次，横盘也说明资金势力一般，盘中持续选择防守战略，不敢急于进攻，伺机而动等待机会，这本身也体现了资金势力的不足。该股直到下午开盘才开始震荡拉升，最终在尾盘不到半个小时的时间才完成涨停。也是一个涨停板，但气势上就逊色了很多，这样的个股如果没有日线结构配合，则反弹延续性就会比较差！

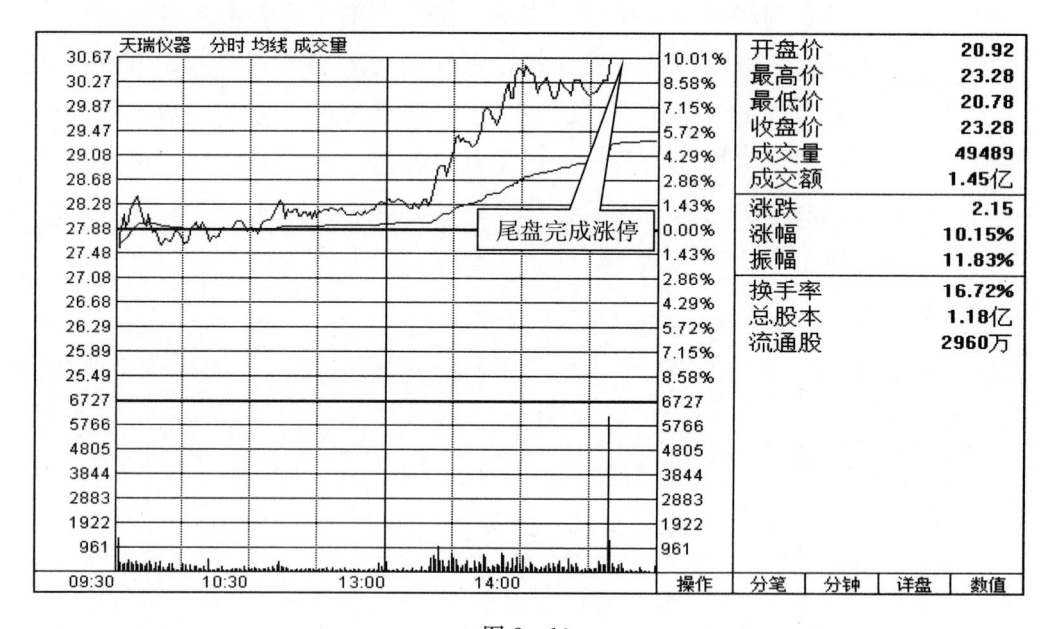

图 2—10

我们通过天瑞仪器（300165）的日线图来看一下该股的反弹延续性，如图 2—11 所示。图中位置 A 就是该股尾盘涨停的当天，日线显示连续两个涨停板，而且涨停板之间附带向上的大缺口，明显是一波脱离底部结构后的主升周期，不在阶段性底部，那么继续反弹的空间相对较小。另外，连续两个涨停板加上缺口过度透支了底部的做多动能，且分时线又选择尾盘涨停，做多资金势力一般。没有空间也没有资金势力的涨停板，该股日线延续性自然不会很强，事实上，该股次日开始筑顶回落,进入漫长深度调整周期。这样的个股虽然涨停,但不是我们关注的重点。

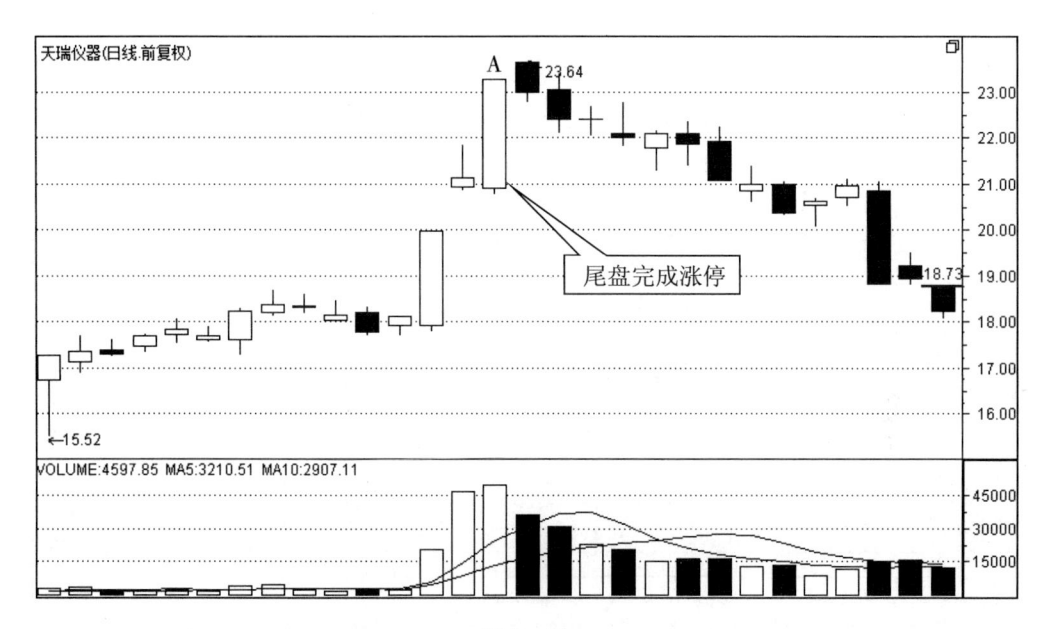

图 2—11

天瑞仪器(300165)要点总结:

①尾盘涨停,说明做多动能势力一般,畏惧全天大盘涨跌的影响;

②日线高位,日线连续出现两个涨停板,反弹空间有限;

③透支动能,连续两个涨停板加上缺口,过分透支底部的做多动能;

④筑顶回落,既没有反弹空间,又没有反弹动能,尾盘涨停的次日就筑顶回落。

我们再来看一个案例:中润投资(000506),如图 2—12 所示。该股尾盘勉强完成涨停,平淡开盘后黄白线反复纠缠嬉戏,横盘持续了 3.5 小时,挺折磨人的行情,最后 15 分钟左右时间发起总攻,瞬间完成涨停,气势如虹,可惜临近夕阳。虽然持续横盘也代表了强势,但也说明资金比较保守,全天选择防守，不急于进攻，这直接说明资金势力一般。横盘周期有一个细节：白色分时线多次回踩黄色均价线，但都没有击穿，一碰到黄色均价线立刻止跌反弹，透露了一个信息，即做多动能始终在主导行情，等机会，伺机而动，尾盘最后15分钟发起总攻，直接涨停。这样的涨停板利润仅仅停留在盘中，如果日线不在相对底部，那么，反弹延续性就没有保障了。

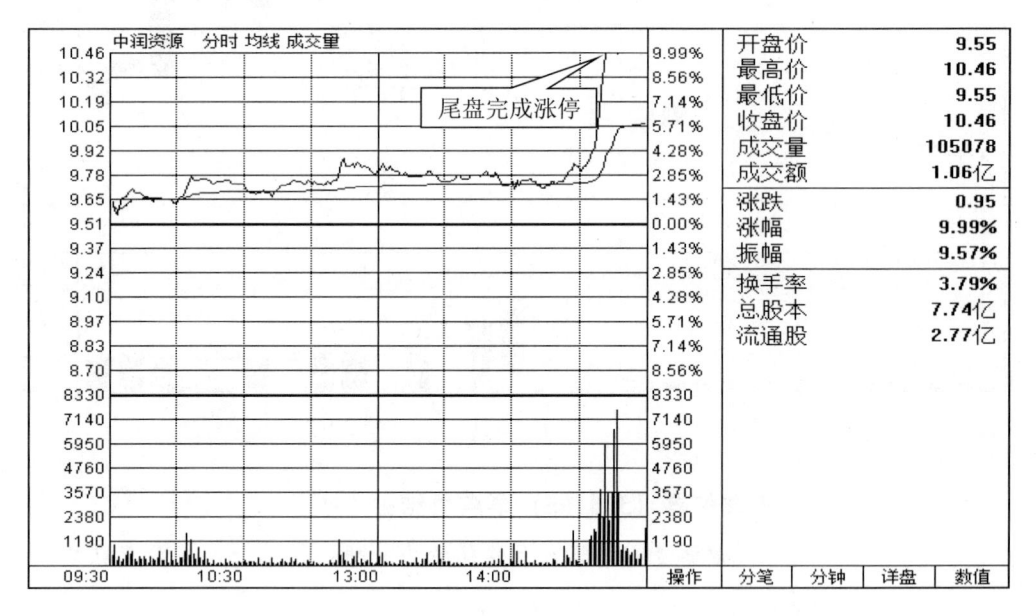

图2—12

通过中润投资（000506）的日线图，我们来分析该股的反弹延续性，如图2—13所示，图中A就是该股尾盘涨停的当天，日线位置在相对的底部，还是比较配合的，先不说能不能涨，至少给随后的反弹留下足够的空间。即便是涨停当天在相对的底部，该股分时图尾盘涨停告诉我们做多动能资金势力一般，另外该股涨停后日线缩量反弹也再次提醒我们反弹动能是不足的，果不其然，随后展开波段性下跌行情。分时线尾盘涨停和日线缩量反弹都体现了反弹动能的不足，没有反弹动能，再大的反弹空间也没有用。就像一只空杯子，虽然杯子有足够的空间，但你没有水可以注入，这个杯子只能持续空杯。遇到中润投资（000506）这样的涨停个股，我们的选择只能是舍弃！

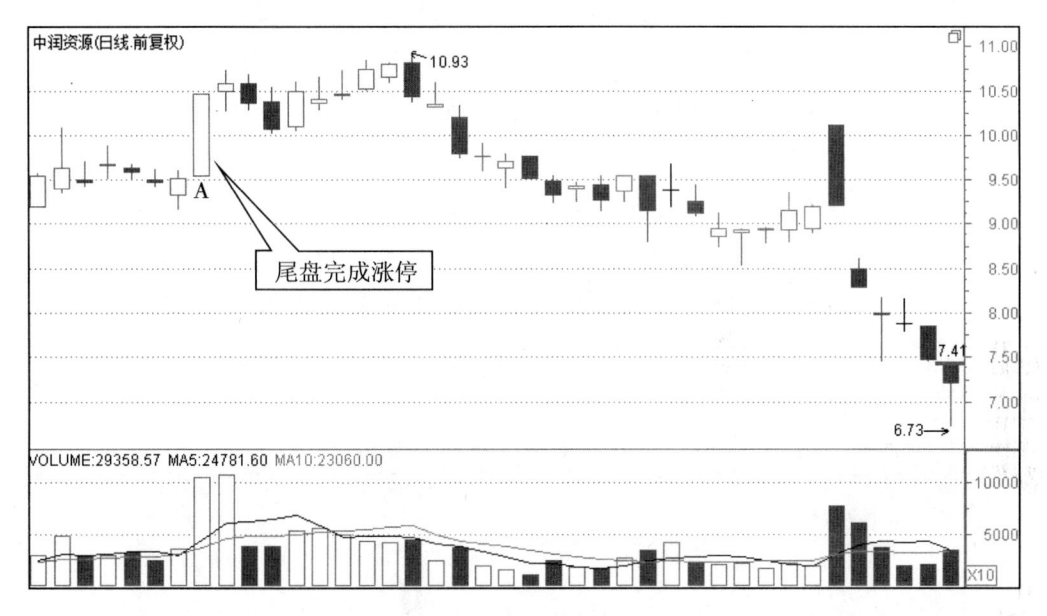

图 2—13

中润投资（000506）要点总结：

①尾盘涨停，说明做多动能势力一般，畏惧全天大盘涨跌的影响；

②缩量反弹，涨停后日线运行缩量反弹，也说明做多动能的不足；

③筑顶回落，没有反弹动能，尾盘涨停后惯性缓涨，缩量缓涨后筑顶回落。

2. 空间

波段底部第一个涨停板最好。 反弹动能决定了反弹的高度，一只股票得以反弹延续的基础就是动能在底部的沉淀和反弹中动能的不断承接。波段调整之后的底部会有一个动能夯实和沉淀的过程，而一旦止跌反弹，第一波的反弹高度完全取决于底部原始动能的积累。随着反弹的展开，当底部原始动能得以充分消耗之后，如果没有新的动能承接，则势必构筑阶段性高点，所以从涨停板的位置上考虑，选择波段性底部第一个涨停板最好，因为反弹的动能还非常充足。另外，反弹的空间也是反弹延续性的关键，正所谓巧妇难为无米之炊，没有反弹空间，反弹动能再强也无力实现反弹的延续，就像一只装满水的玻璃杯，尽管你还有更多的水，玻璃杯已满，没有更多的空间可以注入，所以空间上要求底部第一个涨停板，是给市场留下足够的上涨空间。如图2-14所示。

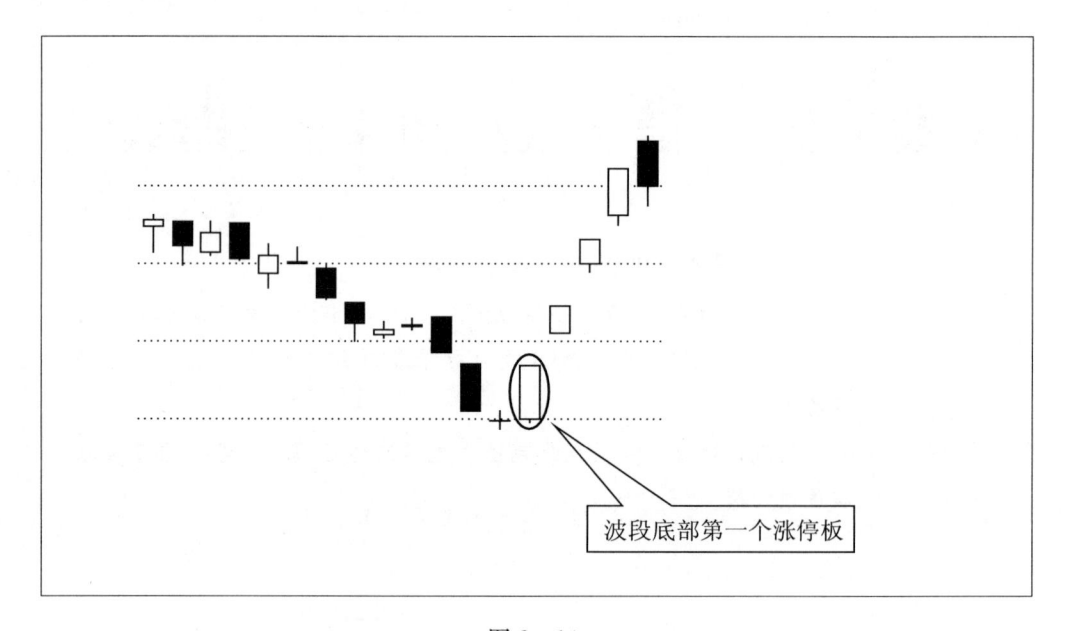

图2-14

我们来看案例紫鑫药业（002118），如图2-15所示。该股经过漫长深度的波段调整，调整中没有一波像样的反弹，也没有涨停板出现，图中位置 A 是波段调整后的底部第一个涨停板，只要你坚持涨停板选股法，很容易在当天收盘后的涨幅榜中选出该股，这样的个股先不说反弹的延续性如何，至少给反弹留下了足够的空间，就是我们应该关注的标的。该股底部第一个涨停板的次日直接跳空拉升，主力资金的拉升意图非常明显，说明动能基础非常强。既有反弹空间，又有做多动能，这样的个股才具备关注和操作的价值，事实上该股也是运行了连续的波段上涨周期！

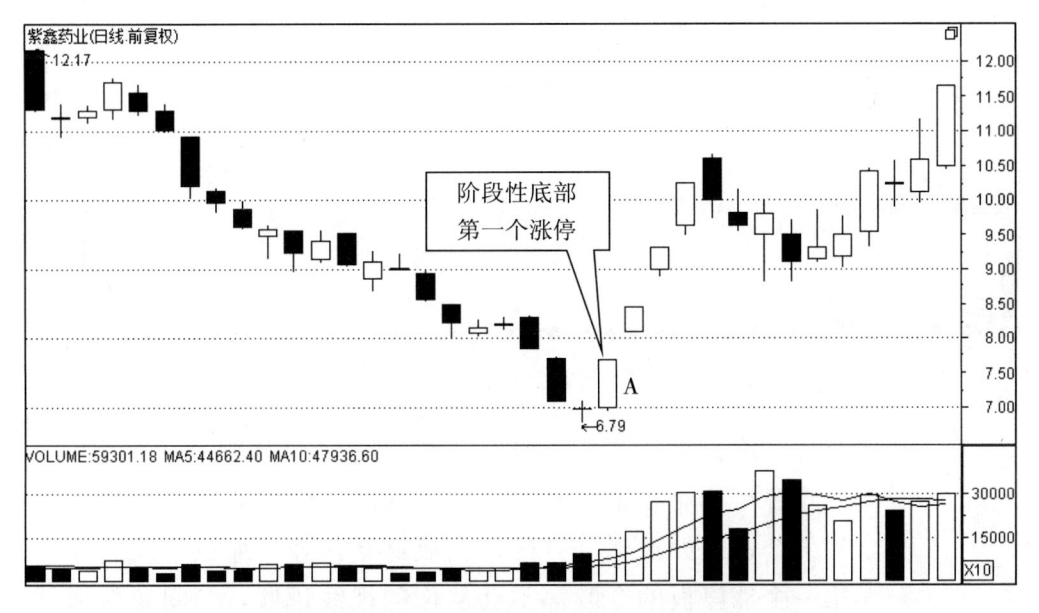

图 2—15

我们再来看一个案例西北化工（000791），如图 2—16 所示。该股经过漫长深度的波段调整，调整中没有一波像样的反弹，也没有涨停板出现，下行结构的延续性非常强，一直到底部第一个涨停板打破了原下行结构。图中位置 A 是波段调整后的底部第一个涨停板，从当天收盘的涨幅榜可把该股选出来，股价在相对的底部，反弹的空间是非常大的。该股涨停板的次日直接跳空拉升，跳空也说明底部动能和资金势

双龙战法

力很强，否则也很难出现无价格交易区间的缺口，这说明主力资金的拉升意图非常明显。有动能基础，有反弹空间，这样的个股才具备了被我们关注和操作的价值！

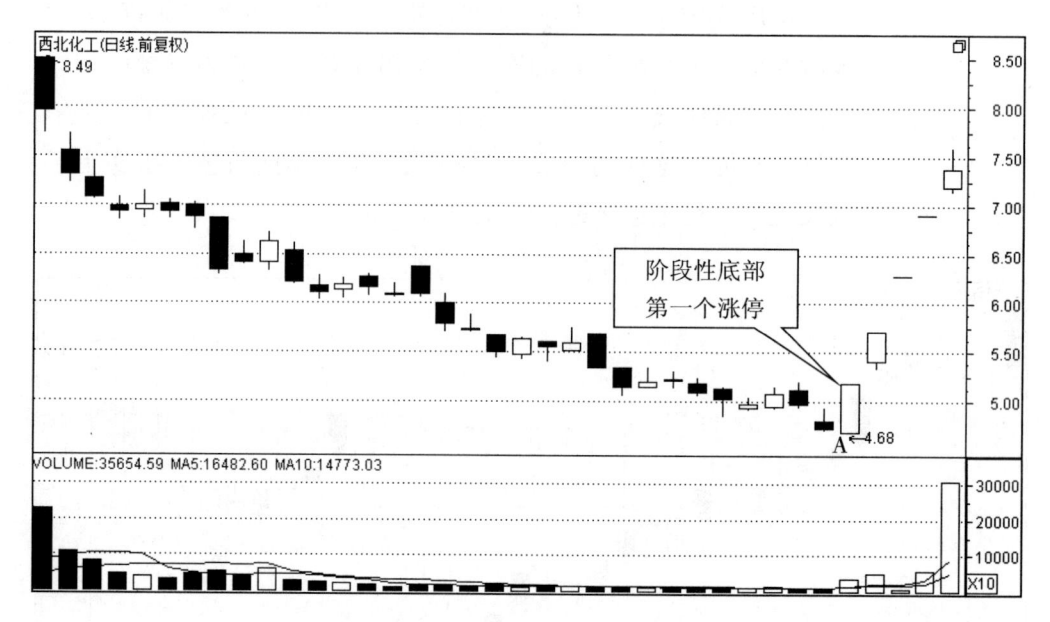

图 2—16

书读到这里，你应该明白我为什么会在本章第一节的开始布置了两个作业。其中作业一强调：坚持分析每天的涨停板个股。如果你一直坚持完成这个作业，那么空间底部第一个涨停板的个股都不会从你的视线逃脱，空间底部第一个涨停板为反弹留下足够的空间，加上底部较强的反弹动能，你所选择的个股会具备较强的反弹延续性，即由底部第一个涨停板开始的大牛股，都将是你的盘中餐。默默回忆下我布置的这两个作业，你是否已经记下了？如果忘记了，就不要再读下去，回头看并记忆这两个作业，坚持每天完成！

如果空间上不是底部，而是脱离底部两个以上涨停板的个股要放弃，那么至少要等回调之后再考虑新的机会，因为

第一章 双龙战法的核心

短线连续涨停的个股，底部做多动能得到急速释放和消耗，连续涨停既消耗了底部做多动能，同时也消化了底部反弹的空间，所以短线持续拉升的延续性就会降低！这个地方注意一个问题：两个涨停板以上等回调是指买点，如果你已经持有了这样的股票，那么，在没有卖点之前是不要去卖的。如图2－17所示。

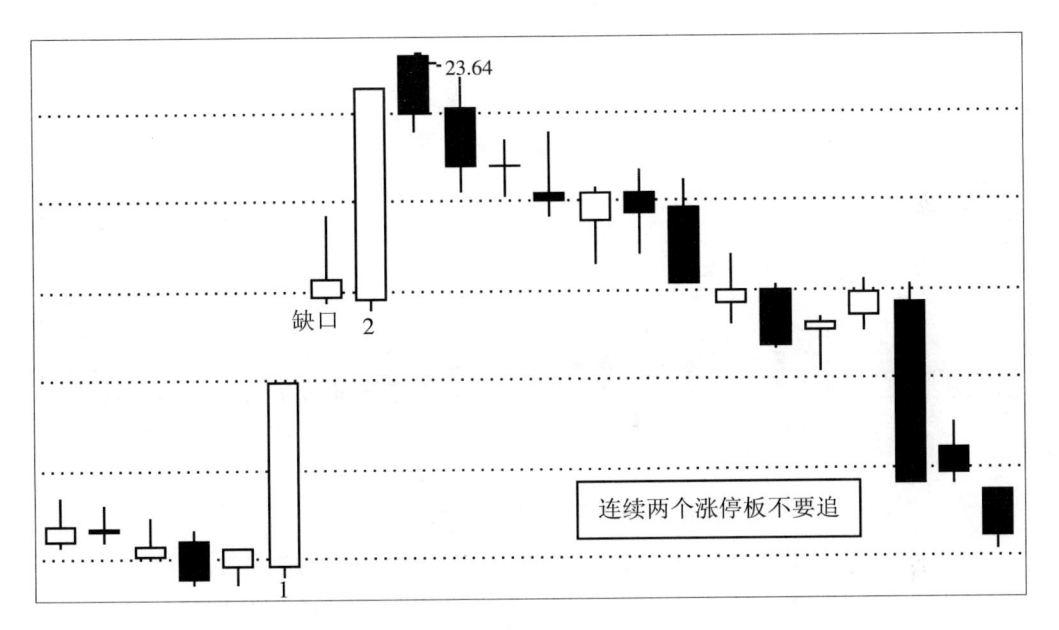

图2－17

我们来看案例爱使股份（600652），如图2－18所示。该股脱离底部结构后连续2日涨停，而且两个涨停板之间还带有向上的缺口，两个涨停板加上一个向上的缺口导致反弹动能急速释放和消耗；另外，反弹空间也得到一定消化，两个涨停板加上一个无价格交易的跳空区间，消化了大量的反弹空间，所以短线持续拉升的延续性就会降低。图中位置B呈现缩量反弹，这是在做多动能释放之后的强弩之末，之所以呈现缩量缓涨，也是因为连续涨停消化了反弹空间和反弹的动能，遇到这样的股票只能放弃，或者等回调之后再考虑，短线是没有机会的，即使短线还有向上的惯性，这种惯性利润犹如鸡肋——食之无味弃之可惜！

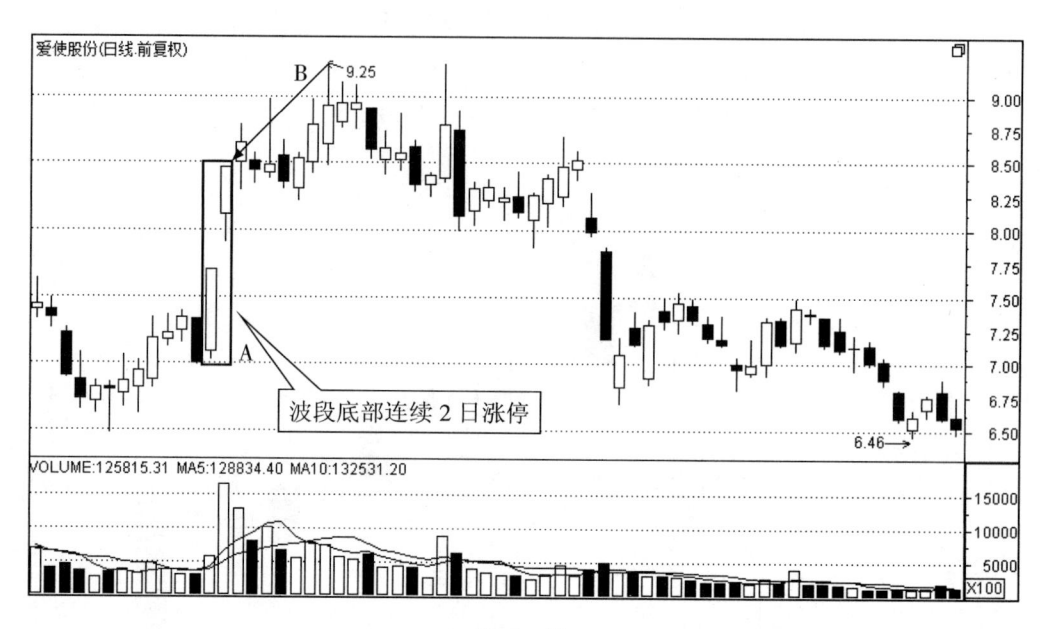

图 2—18

爱使股份（600652）要点总结：

①脱离底部结构后连续两个涨停板，消化反弹空间；

②连续两个涨停板加上跳空缺口过分透支底部做多动能；

③连续涨停之后，日线呈现缩量缓涨，进一步说明做多动能不足，已是强弩之末；

④无动能，无空间，日线缩量缓涨后筑顶回落。

我们再来看一个案例联建光电（300269），如图2—19所示。该股脱离底部结构后连续2日涨停，而且两个涨停板之间还带有向上的缺口，两个涨停板加上一个向上的缺口导致反弹动能急速释放和消耗，反弹的空间也迅速被消化掉，所以短线持续拉升的延续性就会降低。事实上，该股两个涨停板之后直接筑顶回落。反弹空间急速消化，反弹动能急速释放，这也是反弹无法强势延续的根本因素。

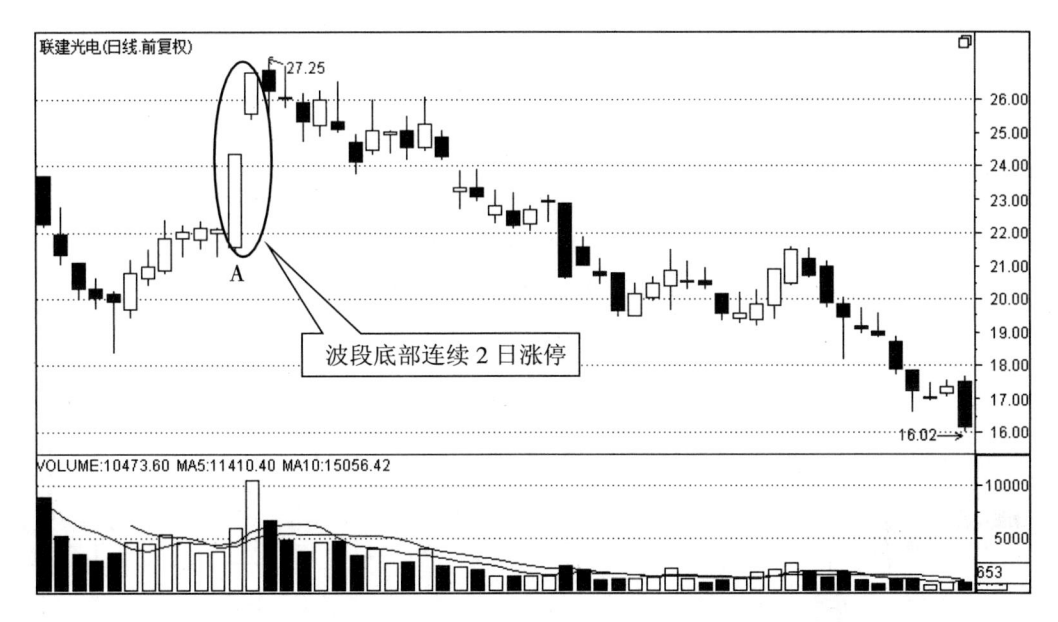

图 2—19

联建光电（300269）要点总结：

①脱离底部结构后连续两个涨停板，消化反弹空间；

②连续两个涨停板加上跳空缺口过分透支底部做多动能；

③无动能，无空间，日线滞涨或筑顶回落。

3. 异动

　　涨停板之前出现异动试盘，如出现日线十字星、长下影的金针探底形态等。连续的下跌，做多动能也会非常畏惧，毕竟下行结构是具备一定延续性的，所以主力资金在漫长深度调整之后，筑底拉升之前往往会有一个试盘的动作，来测试拉升的压力，最常见的方式就是分时线的异动拉升，日线往往形成底部十字星或长下影线的金针探底形态。十字星出现在波段下跌后的低价区，也称为"希望之星"，这是见底回升的信号，经过波段性调整的股票很多，并不是所有的股票都会筑底反弹，筑底反弹的股票上涨幅度也不尽相同，决定反弹高度的因素是底部反弹的强度，即做多动能的沉淀。筑底反弹之前多半会有一个试盘的动作，这个试盘的动作也是动能沉淀完成之后才会产生，常见的形态就是分时线脉动拉升形成的底部十字星和金针探底。如图2－20所示。

底部十字星后涨停

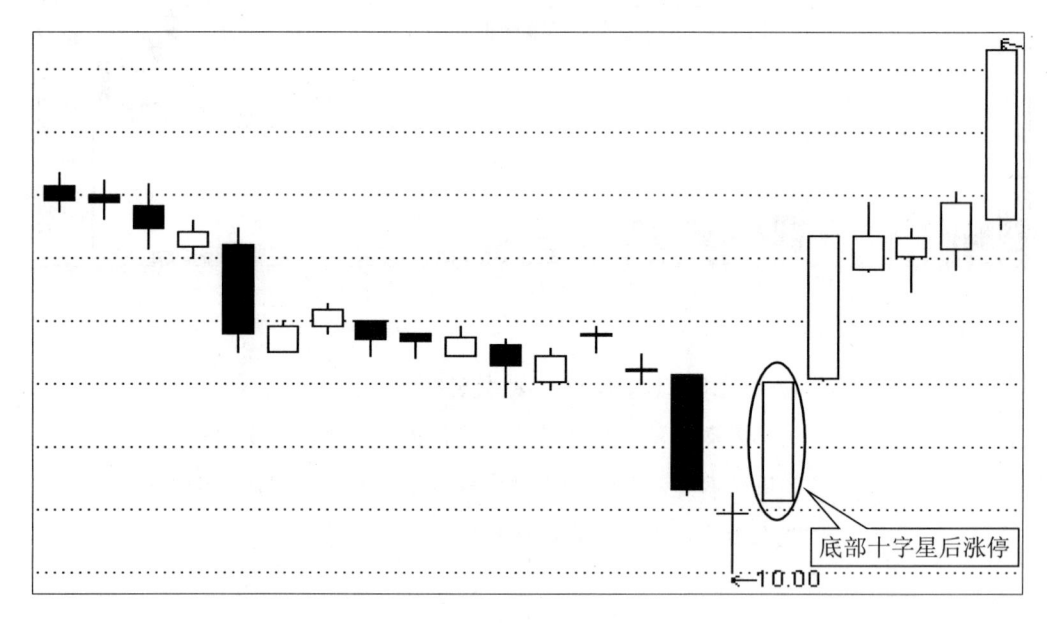

图2－20

我们来看案例紫鑫药业（002118），如图2－21所示。该股经过波段调整之后，底部首日涨停前出现一个小十字星，"底部十字星＋涨停板"组合形态是底部常见的止跌反弹形态，只有十字星没有涨停板配合或者只有涨停板没有十字星配合，反弹的强度和延续性都会降低。十字星是分时线脉动试盘留下的痕迹，即做多动能拉升前的准备工作，说明做多动能已经完成了筹码的收集，试盘成功后随时准备拉升。十字星次日的涨停则说明了做多动能的意图，该股底部"十字星＋涨停板"的形态出现之后，反弹进一步展开，延续性较强，类似这样的个股机会就比较多，应放进股票池密切关注！

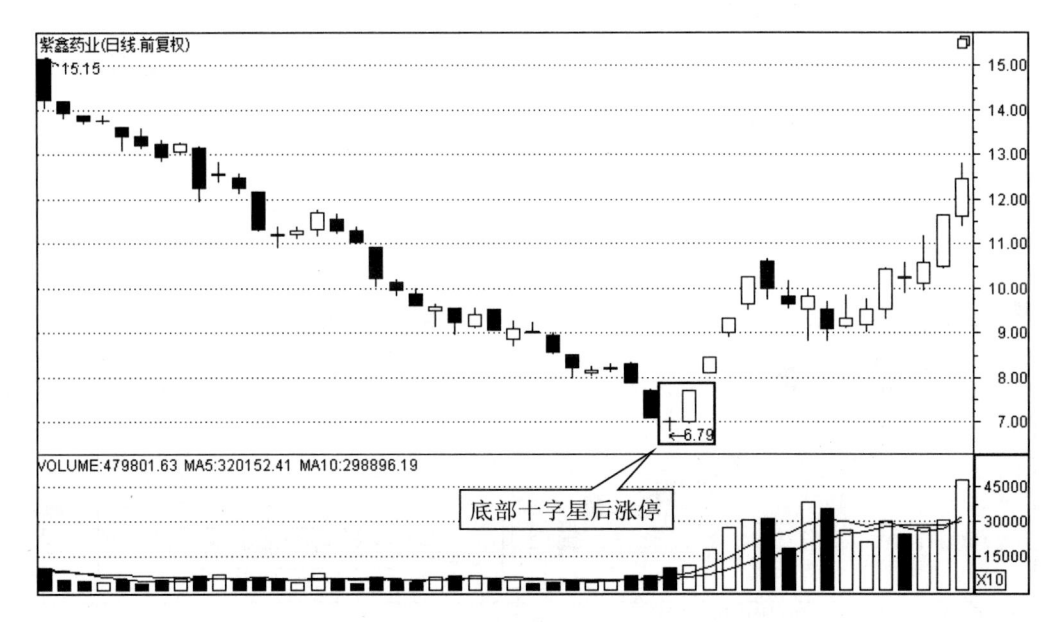

图 2—21

紫鑫药业（002118）要点总结：

①波段底部第一个涨停板，为反弹留下足够的反弹空间；

②涨停之前的十字星说明做多动能已经完成了筹码收集，一旦试盘成功，随时准备拉升；

③十字星确定筹码高度集中之后，次日涨停板直接拉升。

我们再来看一个案例靖远煤电（000552），如图 2—22 所示。该股经过波段调整之后，底部首日涨停前出现一个金针探底形态，"底部金针探底＋涨停板"组合形态是底部常见的止跌反弹形态，只有金针探底没有涨停板配合或者只有涨停板没有金针探底配合，反弹的强度和延续性都会降低。金针探底也是分时线脉动试盘留下的痕迹，是做多动能拉升前的准备工作，一旦测压成功，急速拉升是唯一要做的事情，次日涨停拉升验证了我们对前一天脉动的分析结果，所以该股底部"金针探底＋涨停板"的形态出现之后，反弹是唯一的方向，延续性较强。如果不能在第一个涨停当天入场，随后的反弹没有再给机会，连续"一"字涨停，可见反弹强度非常大，金针探底的试盘和底部第一个涨停板均体现了做多动能的强度！

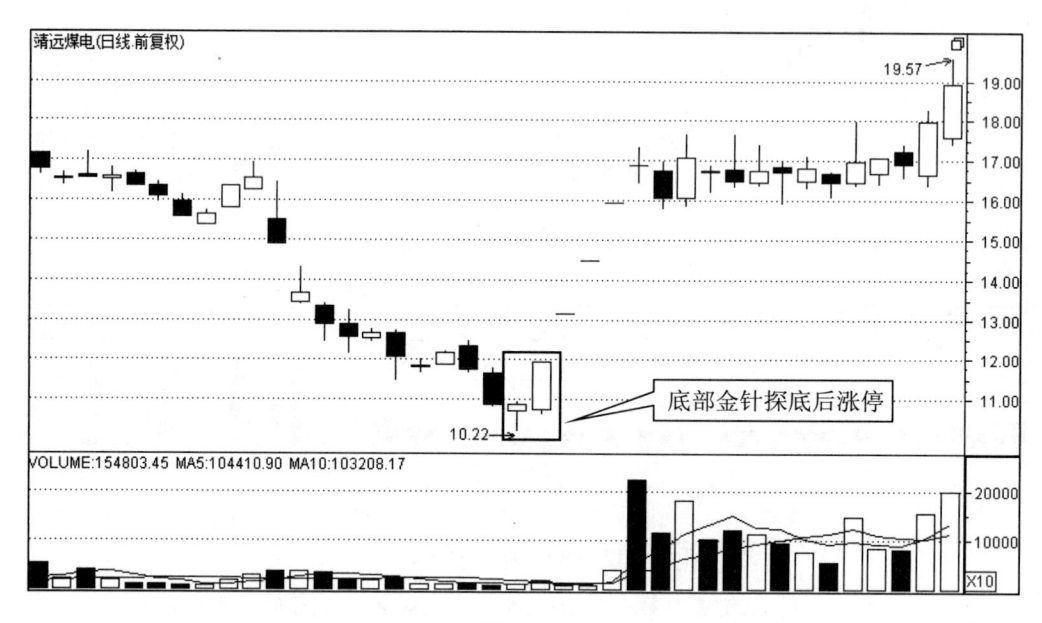

图 2—22

靖远煤电（000552）要点总结：

①波段底部第一个涨停板，为反弹留下足够的反弹空间；

②涨停之前的金针探底形态说明做多动能已经完成了筹码收集，实现高度控盘，随时准备拉升；

③金针探底形态确定筹码高度集中之后，次日涨停板直接拉升。

分时图中股价的快速波动，也称其为脉动！人是有脉搏的，脉搏跳动才是有生命的，脉搏停止跳动意味着生命的死亡。股票由人来操作，自然也就具备了生命力，股票的生命力体现在价格波动上，一只股票如果没有人气，没有价格的波动，也就是传说中的"死股"。个股分时图中均以1分钟为单位，故1分钟为单位的价格急速波动可以称其为脉动，多空动能博弈双方很容易在分时图中留下痕迹。

股票经过一波漫长深度的调整之后，多半会有一个静态周期，也就是调整的末端，这个位置场外资金多在观望，股票的价格波动非常细微，日线基本走碎步儿小阴阳线，看不到任何底部的特征，也没有即将拉升的迹象，分时线的脉动就是在这样的环境下产生的。在日线波段性底部，价格波动几乎静止，碎步儿小阴阳窄幅横盘纠结的时候，分时线某一天出现盘中的急速拉升，3～5分钟急速拉升超过3%，然后再震荡回落，这一过程就是脉动拉升。而往往会在日线上形成底部"十字星"或"金针探底"形态。

脉动拉升的意义在于底部的试盘。脉动拉升产生的环境是日线经过波段调整之后，进入毫无生机的底部窄幅横盘中，控盘资金要想在这里筑底反弹并不容易，要考虑场外资金的反应，考虑自己筹码收集的情况，还要考虑大盘的环境，等等。所以贸然筑底反弹的风险非常大，而选择底部分时线的脉动试盘是非常有必要的。所以此形态不用担心主力资金故意脉动拉升来布局陷阱，因为首先试盘是不得已而为之留下的痕迹，其次脉动只是选股特征，不存在诱多来实现短线资金的套牢。切记：脉动是选股技术，脉动当天不能跟进，容易套在当天最高点！

脉动选股条件：

（1）日线经过波段调整之后，进入毫无生机的底部窄幅横盘中，没有任何止跌迹象。

（2）分时线突然快速拉升3%以上，然后震荡回落。

（3）拉升波段要求越快越好，3～5分钟即可完成3%以上的拉升空间。

（4）调整波段中寻找超跌股，多半会在超跌后出现分时线的脉动拉升。

（5）可以在 5 分钟快速上涨中寻找，盘中打开"81"和"83"寻找盘中 5 分钟快速拉升的个股。

（6）此类股票当天没有买点，追涨容易套牢在当日高点，可放进股票池进行跟踪。如图 2-23 所示。

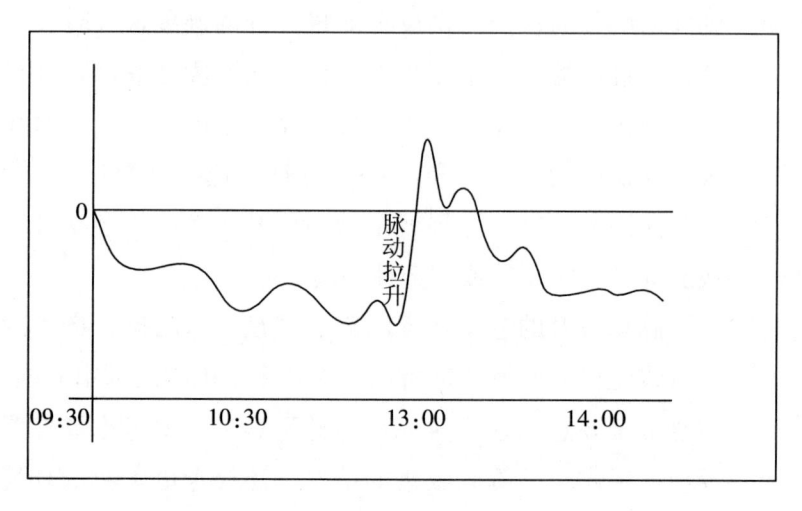

图 2-23

我们来看案例东宝生物（300239），如图 2-24 所示。该股分时图整体是偏弱的，不仔细观察是很难发现有任何变化的，但我们发现在早盘急速杀跌之后，分时线震荡爬升中出现了两波加速的过程，都是短时间内完成超过 3% 的急速拉升，符合脉动的标准。然后该股脉动当天的日线处于波段的底部，如果不是分时的脉动，只看日线的话，只有一个下影线略长的阳线，很难判断底部结构，但分时线的脉动告诉我们该股底部的资金试盘，筑底反弹的概率极大。事实上，该股脉动试盘之后，次日涨停板直接引爆了一波反弹行情，涨停板不是凭空出现的，分时线脉动拉升就是资金留下的痕迹！

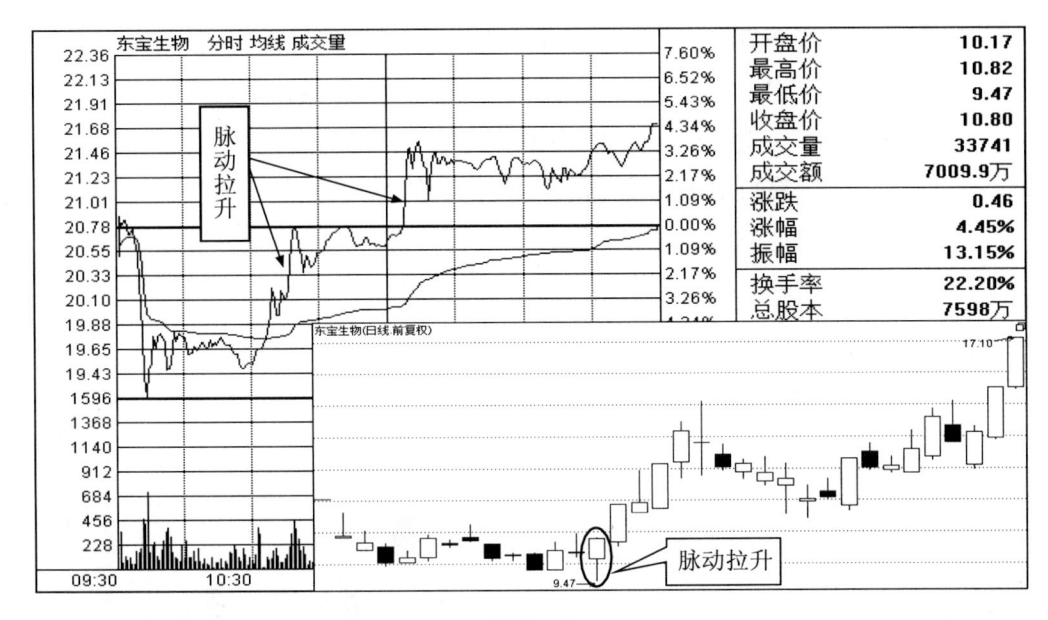

图 2-24

东宝生物（300239）要点总结：

①日线运行波段调整的底部，为反弹留下足够的反弹空间；

②底部碎步儿小阴阳反复纠结，为脉动提供良好的试盘环境；

③分时线连续两波脉动拉升，一旦脉动试盘成功，必将急速拉升；

④除了分时线的脉动拉升，日线很难发现底部特征。

4. 缺口

涨停板前后最好有向上的缺口。"涨停板＋缺口"的组合形态作用很明显：即加速向上脱离底部成本是构筑尖底常用的手法。缺口代表没有价格交易的区间，那么向上的缺口就会直接向上实现底部成本的脱离，所以"涨停板＋缺口"的组合形态说明主力资金拉升态度非常坚决，此形态会加固反弹的延续性，而且短线最好不要回补缺口，一鼓作气展开反弹！试想，如果你是底部"涨停＋缺口"组合形态的始作俑者，费了好大劲才实现底部成本的脱离，你会在短时间内让缺口再回补吗？会轻易再给市场较低的价格吗？答案是否定的，不会，至少在完成这波拉升之前尽量不会回补缺口，如果遇到回踩，缺口是不错的支撑和加仓点！如图2－25所示。

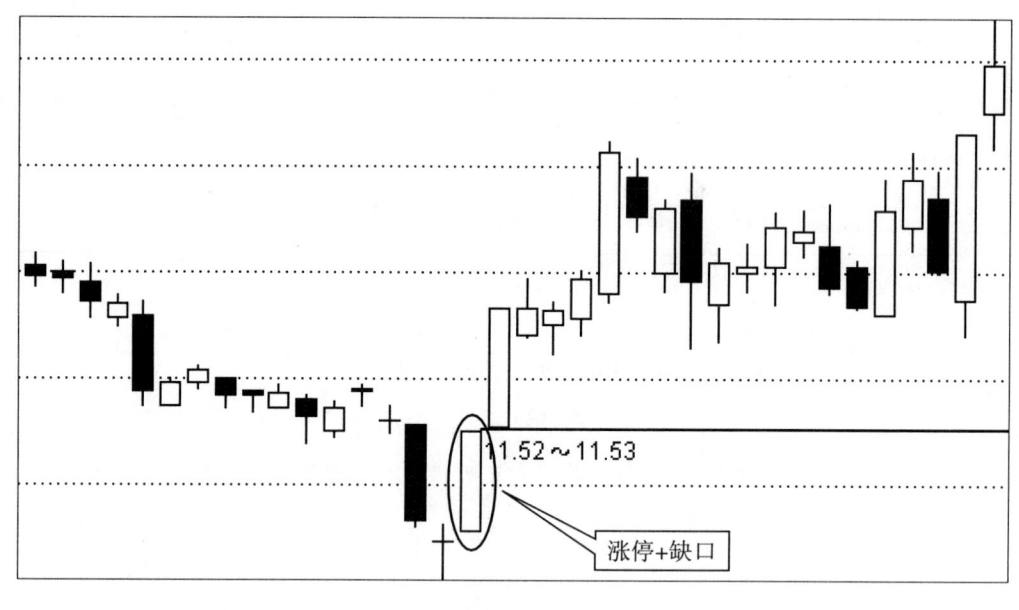

图2－25

我们来看案例迪康药业（600466），如图2－26所示。该股波段调整结束之后K线均呈碎步儿小阴阳，并没有很明显的止跌形态，但碎步儿小阴阳形态也是底部动能的沉淀和反弹前的准备过程。在图中7.63～7.72价格区间形成底部向上的缺口，无价格交易的缺口直接向上脱离了底部横盘周期，即说明了做多动能的资金势力雄厚，又体现了做多动能的拉升意图之坚决。缺口之后直接形成单日涨停，即底部"涨停＋缺口"的组合形态，此组合形态急速向上脱离底部成本，脱离底部成本之后只有一个方向，那就是向上，该股日线随后构成一波连续反弹行情，而且短线并未向下回补缺口，也说明做多动能拉升意图非常明显！

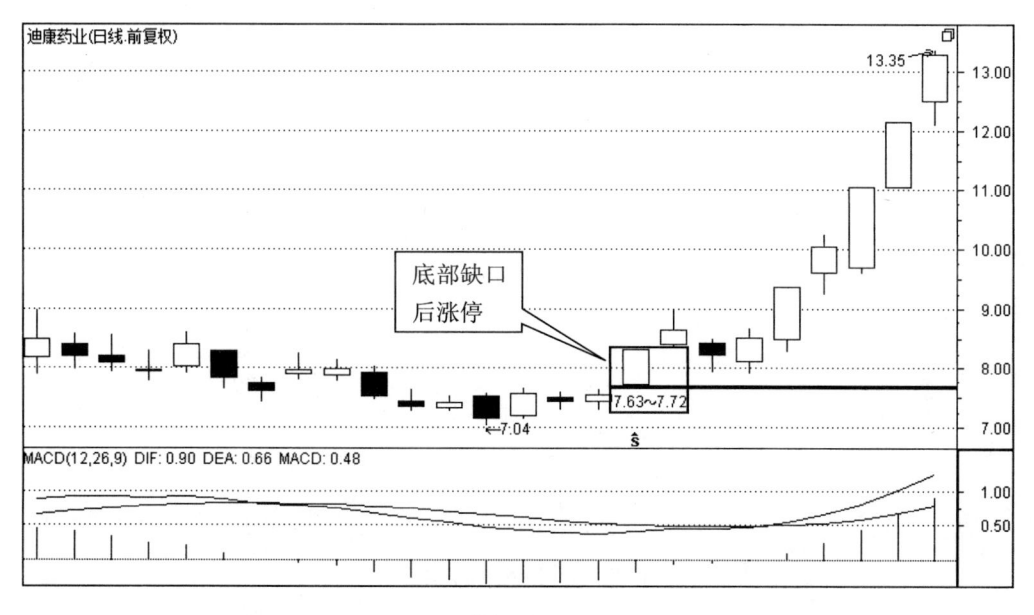

图2—26

迪康药业（600466）要点总结：

①底部第一个涨停板为反弹留下足够的反弹空间；

②涨停前出现向上的缺口，加速向上脱离底部成本，拉升意图明显；

③缺口后涨停既体现了做多动能的强势，又体现了做多动能的坚决，日线运行波段拉升。

我们再来看案例雷曼光电（300162），如图2—27所示。该股底部第一个涨停板之前无任何征兆，没有十字星，也没有金针探底，好在有一个重心上移的过程，类似双底的结构，双底仅仅是传统的止跌形态。随后"涨停＋缺口"的组合形态说明了一切问题，即采取"涨停＋缺口"的组合形态加速向上脱离底部成本，缺口短时间内没有回补，也可以诠释急速脱离底部成本这一要点。

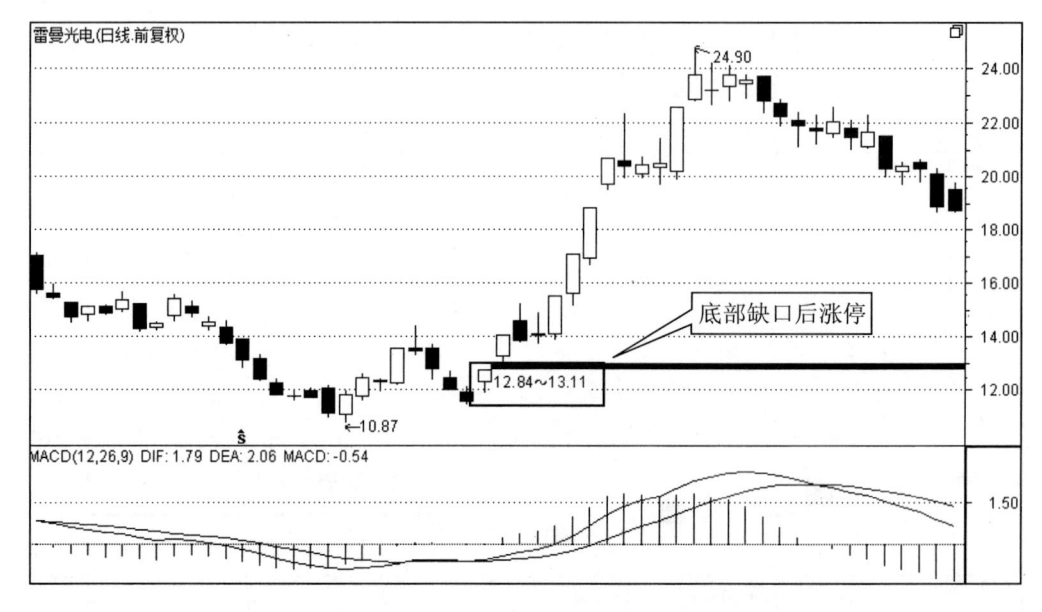

图 2—27

雷曼光电（300162）要点总结：

①底部第一个涨停板为反弹留下足够的反弹空间；

②涨停后出现向上的缺口，加速向上脱离底部成本，拉升意图明显；

③"涨停＋缺口"既体现了做多动能的强势，又体现了做多动能的坚决，日线运行波段拉升。

5. 龙头

长期稳坐板块龙头宝座的股票。长期稳坐龙头宝座的股票很容易成为新一波反弹的龙头股，因为它们常被游资、私募等资金青睐，属于给点儿阳光就灿烂的个股。那种长期被市场边缘化的个股，即使借大盘之势涨停也很难具备较强的延续性！

龙头股操作要点：

(1) 二次反弹：底部首先起涨的热点板块很容易在回调之后再拉升第二波，所以底部初期的热点不要马上丢弃，回调之后等待二次反弹的机会。龙头股在两波拉升中都是首选个股，而且也只有龙头股和该板块强势明显的个股才具备二次反弹的机会，板块虽然是热点板块，并不代表该板块中所有个股涨幅都一样，也不代表该板块中所有个股都会展开第二波反弹行情。

(2) 先做龙头：热点板块选定之后，龙头是首先要去考虑的品种，选择一波上升周期、上升周期内的热点板块，热点板块中的龙头个股，这个顺序如果还不赚钱，难道操作被市场边缘化的个股会赚钱！

(3) 后做补涨：热点板块选定之后，先做龙头股后做补涨股，龙头股和补涨股是交替进行的，不会同一时间发生，这一点把握好可以充分提高资金的使用效率。

(4) 迷途知返：操作热点板块很容易验证自己的操作是否正确，一旦发现龙头股判断错误，无论当时短线是微亏还是微利，都应及时调仓换股，尤其是在底部起涨后的洗盘周期，是最好的纠错环节，即最好的调仓换股环节。

(5) 机不可失：俗话说，机不可失，时不再来。机会永远只垂青有准备的人，在一波反弹行情中，一旦错过热点板块的龙头股就骑着慢牛走吧，慢牛也比每次都从快马上摔下来要强很多倍，这一点也是非常重要的。不要吃着碗里的瞧着锅里的，很多交易者看着大牛股和自己手中的慢牛就着急，很容易犯下这样的错误：割肉追黑马。黑马刚追进去就被套牢，甚至在黑马洗盘中再度割肉出局，而回眸自己曾割肉出局的慢牛，早已经鱼跃龙门，成为新的大牛股、明星股，悔之晚矣！

6. 转势

单阳终结原下行结构！结构一旦形成必将延续，下行结构形成之后是具备一定延续性的，而且具备一定的自我修复性。但任何一波调整结构都不会无休止延续下去，时间的多次重复必然会缓慢消耗掉原结构的延续性，所以我们经常听到这样一句话：下跌是机会。这个机会就是弱势终结，就是原下行结构终结的位置。终结的方式为底部大阳！底部大阳直接向上突破原下行结构，是对原下行结构的强大冲击，而结构正常的运行被打破之后会进入一个新的结构。

新结构的三种方式：①最坏的结构：仅仅放缓了原下行速度，止跌反弹后再下，有点儿类似下行中继行情；②一般的结构：止跌缓涨，构筑圆底，反复夯实底部结构；③最好的结构：大阳终结原下行结构后直接止跌反弹，形成新的反弹结构（注：这里的大阳指涨停板，涨停配合向上的缺口最好）！

市场能够产生利润的地方只有两个，首先是反弹延续中，在上行结构中的每次回调都是机会；其次就是弱势终结，任何一波调整周期都不会一直延续下去，最终一定会有一个终结点，即打破原下行结构。原下行结构终结之后最坏的结果是放缓下行速度，止跌弱反后再下，除此之外机会大于风险。所以，一旦发现涨停板直接终结原下行结构的股票，可重点关注，直接放进股票池！如图2-28所示。

我们来看案例多伦股份（600696），如图2-29所示。该股调整波段呈现匀速下行，我们连接下行周期的多个高点，构成一条下行结构线，日线依附该线震荡走低。阶段性底部

第一章
双龙战法的核心

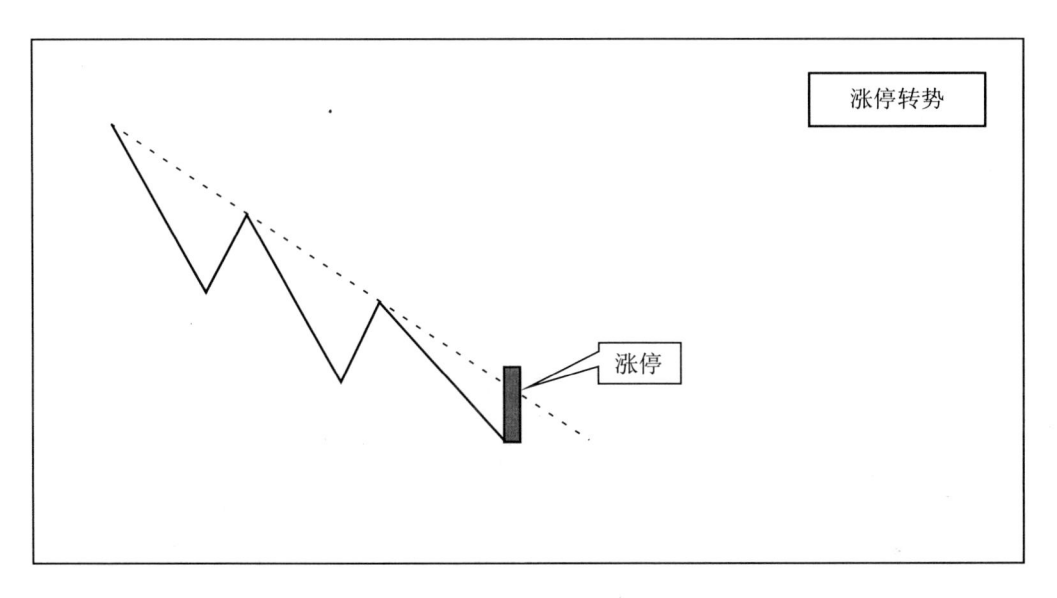

涨停转势

涨停

图 2—28
虚线是连接多个高点的下行结构线

第一个涨停板直接向上突破了原下行结构的下行结构线，形成了转势，随后日线运行反弹结构。

涨停板直接终结原下行结构

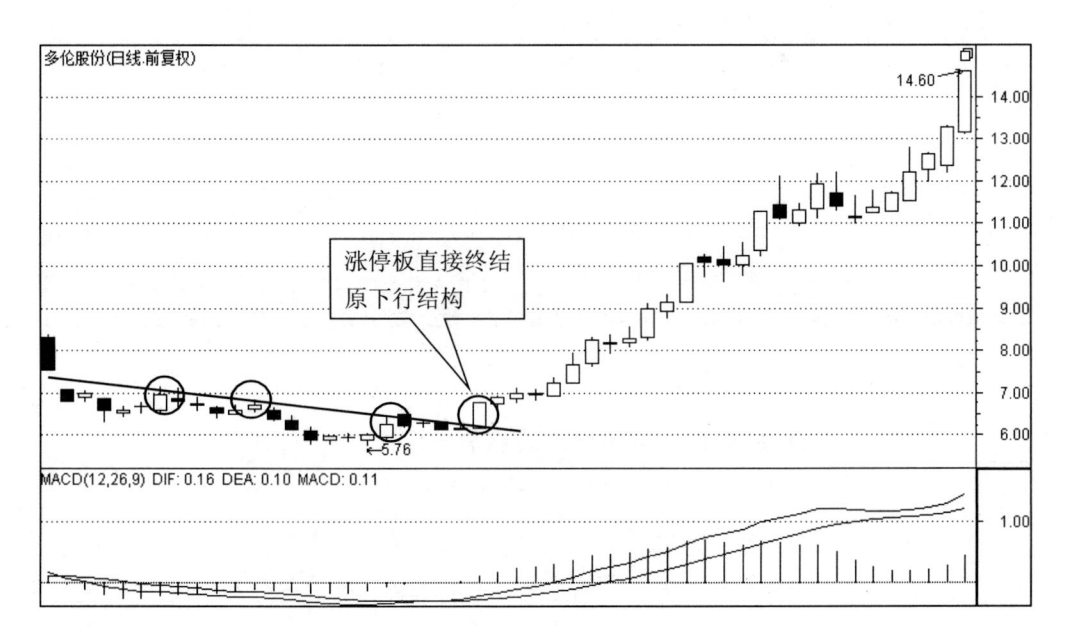

图 2—29

多伦股份（600696）要点总结：

①连接多个高点构成一条下行结构线；

②底部第一个涨停板，为反弹留下足够的上升空间；

③底部第一个涨停板直接向上突破原下行结构线，形成转势。

我们再看案例永生投资（600613），如图2—30所示。该股调整波段呈现匀速下行，我们连接下行周期的多个高点，构成一条下行结构线。漫长深度调整之后出现底部第一个涨停板，而且涨停之后出现一个向上的缺口，即"涨停＋缺口"组合形态，此组合形态直接向上突破了原下行结构的下行结构线，形成了转势，随后日线运行反弹结构。

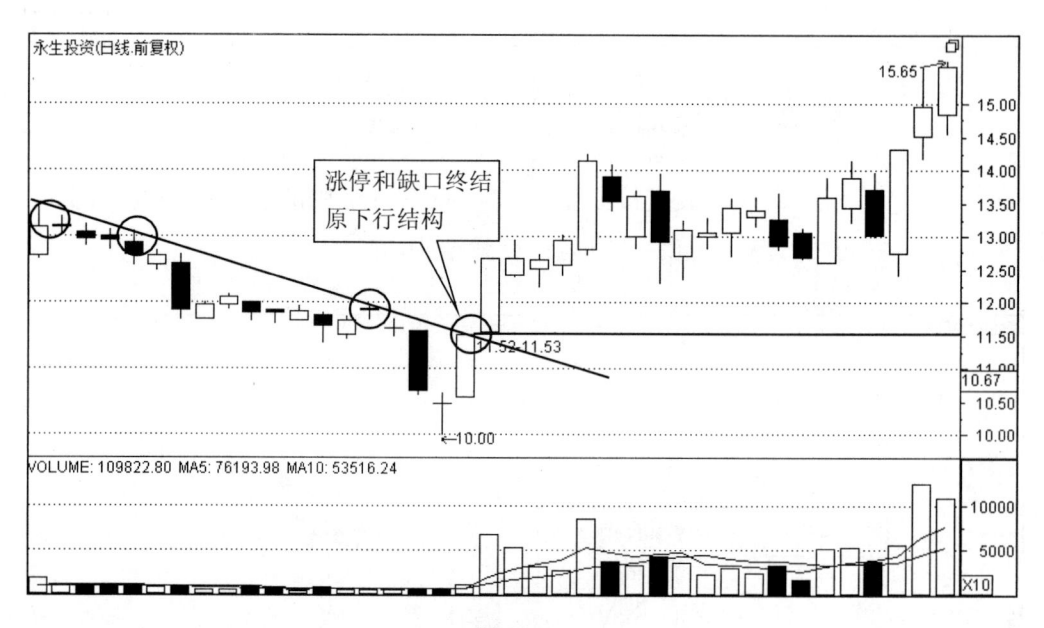

图2—30

永生投资（600613）要点总结：

①连接多个高点构成一条下行结构线；

②底部第一个涨停板，为反弹留下足够的上升空间；

③底部第一个涨停板＋缺口直接向上突破原下行结构线，形成转势。

我们再看案例西北化工（000791），如图2-31所示。该股调整波段呈现匀速下行，我们连接下行周期的多个高点，构成一条下行结构线，日线依附该下行结构线持续震荡走低。没有只跌不涨的股票，漫长深度调整之后出现底部第一个涨停板，而且涨停之后出现一个向上的缺口，即"涨停＋缺口"组合形态，此组合形态直接向上突破了原下行结构的下行结构线，形成了转势，转势之后运行最理想的路线，即连续跳空"一"字涨停。

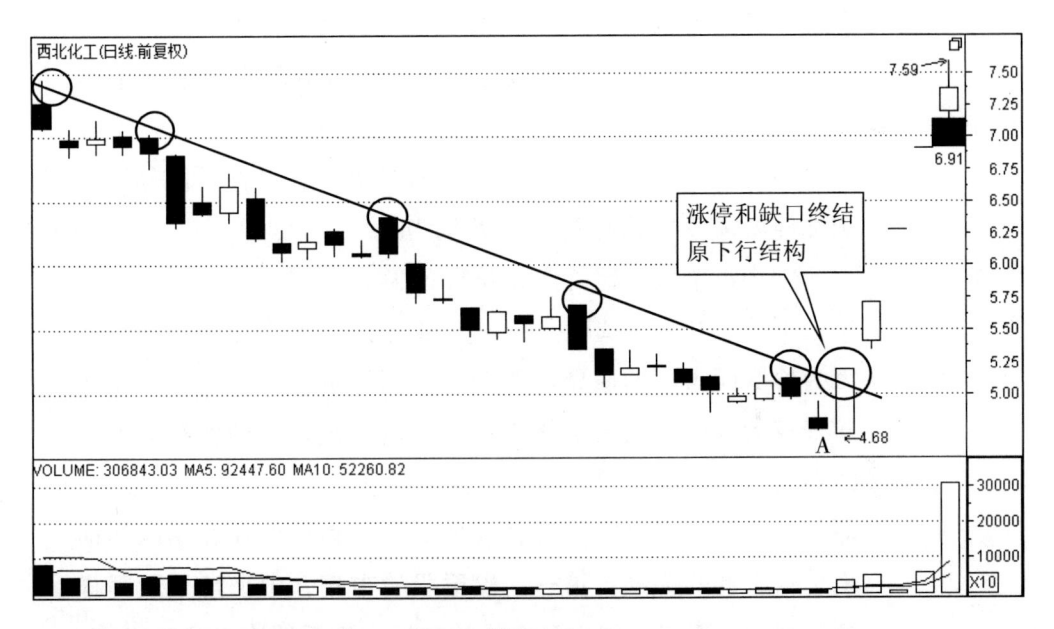

图2-31

西北化工（000791）要点总结：

①连接多个高点构成一条下行结构线；

②底部第一个涨停板，为反弹留下足够的上升空间；

③底部第一个涨停板＋缺口直接向上突破原下行结构线，形成转势。

7. 股价

　　遵循价低而盘小的基本原则。价格16元以下，流通盘3个亿以内，最好是千万级的流通盘！流通盘过大，资金很难实现控盘，比如中国石油这样的权重大盘股，一般的资金恐怕一丝涟漪都无法激起，更谈不上控盘。所以游资、私募等资金更青睐价低而盘小的股票，实现分时涨停或日线波段拉升都比较容易一些，此类股也是市场较为活跃的品种！当然，并不是说流通盘超过3个亿，股价超过16元的股票就不会涨停，而是这些流通盘和股价偏大的股票不容易拉升涨停，要想涨停就需要足够的资金来保驾护航。

　　中小盘个股和蓝筹股是选股的两大方向，一直以来市场争论不休，其实，选股上我一直强调了5个字：价低而盘小。因为价低而盘小的股票，游资、私募等资金才会青睐，操作起来较为轻松；股指期货刚刚推出的时候，市场就有蓝筹股的春天即将来临之说，当时我也是在坚持价低而盘小的思路。那么具备估值优势的蓝筹就真的一文不值吗？在此用两句话来总结二者的关系：**第一，权重股的市场，中小盘个股同样会有利润；第二，中小盘个股的市场，权重股未必会有行情。**即，市场慢慢回归价值投资，无非是为市场重新创造一个选股的方向，而中小盘个股的选股方向不变，所以未来很长一段时间，无论有无蓝筹股的行情，都可以坚持中小盘个股的选股方向，即价低而盘小。如图2—32所示。

　　我们来看案例罗平锌电（002114），如图2—33所示。该股脱离底部结构后的第一个涨停板位置的价格在7元左右，遵循价低的原则；该股的流通盘只有1.84亿，小于3个亿的量化标

第一章 双龙战法的核心

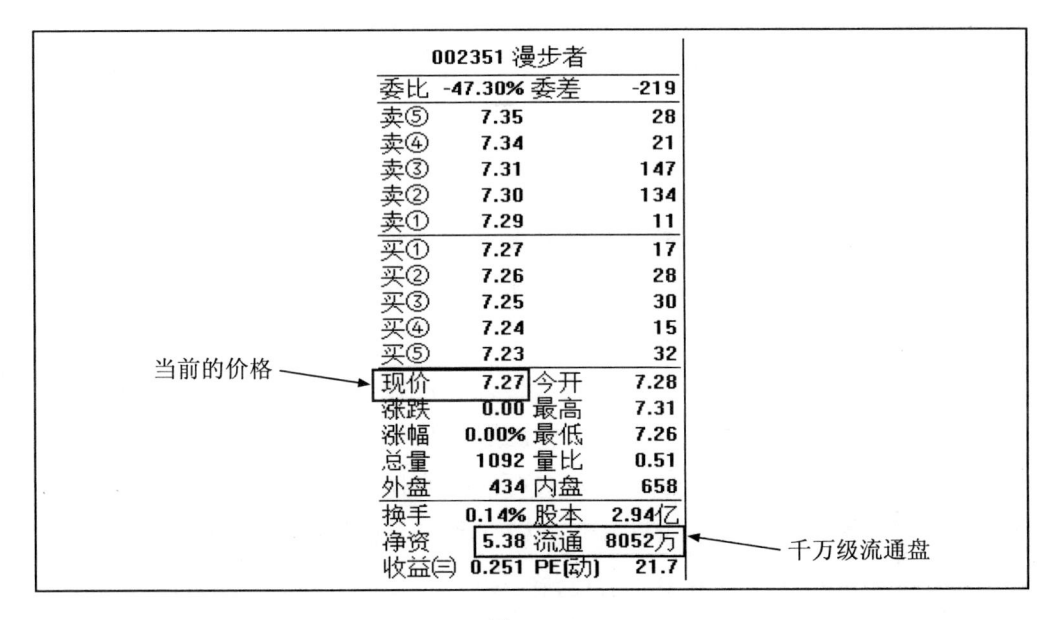

```
         002351 漫步者
委比  -47.30%  委差      -219
卖⑤     7.35            28
卖④     7.34            21
卖③     7.31           147
卖②     7.30           134
卖①     7.29            11
买①     7.27            17
买②     7.26            28
买③     7.25            30
买④     7.24            15
买⑤     7.23            32
```

当前的价格 → 现价 7.27 今开 7.28
涨跌 0.00 最高 7.31
涨幅 0.00% 最低 7.26
总量 1092 量比 0.51
外盘 434 内盘 658
换手 0.14% 股本 2.94亿
净资 5.38 流通 8052万 ← 千万级流通盘
收益(三) 0.251 PE(动) 21.7

图 2—32

准，遵循盘小的原则。该股价低而盘小完全符合要求，是游资、私募等资金青睐的品种，随后日线运行波段上涨周期。

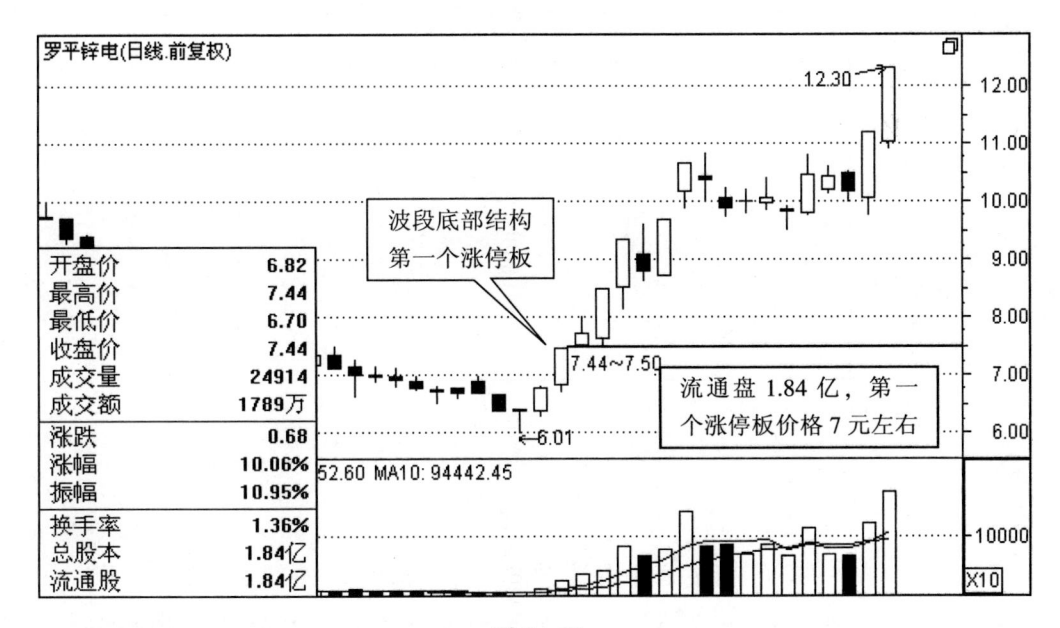

罗平锌电（日线.前复权）

开盘价 6.82
最高价 7.44
最低价 6.70
收盘价 7.44
成交量 24914
成交额 1789万
涨跌 0.68
涨幅 10.06%
振幅 10.95%
换手率 1.36%
总股本 1.84亿
流通股 1.84亿

波段底部结构 第一个涨停板

7.44～7.50

流通盘1.84亿，第一个涨停板价格7元左右

12.30

←6.01

图 2—33

8. 强度

有句话大家应该都听说过："涨停板封不死卖一半。" 虽然这句话不够严谨，因为卖出要考虑多方面的因素，不能一概而论，但这句话还是一针见血地诠释了涨停板的强度问题。涨停板封不死，盘中频繁打开涨停板说明该股的涨停强度不够，资金实力一般，这样的股票反弹延续性就偏差，日线在相对的底部还好一些，有可能是利用涨停板开板的方式进行筹码的收集，如果日线在相对高位的涨停板频繁开板，那么，短期很容易筑顶。所以涨停板尽量不要开板！盘中打开涨停板多半是受到盘中涨跌颠簸的影响所致，受制于盘中涨跌颠簸而开板的涨停板也说明资金实力较为一般。如图2—34所示。

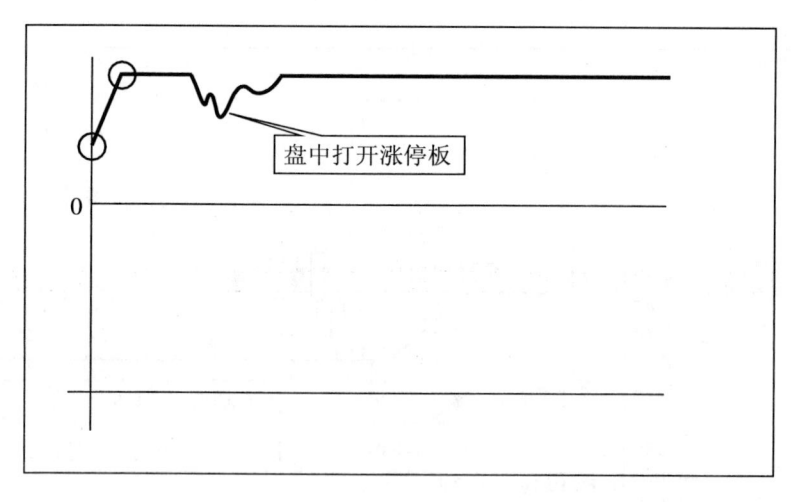

图2—34

我们来看案例大连热电（600719），如图2—35所示。该股分时线选择最后一个小时完成涨停，涨停之前白色分时线反复纠结黄色均价线，但并没有向下击穿黄色均价线，可见做多动能是在主导反弹行情的。但持续不拉升也体现了做多资金势力一般，等待时机，伺机而动。最后一个小时发起总攻，直线冲击涨停，可惜的是涨停之后反复打开涨停板，再次透露重要信息：做多动能势力比较一般。选择尾盘涨停已经说明资金实力比较一般，尽量规避盘中的不利因素，尽管这样，尾盘涨停也无力直接封死涨停板，可见做多动能不是一般的不足，这样的个股反弹延续性肯定不会很强。

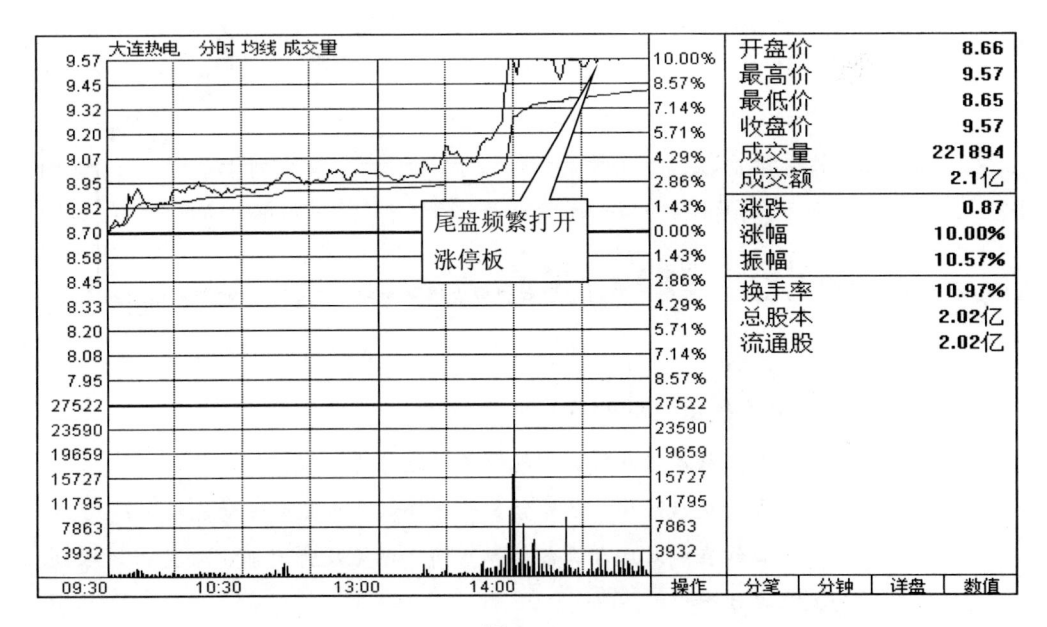

图2—35

我们通过大连热电（600719）的日线图来看一下该股的反弹延续性，如图2—36所示。日线是脱离底部结构之后的第一个涨停板，空间上还是不错的，至少为反弹留下足够的空间，即使这样，反弹最终也无力展开，其中最根本的原因就是尾盘涨停和频繁开板。日线图中位置A就是尾盘频繁打开涨停板的当天，日线次日冲高回落，随后运行漫长的下行周期，和我们通过涨停当天的分时图分析得到的结论是一样的，该股日线并无反弹延续性，相反却构筑了阶段性高点。

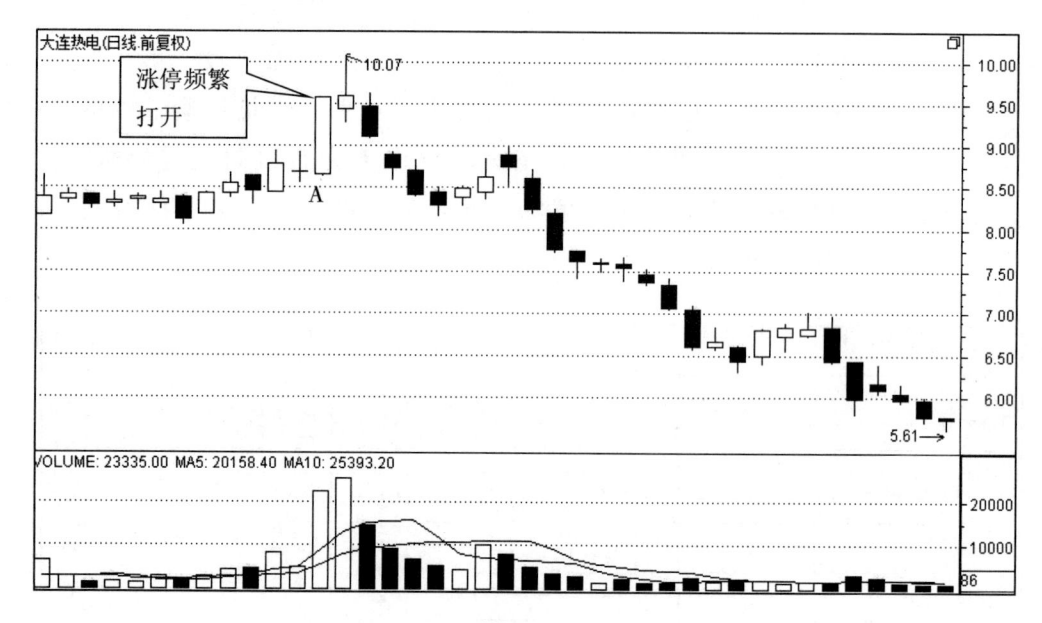

图 2—36

大连热电（600719）要点总结：

①分时线尾盘涨停，可见做多动能势力一般；

②即使尾盘涨停，还频繁打开涨停板，可见做多动能较弱；

③日线在相对底部具备反弹空间，但无反弹动能，可见巧妇难为无米之炊啊！

我们再来看案例永安药业（002365），如图 2—37 所示。该股停牌一个小时，开盘后直接奔向涨停，还挺强的，可惜随后的分时线出卖了它，分时线涨停后反复打开涨停板，无论出于什么原因停牌，分时线反复打开涨停板说明做多动能是不足的，反弹延续性就不会很强。

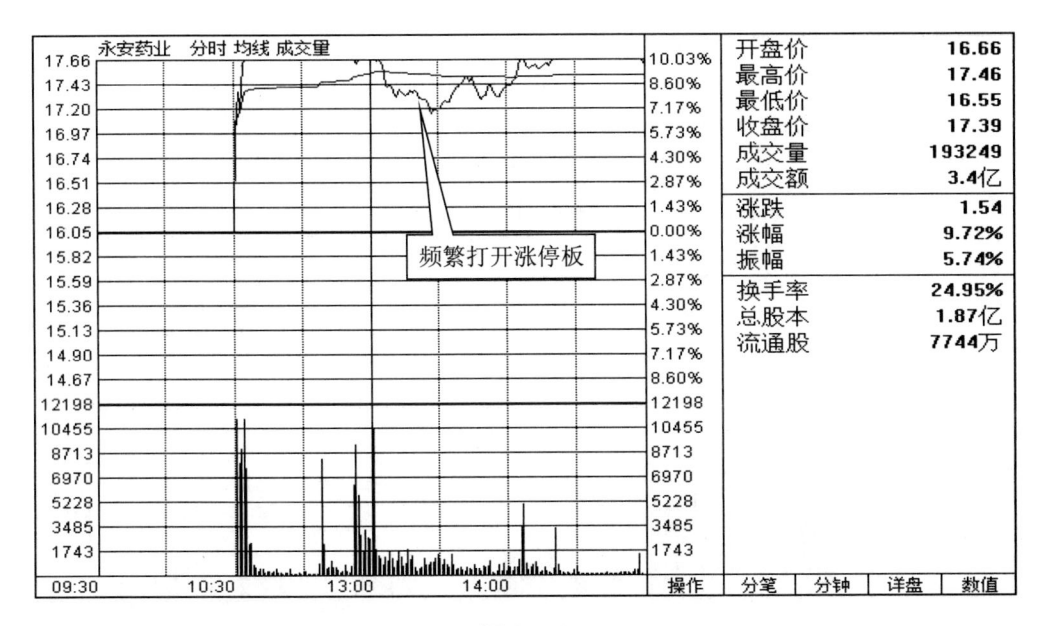

图 2—37

我们通过永安药业（002365）日线图来看一下该股的涨停延续性，如图 2—38 所示。日线图显示该股连续 4 个交易日涨停，而且涨停过程中多次出现向上的跳空缺口，可见日线运行主升周期，反弹的空间和反弹的动能都得到充分的消耗和透支。位置 A 就是频繁打开涨停板的当天，无论底部起涨的速度有多么快，"涨停＋缺口"组合形态多么强势，但位置 A 涨停当天的分时线透露了重要信息：即涨停板反复开板，说明主升周期的做多动能消耗殆尽，即将构筑顶部结构。

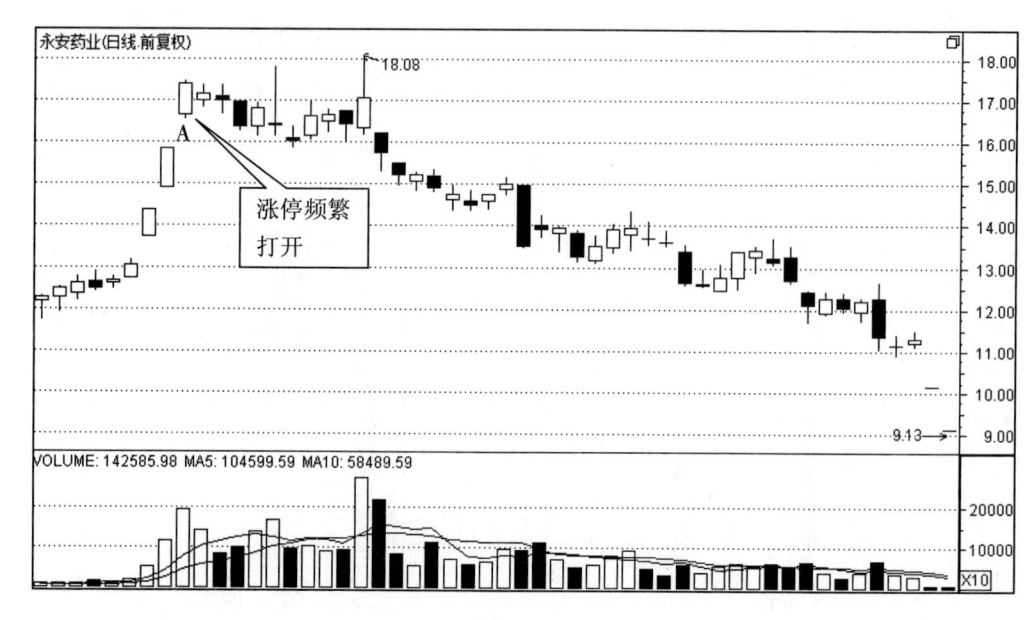

图 2—38

永安药业（002365）要点总结：

①分时线频繁打开涨停板，可见做多动能相对较弱；

②日线连续跳空＋大阳急速拉升，过分透支做多动能和反弹空间；

③位置 A 涨停板频繁打开也说明日线连续拉升透支了做多动能，无力继续反弹。

9. 热点

涨停板个股最好是近期市场的热点！ 市场涨跌有自然规律，非人为所能改变，但板块热点的轮动是比较容易把握的。首先是政策导向。股市流传这样一句话：新股民看股价、老股民看 K 线、高手看图表、主力看大势。主力看的大势就是政策面导向。本人虽然偏爱技术，但从来不排斥政策面分析，我认为对市场大的趋势、结构进行研判，只有技术和政策的结合才会更加具备说服力，只有技术没有政策不行，只有政策没有技术也不行。阶段性热点板块和政策面更是紧密相连，比如政策性扶持的行业必然会吸引更多的资金关注、参与，政策性利空的行业必然会导致资金的迅速撤离，这在股市上会产生立竿见影的效果！其次是个股联袂。板块形成热点的条件是板块个股联袂走强，而不是只有部分个股活跃的英雄主义。所以热点板块除了龙头的带动之外，其他个股的上涨步调基本是一致的，而且强于同期的其他板块个股。

截至目前，读者已经可以掌握九龙戏珠的涨停板选股形态，时间、空间、异动、缺口、龙头、转势、股价、强度、热点为"九龙"，而"珠"代表着九龙的结合、团结、统一，并不是某一种单独的形态，合力才是强势的基础。比如空间要求在阶段性底部的第一个涨停板，贯穿九龙的各个要素，如果是连续拉升之后的阶段性顶部，那么，无论其他要素再强，反弹的空间没有了，反弹的延续性也不会很理想。下面我们通过案例来综合分析九龙戏珠的结合使用：

（1）罗平锌电（002114），如图2-39所示。该股经过一波漫长深度的调整，调整中没有一波像样的反弹，也没有出现涨停板，所以满足空间阶段性底部的要求，为随后的反弹留下了足够的空间；底部的金针探底形态非常清晰，也是拉升之前的异动表现，符合九龙戏珠的异动要素，说明连跌之后做多动能开始试盘，随时准备拉升，次日的涨停也说明金针探底测压成功；涨停的次日出现一个向上的小缺口，形成底部"涨停＋缺口"的组合形态，即试盘成功之后，主力资金采取无交易区间的缺口来加速向上脱离底部成本，拉升意图很明显、很坚决;"涨停+缺口"组合在结构上直接完成了原下行结构线的突破,即转势,这是九龙戏珠的转势要素,转势之后该股选择波段拉升;涨停板附近的价格在 7 元左右,完全符合价低的原则,另外流通盘 1.84 亿,遵循盘小的原则,即符合九龙戏珠的价低而盘小的要素;不足之处只有涨停当天选择了尾盘涨停,再无其他不利因素,两利取其重,这样的股票是我们首先的选择。

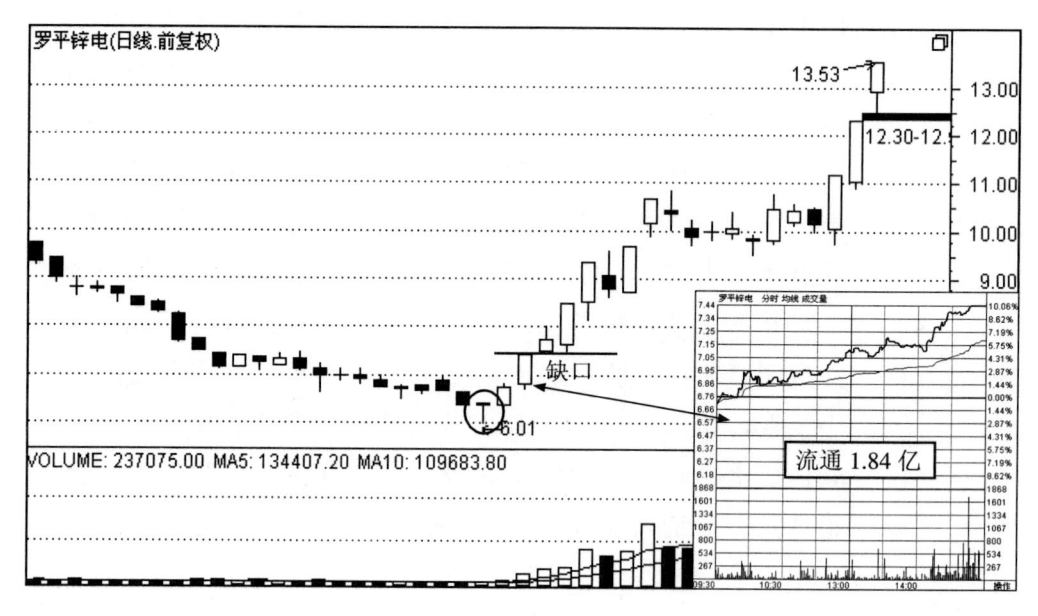

图 2—39

罗平锌电(002114)要点总结:

①空间:底部第一个涨停板,为继续反弹留下充足的反弹空间;

②异动:涨停之前出现金针探底,说明做多动能的异动试盘,试盘成功必将拉升;

③缺口:"涨停+缺口"组合形态,加速向上脱离底部成本,试盘后发起总攻;

④转势:"涨停+缺口"组合形态直接终结原下行结构;

⑤价格：遵循价低而盘小的原则；

⑥综述：阶段性底部第一个涨停板为反弹留下足够的空间，涨停前金针探底异动拉升说明做多动能已经完成了筹码收集，所以采取"涨停＋缺口"组合形态急速向上脱离底部成本，完成底部成本脱离的同时向上加速突破了原下行结构。有反弹空间，又不缺反弹动能，而且已经实现了底部成本的脱离，这样的股票只有一个方向就是上涨。

（2）四川圣达（000835），如图2-40所示。该股经过一波漫长深度的调整，调整中没有一波像样的反弹，也没有出现涨停板，所以满足空间阶段性底部的要求，至少说明反弹空间还是很大的；底部的金针探底形态非常清晰，这是拉升之前的异动表现，说明做多动能已经完成了筹码的收集，金针探底异动试盘，一旦试盘成功必将急速拉升，次日的涨停也直接说明金针探底的意义，这一点符合九龙戏珠的异动要素；涨停的次日出现一个向上的小缺口，形成底部"涨停＋缺口"的组合形态，缺口急速向上脱离底部成本，符合九龙戏珠的缺口要素；"涨停＋缺口"组合在结构上直接完成了原下行结构的突破，即转势，这是九龙戏珠的转势要素；涨停板附近的价格在5元左右，完全符合价低的原则，另外流通盘3.05亿，遵循盘小的原则，即符合九龙戏珠的价低而盘小的要素，是游资、私募青睐的品种；唯一的不利因素就是选择了盘中借势涨停的方式，涨停后出现开板情况，再无其他不利因素，两利取其重，这样的股票是我们的首选。

图 2—40

四川圣达（000835）要点总结：

①空间：底部第一个涨停板，为继续反弹留下充足的反弹空间；

②异动：涨停之前出现金针探底，加固涨停后的反弹延续性，试盘成功必将急速拉升；

③缺口："涨停＋缺口"组合形态，加速向上脱离底部成本，试盘后发起总攻；

④转势："涨停＋缺口"组合形态直接终结原下行结构；

⑤价格：遵循价低而盘小的原则；

⑥综述：阶段性底部第一个涨停板为反弹留下足够的空间，涨停前金针探底异动拉升说明做多动能已经完成了筹码收集，所以采取"涨停＋缺口"组合形态急速向上脱离底部成本，完成底部成本脱离的同时向上加速突破了原下行结构。有反弹空间，又不缺反弹动能，而且已经实现了底部成本的脱离，这样的股票只有一个方向就是上涨。

第一章
双龙战法的核心

（3）骆驼股份（601311），如图2—41所示。该股在阶段性底部反复纠结，采取碎步儿小阴阳的方式震荡夯实底部结构，涨停的位置满足空间阶段性底部第一个涨停板的要求，刚刚脱离平台具备较大的反弹空间；底部的小十字星形态非常清晰，也是拉升之前的异动表现，符合九龙戏珠的异动要素，说明做多动能异动试盘，伺机而动，随时准备拉升；涨停的次日出现一个向上的小缺口，形成底部"涨停＋缺口"的组合形态，即采取无价格交易的区间实现平台成本的脱离，符合九龙戏珠的缺口要素；涨停板附近的价格在19元左右，略微高了一点，流通盘6640万，属于千万级别流通盘，基本符合九龙戏珠的价低而盘小的要素；涨停板形成的时间不在早盘，但涨停之后没有再开板，这样的股票是我们的首选。

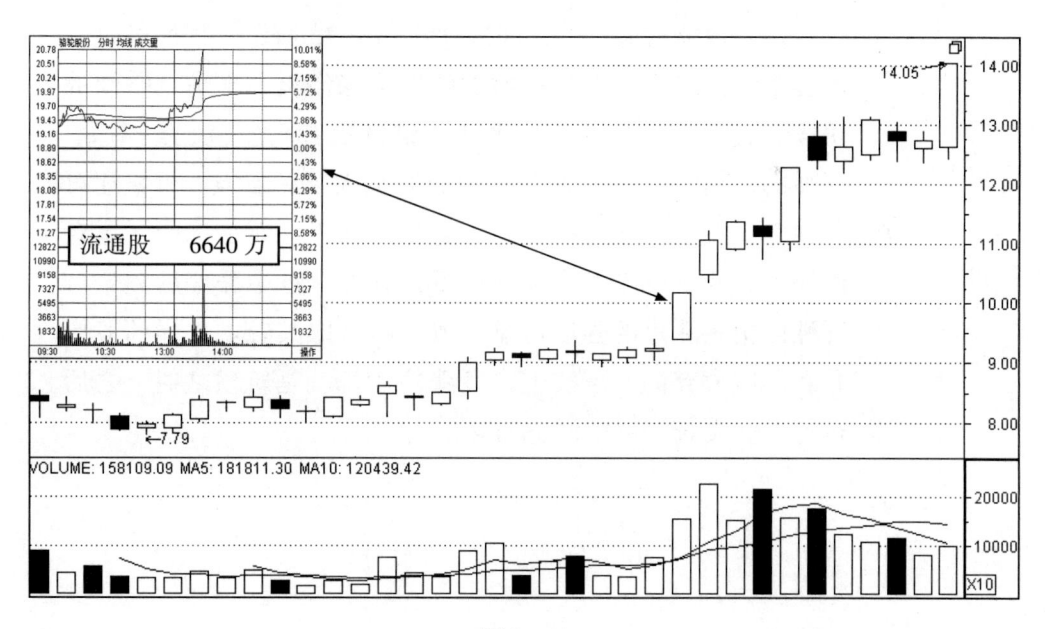

图2—41

骆驼股份（601311）要点总结：

①空间：平台后第一个涨停板，为继续反弹留下充足的反弹空间；

②异动：涨停之前出现小十字星，平台和十字星均说明做多动能在高度控盘；

③缺口："涨停＋缺口"组合形态，加速向上脱离横盘平台；

④转势："涨停＋缺口"组合形态直接突破水平横盘平台；

⑤价格：遵循价低而盘小的原则；

⑥综述：向上突破平台后第一个涨停板，为继续反弹留下足够的空间，涨停前十字星异动拉升和水平横盘说明做多动能已经完成了筹码收集，所以采取"涨停＋缺口"组合形态急速向上脱离横盘结构，脱离底部成本的同时向上加速突破水平横盘结构。有反弹空间，又不缺反弹动能，而且已经实现了底部成本的脱离，这样的股票只有一个方向就是上涨。

（4）豫能控股（001896），如图2—42所示。该股经过一波震荡爬升之后，在相对的高位形成涨停板，不满足空间的阶段性底部第一个涨停的要求，继续反弹的空间已经不大，反弹的延续降低；流通盘4.30亿，偏大了一点点，价格还可以在5元左右；涨停的时间不是早盘涨停，而是选择了尾盘涨停的方式，可见做多动能显得很犹豫；盘中涨停后频繁打开涨停板，涨停的强度可见一般。两害取其轻，这样的股票是我们应放弃的。事实上该股涨停之日就是筑顶之时，之后运行一波漫长深度的调整周期！

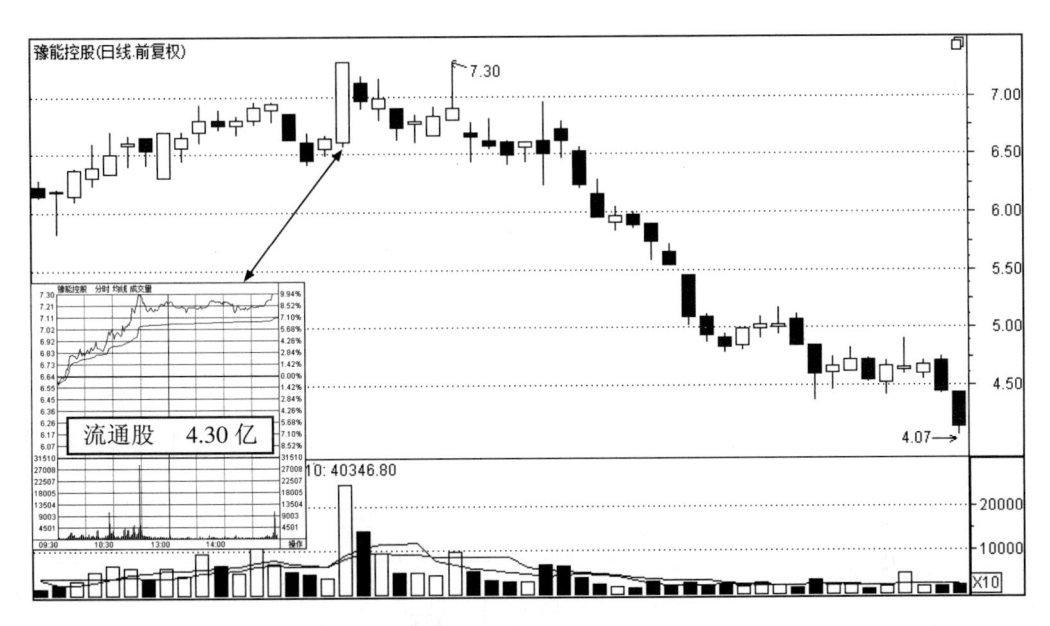

图 2—42

豫能控股（001896）要点总结：

①空间：不是底部第一个涨停板，继续反弹空间不大；

②异动：涨停之前没有任何异动试盘，所以涨停的作用皆在诱多；

③缺口：涨停板孤零零矗立在相对高位，没有向上的缺口配合其拉升速度；

④分时：尾盘涨停，可见做多动能势力一般；

⑤价格：流通盘略大，价格还可以；

⑥强度：涨停后分时线多次开板，无力牢牢封死涨停，说明资金势力一般；

⑦综述：相对高位的涨停板，并无更大的反弹空间。涨停板前后均无缺口，涨停板显得很孤立，并无缺口配合其拉升速度。分时线尾盘涨停再次说明做多动能势力一般，而且涨停后反复打开涨停板。无反弹空间，无反弹动能，操作上只能选择涨停板封不死卖一半的风险控制策略。

(5) 大成股份（600882），如图2-43所示。该股脱离底部结构后形成连续7个交易日的"一"字涨停，可谓是气势如虹。涨停板打开之后在阶段性高位构筑第八个涨停板，该涨停板失去了"一"字涨停的强度和风采，而是选择尾盘勉强封死涨停板，时间上说明做多动能已经是强弩之末。另外不再采取"一"字涨停的方式，也说明主力资金正在诱多，吸引后来者资金为自己买单；空间上不符合阶段性底部的第一个涨停板要求，连续的"一"字涨停过度透支了做多动能，同时也消耗了大量的反弹空间；流通盘不算大，价格略高。这样的个股我们应该放弃。

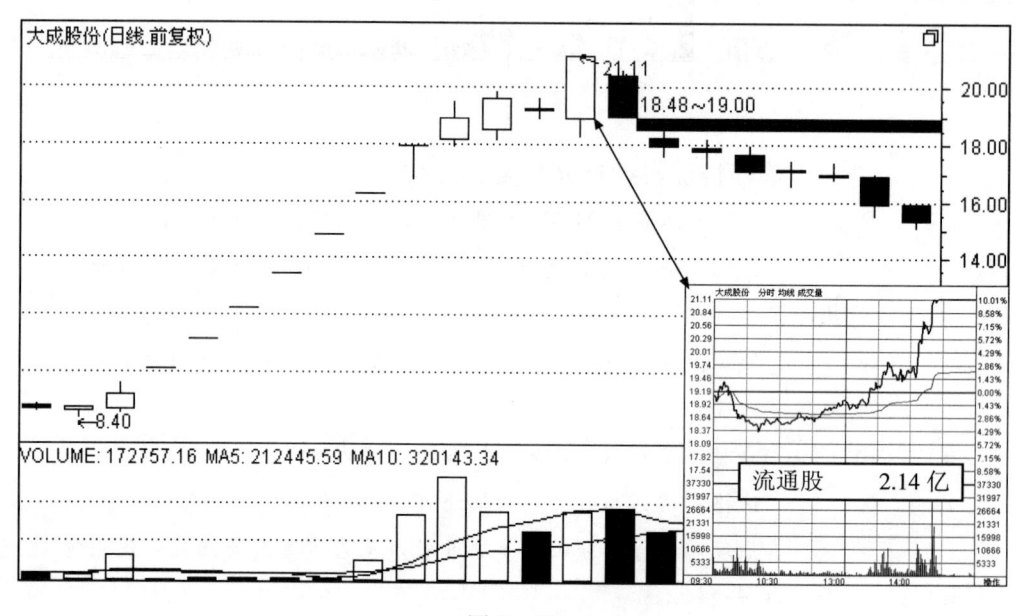

图2-43

大成股份（600882）要点总结：

①空间：不是底部第一个涨停板，继续反弹空间不大；

②缺口：涨停板孤零零矗立在相对高位，没有向上的缺口配合其拉升速度；

③分时：尾盘涨停，可见做多动能势力一般；

④综述：连续"一"字涨停后在相对高位的涨停板，并无更大的反弹空间。涨停板前后均无缺口，涨停板显得很孤立，并无缺口配合其拉升速度。分时线尾盘涨停再次说明做多动能势力一般。无反弹空间，无反弹动能，操作上只能选择涨停板封不死卖一半的风险控制策略。

涨停板之九龙戏珠选股法是坚持分析涨停板个股的利器，一定要牢牢把握，本书到这里，读者对于如何选择具备反弹延续性的涨停股和对于涨停板个股应该如何分析应该很清楚了。如果坚持每天分析当天的涨停股，坚持一天容易，坚持一年难，一直坚持下去则更是难上加难。但凡事起于平淡，而成就于锲而不舍，努力不一定成功，然而成功则必须是要努力的。

第 2 节
安全气囊之三龙排列

1. 安全气囊定义

分时图中有最明显的三条线：①白色分时线，也就是双龙战法的白龙；②黄色均价线，也就是双龙战法的黄龙；③0轴线，也就是前一个交易日的收盘价。三线的位置自上而下形成白、黄、轴三线排列是分时理想的反弹结构，此排列称其为安全气囊，在此安全气囊内发生的买点安全性会增强。在你不确定买点可操作性强弱的时候，可以看该买点是否发生在此安全气囊内，如果没有就再等等，如果发生在此安全气囊，就坚决进场。

安全气囊也是一种环境，白、黄、轴三线自上而下的排列结构是微观周期的强势环境，这和市场运行牛市环境是一样的道理。在牛市环境里，投资者赚钱自然比较容易，市场也比较活跃，热点板块层出不穷，个股涨势喜人，市场赚钱效应放大；反之，在熊市环境下，市场天天下跌，板块热点刚出现就夭折，个股哀鸿遍野，投资者亏损连连。所以交易建立在一个安全的环境是很有必要的。

2. 安全气囊下的买点

把时间、空间缩小到每一天的交易，即盘口，道理是一样的，只有发生在安全环境下的买点，可操作性才会增强。该思路和第一章讲到的双龙战法核心也是一致的，即强势！盘口的强势环境界定为，即自上而下形成白色分时线、黄色均价线、0轴线的三线排列，此三线排列就是盘口个股的安全环境、即安全气囊，在此环境下的分时买点可操作性较强。如图2—44所示。图中位置A的出现改变了很多，开盘到位置A的过程中，分时图形成白色分时线、黄色均价线和0轴线的纠缠嬉戏过程，即横盘震荡毫无方向，这种三线纠缠嬉戏的形态我们见的多了，有的横盘甚至延续到尾盘，有的横完之后就下跌。位置A白色分时线和黄色均价线全部向上突破0轴线，形成自上而下白、黄、轴三线排列，即安全气囊，之后的分时结构发生了天壤之别。位置A之后白、黄线共振同步向上拉升，一直到完成涨停。图中分时线被位置A明显分为两部分，开盘到位置A是弱势环境，怎么看都看不到利润；位置A之后是强势环境，直接冲击涨停。位置A的出现直接把盘口强弱区分开来，很直观、明朗、清晰，选择在强势环境交易远比在弱势环境交易要安全，从而大大提升我们盘口交易的成功率。如图2—44所示。

我们来看案例广晟有色（600259），如图2—45所示。该股分时图和图2—44很相似，图中位置A把该股分时图的结构明显分为两部分，开盘到位置A分时线横盘右行，弱势纠结震荡，这个横盘周期我们看不到利润；位置A之后分时线震荡爬升，最终强势涨停。选择在位置A之后交易远比在位

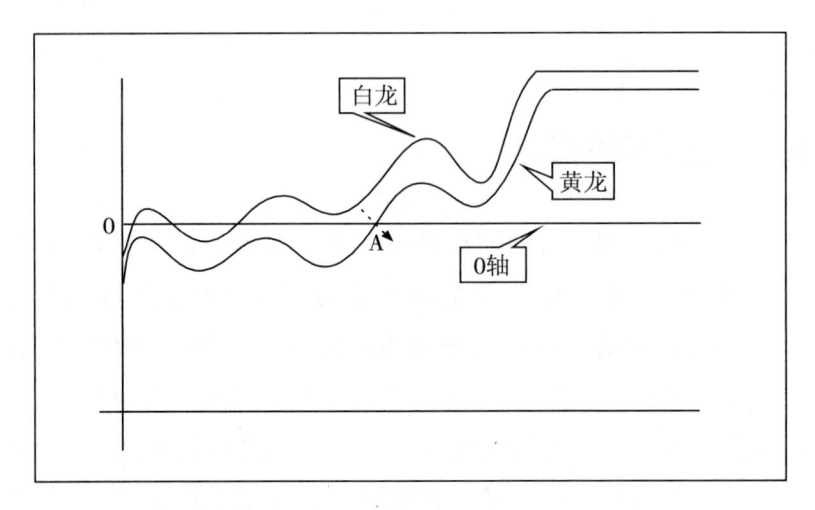

图 2-44

置 A 之前交易要安全的多,这就是安全气囊的作用,它大大提升了交易的成功率。该股平开后,白色分时线、黄色均价线、0 轴线展开反复纠缠嬉戏,横盘右行毫无方向,这样一直持续了一个半小时,横盘右行虽然也代表了强势,但也体现了主力资金采取防守态势,一旦没有好的拉升时机,不排除放弃而导致横盘之后下跌,即横久必跌的理论,所以此区间的交易安全性是很差的;位置 A 的出现改变了盘口的环境,位置 A 白色分时线、黄色均价线先后向上突破 0 轴线,形成自上而下的白、黄、轴三线排列,即进入强势环境。强势环境里,白色分时线依附黄色均价线震荡爬升,直至涨停。

我们再来看案例安泰集团(600408),如图 2-46 所示。该股略微高开后直接进入弱势横盘震荡周期,开盘到位置 A,白色分时线、黄色均价线、0 轴线反复纠缠嬉戏,弱势横盘震荡,毫无方向而言。位置 A 的出现发生了转机,位置 A 是白色分时线向上突破 0 轴线的地方,但当时黄色均价线并没有向上突破 0 轴线,即位置 A 到位置 B 之间形成了一个过渡带,此过渡带虽然比开盘的弱势横盘要强,但并未形成白、黄、轴自上而下的三线强势排列，即还没有形成安全气囊，一直到位置B的出现，弱势完全被终结掉，即从位置B开始，形成了自上而下的白、黄、轴三线排列，安全气囊开启，随后白色分时线依附黄色均价线震荡爬升，一直到尾盘涨停！该股日线是阶段性底部第一个涨停板，这样大大弥补了分时尾盘涨停的不足，随后日线形成一波上涨结构！选择在安全气囊内交易既安全又简单。

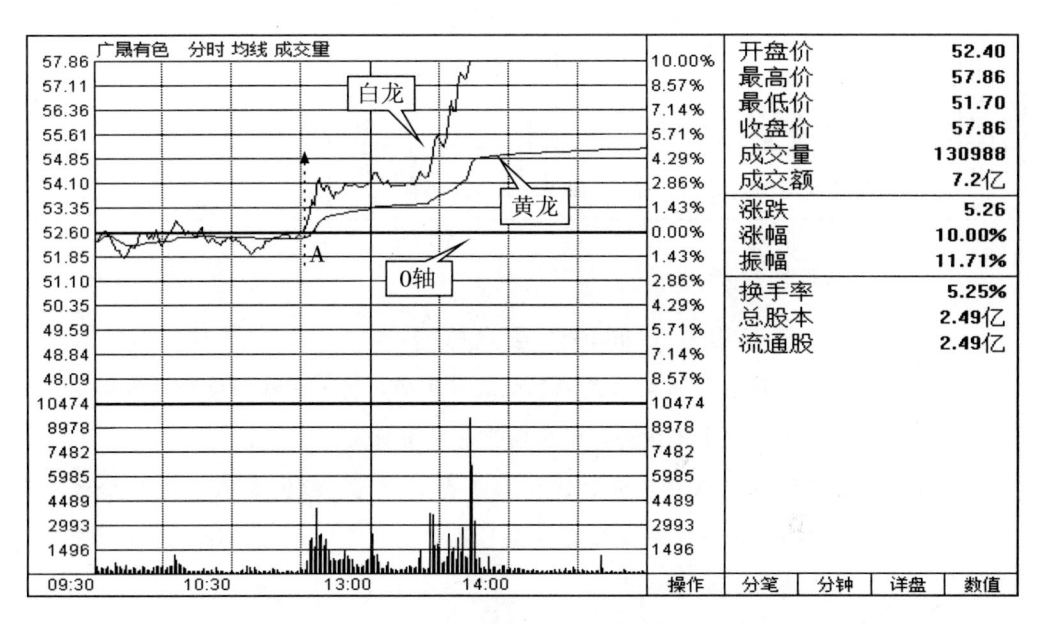

图 2—45

广晟有色（600259）要点总结：

①平开后黄、白线围绕0轴线反复纠缠震荡，毫无方向，该区间交易安全性差；

②位置A的出现把分时线分为两部分：开盘到位置A是弱势区间，位置A到收盘是强势区间，选择在强势区间交易，安全性和可操作性均较强；

③安全气囊就是位置A到收盘的区间。

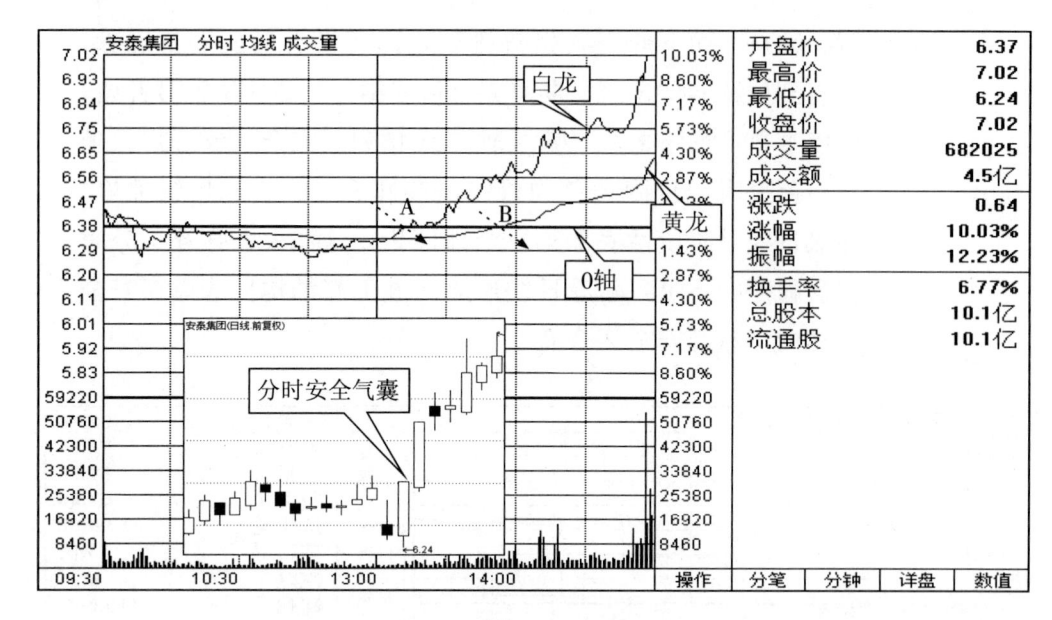

图 2-46

安泰集团（600408）要点总结：

①开盘到位置 A 是明显的弱势区间，黄、白线围绕 0 轴线反复纠缠震荡，毫无方向，该区间交易安全性差；

②位置 A 白色分时线向上突破 0 轴线，但位置 A 黄色均价线还在 0 轴线线下，即位置 A 到位置 B 构成了一个过渡带，此过渡带还没有形成安全气囊；

③位置 B 的出现改变了弱势结构，形成自上而下白、黄、轴三线排列，即形成安全气囊。

我们来看一相反案例东北制药（000597），如图 2-47 所示。该股不同于前两个案例，东北制药低开低走后一路下行，全天三线的排列呈现倒序排列，即 0 轴线在最上，黄色均价线在中间，白色分时线在最下面，自上而下呈现轴、黄、白倒序排列，自然是最弱的分时结构。事实上该股分时图也是最弱的，单边下行一天，毫无生机，盘中一次像样的反弹都没有。该股的日线图也清晰显示东北制药分时线弱势倒序排列的当天就是日线的阶段性高点，随后日线震荡下行，进入漫长深度的调整！

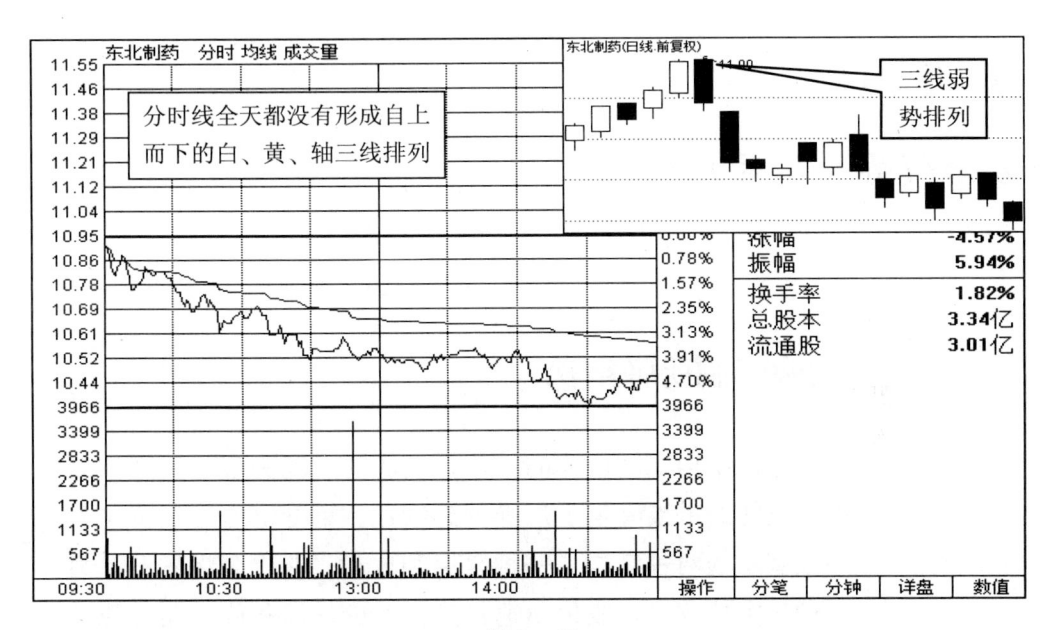

图 2—47

东北制药（000597）要点总结：

①分时线开盘形成自上而下轴、黄、白的三线排列，这和安全气囊完全相反；

②全天都没有形成安全气囊，即也不能出现交易点；

③日线相对高位，这样的股票没有一点儿可操作性。

第3节
安全气囊之量能承接

1. 量能结构牵制反弹结构

量能结构牵制反弹的结构;量能的强度决定了反弹的高度;量能的承接决定了反弹的延续性。量升价增是量价关系中最基本的两种结构,一种是温和放量,股价缓慢攀升;另一种是突然放量,股价急速拉升。无论是温和放量还是急速放量都会造成动能的承接性释放。一只股票上涨周期会吸引到来自四面八方的资金关注,但资金的进场时间、价格并不

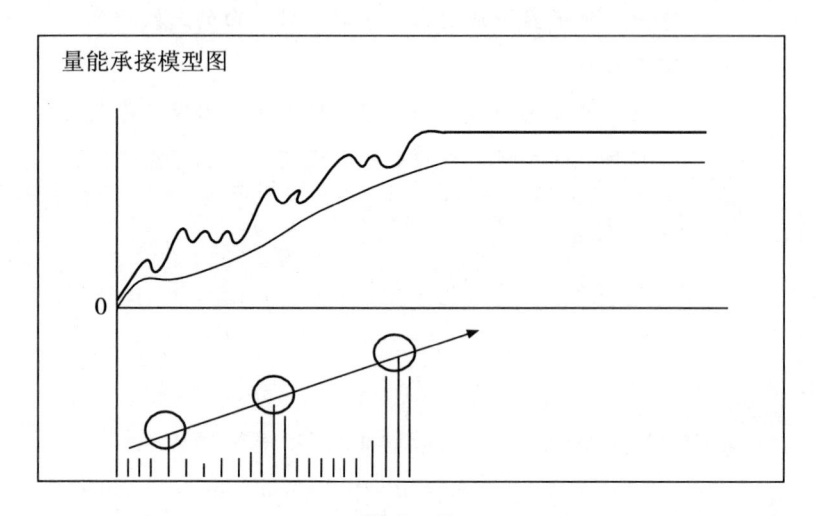

图 2—48

相同,甚至同一个人的资金也不会在同一时间、同一价格进场,但量能的温和放大、承接性放大是反弹延续的基础,说明场外资金持续看好该股的上涨空间。盘口分时量能承接(安全气囊):主要是从微观"量"的角度来把握股票的短期趋势,量能承接并非操作指标,而是辅助性指标,量能承接可以提高操作成功率。如图2-48所示。

2. 量能承接要点

(1) 量能承接不是操作指标。

(2) 量能承接提高操作成功率。

(3) 量能承接过程就是安全气囊。

我们来看案例南方轴承(002553),如图2-49所示。该股略微高开后,白色分时线和黄色均价线在0轴线上反复纠缠嬉戏,与此同时量能并无明显释放,即分时线开盘就进入缩量横盘周期,等待选择方向。图中位置A白色分时线向上拉开黄色均价线距离,分时线自上而下形成了白、黄、轴三线排列的安全气囊。位置2和位置3量能开始成倍释放,与此同时价格呈现量增价涨的良性趋势,位置4量能释放最大水平,价格借势冲击涨停板,随后量能急速萎缩牢牢封死涨停板。安全气囊之三龙排列和量能承接同时出现,进一步加固了盘中买点的安全性,也是牢牢封死涨停板的基础。

我们再来看案例抚顺特钢(600399),如图2-50所示。该股开盘偏弱,白色分时线和黄色均价线持续弱势运行在0轴线下,与此同时量能萎缩毫无生机。随着分时线的震荡爬升,白色分时线率先向上突破0轴线,随后黄色均价线也突破了0轴线,图中位置A形成自上而下的白、黄、轴三线排列。图中位置 2 和位置 3 的量能承接释放，与此同时支撑价格震荡爬升，形成量升价涨的良性趋势。位置 4 量能释放当时最大水平，同时价格冲击涨停板，随后量能极度萎缩牢牢封死涨停板。量能承接和三龙排列两个安全气囊同时出现，进一步加固买点的安全性和可操作性。

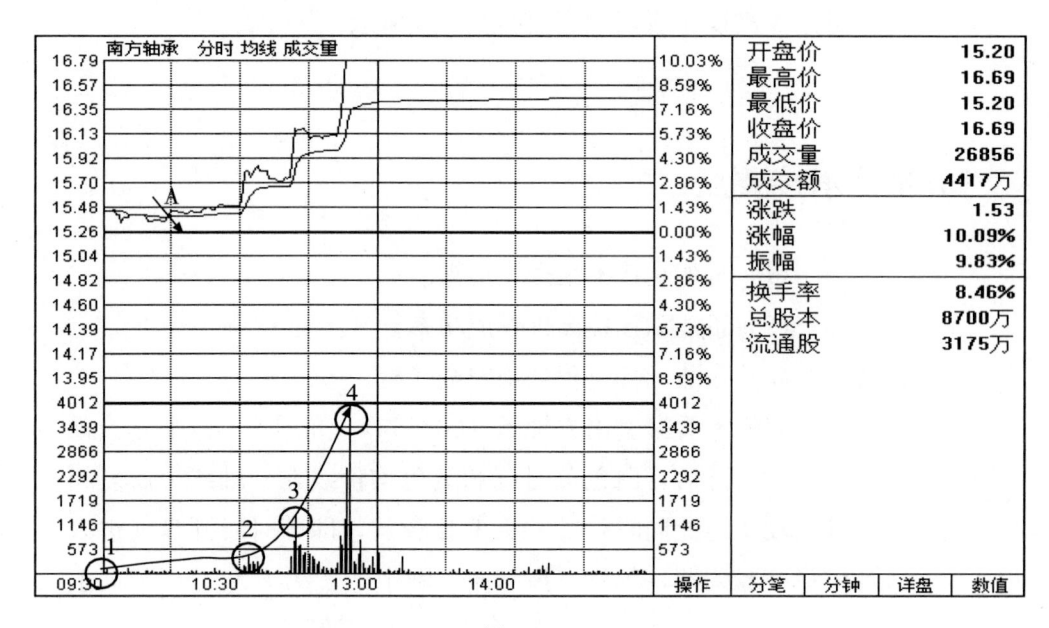

图 2-49

南方轴承（002553）要点总结：

①位置 A 展开自上而下的白、黄、轴三线排列，即形成安全气囊之三龙排列；

②量能温和放大，实现量能承接的安全气囊；

③在量升价涨和三龙排列的安全气囊内，价格震荡爬升直至涨停。

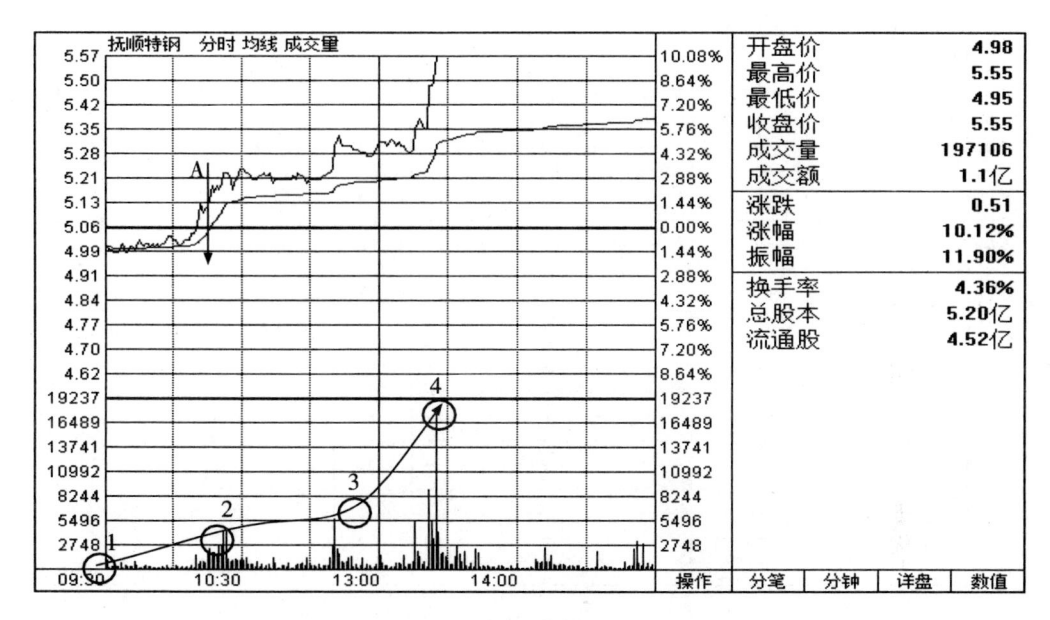

图 2-50

抚顺特钢（600399）要点总结：

①位置 A 展开自上而下的白、黄、轴三线排列，即形成安全气囊之三龙排列；

②量能温和放大，实现量能承接的安全气囊；

③在量升价涨和三龙排列的安全气囊内，价格震荡爬升直至涨停。

我们再来看案例南京熊猫（600775），如图 2-51 所示。该股开盘不错，属于强势高开的股票，高开低开并不重要，只代表开盘前多空动能的博弈平衡点，开盘后怎么走才是关键。该股高开后持续走低，与此同时量能呈现持续缩量的态势，即量缩价跌。开盘多么强势都不重要，开盘后无动能承接，无法实现强势延续，更不用说当天涨停了。

双龙战法

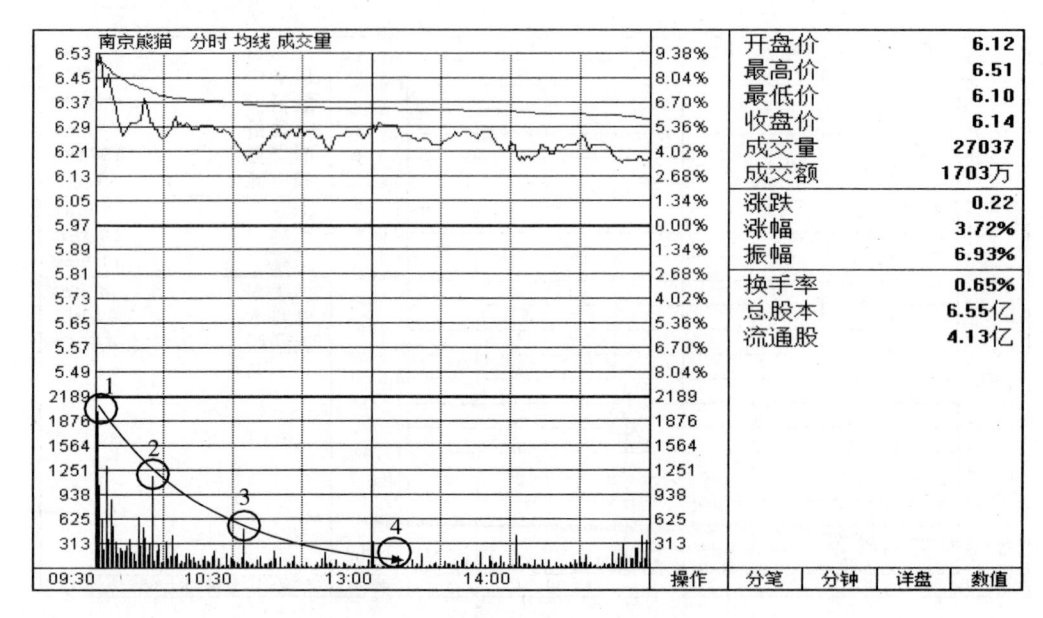

图 2—51

南京熊猫（600775）要点总结：

①开盘量能持续萎缩，无动能承接；

②无新的动能承接，导致价格高开低走；

③没有量能承接和三龙排列的安全气囊，全天无买点，全天呈单边下跌。

第 4 节
股票池的建立方法

1. 建立属于自己的股票池

　　股票池的建立非常重要，只靠盘中时间随机性选股，那样利润是没有保障的，而且也会手忙脚乱。建立股票池就是为了让盘中有限的 4 个小时集中精力锁定有价值的股票，做到有的放矢！买入股票之前，投资者应该经过深思熟虑，因为这个时候没有任何亏损，深思熟虑会实现保值而后增值。但大多数交易者在买入股票的时候会很草率，因为动机很单一：进场赚钱。我就遇到过这样的交易者，刚刚把自己亏损的仓位割肉，喝水的工夫都没过，他又全仓杀进去了，进场变的过于随机，和赌博就没有什么区别了。卖出股票的时候，投资者应该果断离场，因为微利变巨亏的例子比比皆是，但大多数交易者在卖出股票的时候犹豫不决，因为思维是混乱的，一个声音告诉自己卖了吧，已经实现了预期的增值并且出现了卖出点；另一个声音又在告诉自己先别卖，还能涨的更高，两个声音左右着人的思维和人的贪欲，这是所有导致微利变巨亏的主因！人不快乐不是因为得到的太少，而是因为欲望在不断膨胀，这句话在股市诠释的非常彻底，投资者不快乐不是因为赚的太少，而是因为想要得到更多，所以才会造成微利变巨亏,这样建立股票池显得至关重要!如图2-52所示。

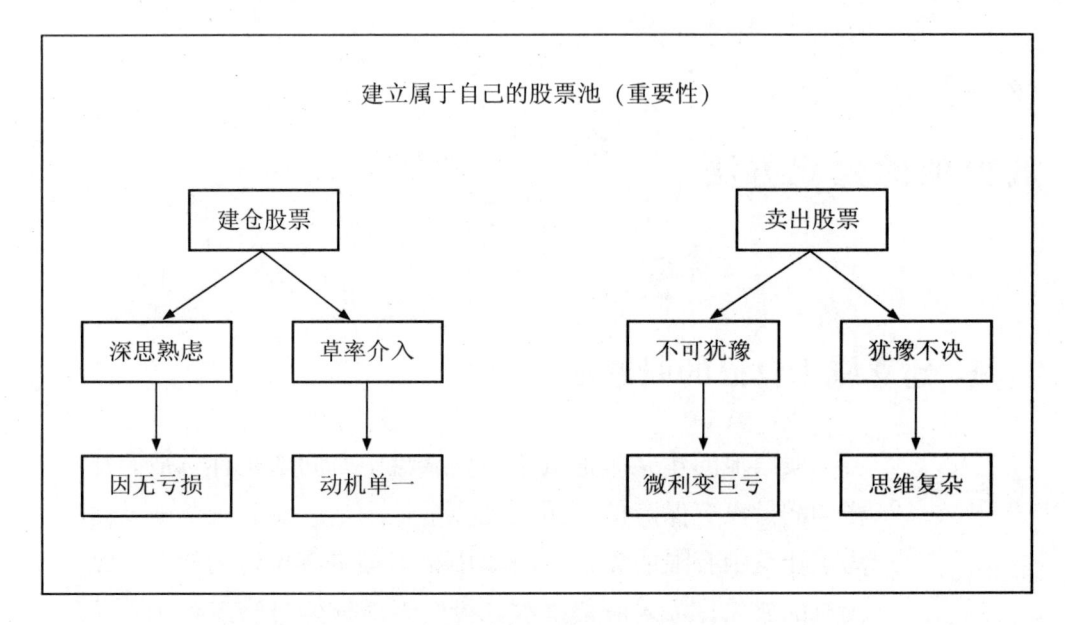

```
建立属于自己的股票池（重要性）

建仓股票                          卖出股票
 ├─ 深思熟虑                       ├─ 不可犹豫
 │   └─ 因无亏损                   │   └─ 微利变巨亏
 └─ 草率介入                       └─ 犹豫不决
     └─ 动机单一                       └─ 思维复杂
```

图2-52

建仓股票:应该深思熟虑,因为没有亏损,深思熟虑可以实现保值而后增值;

不要草率进场,很多人动机单一,就是为了赚钱,从而草率入场。

卖出股票:不可犹豫不决,防止微利变巨亏,这样的例子比比皆是;

很多人犹豫不决,因为思维复杂,一个声音告诉自己卖了吧,已经实现了预期的增值目的,但另外一个声音告诉自己先别卖,还能再涨。

2. 建立股票池的要素

（1）市场结构：首先是要对市场结构进行整体把握，上行结构、下行结构、底部结构、顶部结构、反弹延续中、下行延续中、主升周期、主跌周期等等。不同的位置，选股的要求、形态也有所不同。市场每天都在变化，如果你的方法始终不变是不行的。

（2）操作策略：根据市场结构来确定与之对应的操作策略。比如，底部结构对应抄底策略；顶部对应逃顶策略；反弹延续中的加仓；下行延续中的减仓等等。绝对不能在相对顶部结构买股票，不能在相对底部结构卖股票，即不要逆势而为，要做到顺水推舟。

（3）选择股票：根据市场结构建立操作策略之后，开始进入选股过程，你可以只按照第一节中讲到的涨停板选股，或者按照你所掌握的选股技术进行选择股票。这里强调一点，无论你最终选择几只股票，最后都要从里面再挑选一只出来。

（4）筛选淘汰：股票选择好之后，有一些股票可能会临时停牌、重大利空消息、技术破位等等，那么要从你的股票池中及时剔除。

（5）交易股票：根据市场结构制定操作策略之后，股票也选择好了，剩下的任务就是等待股票池股票的交易点，进行股票买卖。你股票池中的股票，买点出现的时候，你很清楚上涨的理由是什么，也很清楚这个价格就是买点，这种情况下你还会担心自己的执行力不够吗？

（6）更新股票池：有一些股票可能没有如期出现买点，反而向下把技术形态打破，那么就从股票池中剔除；然后再选股，更新股票池！更新股票池很重要，我记得有一个投资者告诉我，他的股票池好几年都没有变过，这已不是股票池了，也没有任何参考意义！如图2-53所示。

建立股票池的要素

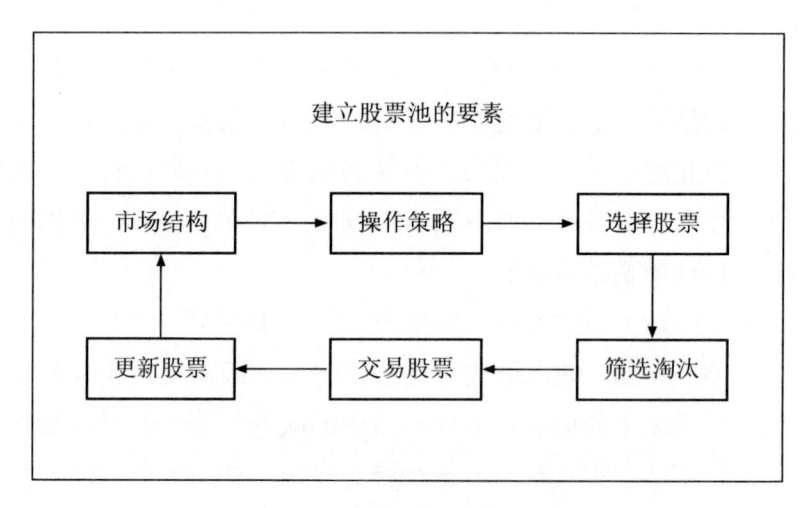

市场结构 → 操作策略 → 选择股票 → 筛选淘汰 ← 交易股票 ← 更新股票 → 市场结构

图2-53

股票池分类：股票池的股票至少要涵盖权重股、指数、个股几类内容。

（1）权重股：中国石油、中国石化、招保万金等等权重个股，此类个股是市场的风向标，这些个股的异动会直接影响到大盘瞬间的变化，所以你通过自己的股票池可以及时把握市场的意图和异动，第一时间发现盘中的顶底。

（2）指数：创业板指数、中小板指数、上证指数、深圳成指、沪深300等这些指数也要在你的股票池中，市场合力才是涨跌的基础，这些指数的共振同步性很重要，比如筑底的时候，这些指数如果共振同步筑底，那么强度要大很多，可操作性也会强很多；反之，如果指数之间产生较大的背离和分歧，那么短线的涨跌延续性不会很强，因为动能不同步，相互抵消对方的能力，两败俱伤。

（3）个股：每日精选个股进行随时更替，发现买点及时进场交易，如果你的股票池没有一只股票出现买点，那就不交易，不一定每天都要交易，适当时候要学会休息；反之，一旦你的股票池内个股出现买点，也就不要再犹豫了，是你经过深思熟虑后的战机，机不可失，时不再来！如果买点来了你还在思考能不能买，买点强不强，买了会不会赚钱？那你就放弃这笔交易吧，因为你根本没有做好准备，根本不知道该股上涨的理由是什么。

选股训练：每天、每人、只能、必须选出一只股票。每天都有上涨的股票，也有下跌的股票，每天选择一只股票并长期坚持这一动作。无论你掌握了多少种选股方法，都要回归市场进行检测和训练，最终成为自己的经验。切记只能、必须选择一只股票，如果你说你每天可以选择10只你认为不错的股票，那么最终也要从这10只股票中再确定一只你认为次日会涨的股票。这样，养成一种习惯，并长期坚持下去，从你看到我这句话开始计时，一个礼拜、一个月、三个月、半年、一年……你会发现你的选股能力将有质的飞跃，这一点我非常确定。

布置两个作业：

①坚持每天分析涨停板的股票；

②坚持每天、每人、只能、必须选择一只股票（方法不限）。

第三章
双龙战法买点

所有的交易最终都要回归盘口，买点的精确量化至关重要，所谓的"逢低进场"只是美好的愿望罢了。本章分别从左侧交易和右侧交易来讲解个股盘中分时线的精确买点。左侧交易追求低成本、高利润；右侧交易追求稳健性获利。

第 1 节
鱼跃龙门买入法

鱼跃龙门的概念："鱼"就是白色分时线，"龙门"有二个：第一个"龙门"为分时线的震荡整理平台；第二个"龙门"为分时线前高点。顾名思义"鱼跃龙门"就是分时线突破前高点或者突破分时线整理平台的形态结构。

1. 鱼跃龙门之平台突破

（1）时间：分时线横盘整理周期不小于半个小时！横盘本身代表了强势，直接体现了资金的高度控盘，选择防守型战略，伺机而动。如果横盘的时间过短，也许仅仅是受大盘影响的跟随性横盘，并不能说明资金已经实现了高度控盘，所以横盘周期量化为半个小时以上，是为了从横盘的时间上来加强横盘周期的有效性！

（2）空间：白色分时线和黄色均价线纠缠运行中，分时线最高点与最低点振幅小于3%。横盘震荡的震荡幅度越小越能体现资金控盘的强度，量化为振幅小于3%，是为了从空间上加固横盘的有效性！

（3）龙门：横盘震荡周期的分时线高点基本处于一条水

平线上。控盘资金在横盘周期会有一个标的价格，在向上发起总攻之前是不会轻易向上突破此价格的。所以横盘周期的高点相连基本在一条水平线上，这条水平线也就是所谓的"龙门"，一旦向上突破这条线，主力资金会发起总攻，短线资金也会蜂拥而至，分时线一定是加速向上直线拉升，甚至一鼓作气冲击涨停板！

（4）黄龙：黄色均价线在此横盘区间维持水平运行。分时图黄线代表了均价线，横盘平台如果震荡幅度过大，黄色均价线一定不会水平运行，肯定会随之涨跌颠簸。反之，如果黄线水平运行，则充分说明横盘周期的震荡幅度较小，横盘有效性较强。

（5）买点：白色分时线向上突破平台最高点连线为"鱼跃龙门"买点。

（6）位置：横盘平台的位置在0轴线以上，包括0轴线。如图3-1所示。

鱼跃龙门模型图

鱼跃龙门（平台）

鱼跃龙门买点

口诀：
双龙纠缠嬉戏，整理平台较长；
震荡幅度较小，鱼跃龙门买入。

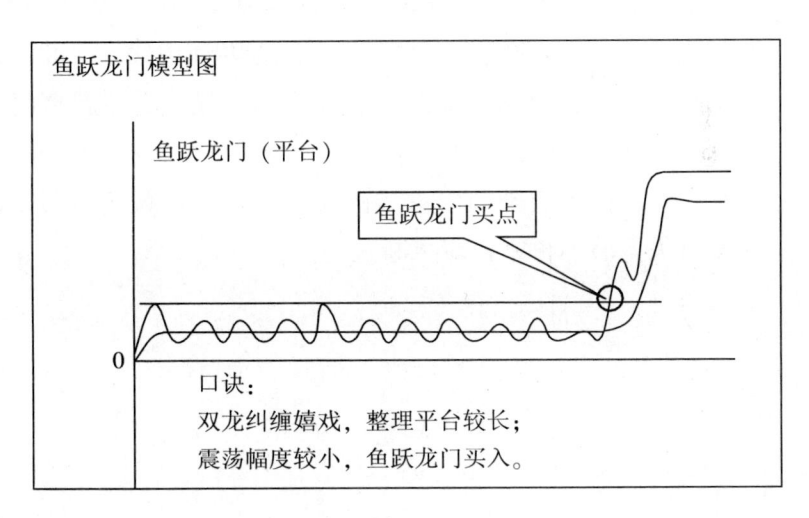

图3-1

口诀解析：

双龙纠缠嬉戏：意思就是白色分时线围绕黄色均价线进行反复纠缠的过程；

整理平台较长：意思就是横盘时间超过半个小时，加固横盘的有效性；

震荡幅度较小：意思就是震荡的幅度小于3%，加固横盘的有效性；

鱼跃龙门买入：意思就是白色分时线向上突破横盘平台高点连线为买点。

我们来看案例康盛股份（002418），如图3-2所示。该股基本平开，平开后白色分时线和黄色均价线围绕0轴线展开反复纠结震荡，横盘震荡周期近3个小时。长达3个小时的横盘震荡周期告诉我们该股具备较强的资金控盘，即做多动能主导行情，控盘资金采取横盘方式静观其变，伺机而动，随时准备拉升，长达3个小时的横盘右行周期绝非散户所为。横盘周期有一个细节，即波动的高点基本都在一条水平线上，如图3-2中的虚线，一共有7个高点在该虚线上，并没有向上突破，一直到第八次挑战该虚线的时候，突破后瞬间完成涨停，而横盘震荡周期的振幅远远小于3%，符合空间要求。在第八次向上突破图中虚线的位置，就是鱼跃龙门买点，机不可失，时不再来，应果断入场！

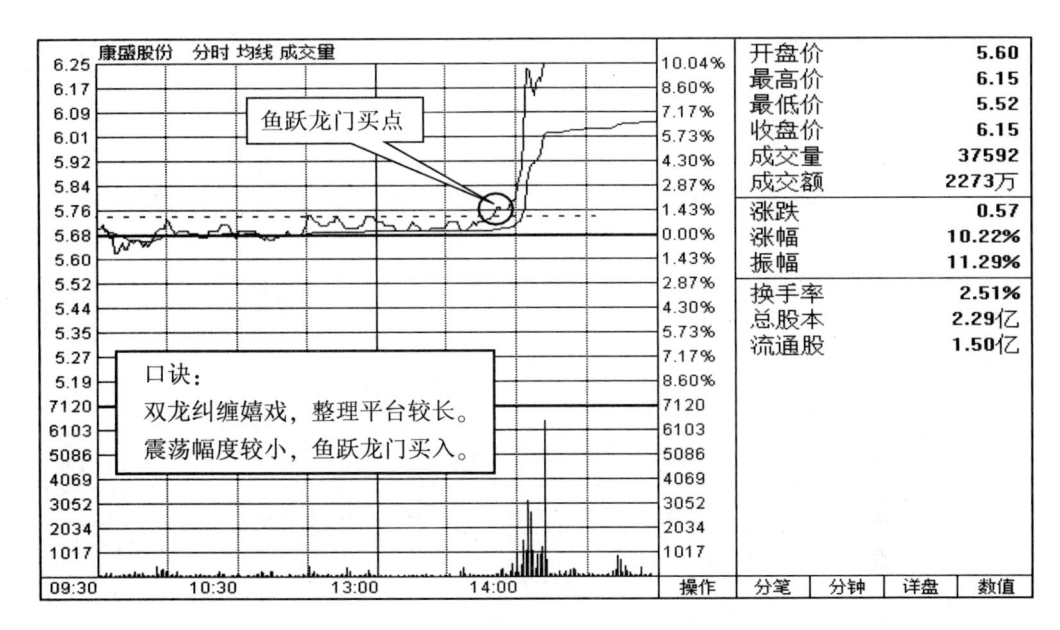

图 3-2

康盛股份（002418）要点总结：

①时间：该股的横盘平台近3个小时；

②空间：横盘平台震荡幅度远远小于3%；

③龙门：横盘周期7个高点相连在一条水平线上，即龙门；

④黄龙：横盘周期黄色均价线基本维持水平横盘；

⑤位置：横盘平台白色分时线围绕0轴线反复纠缠震荡；

⑥买点：突破7个高点相连的水平龙门为进场点。

我们再来看案例华东科技（000727），如图3-3所示。该股平开后白色分时线和黄色均价线围绕0轴线展开反复纠结震荡，横盘震荡2.5小时。长达2.5小时的横盘震荡周期绝非散户所为，说明该股具备较强的资金控盘，即做多动能主导行情，控盘资金采取横盘方式静观其变，伺机待发，随时准备拉升。横盘周期有一个细节，即波动的高点基本都在一条水平线上，并不轻易突破，如图3-3中的虚线，一共有3个高点在该虚线上，并没有向上突破，一直到第四次挑战

双龙战法

该虚线的时候，突破后震荡爬升完成涨停，而横盘震荡周期的振幅远远小于3%，符合空间要求。在第四次向上突破图3-3中虚线的位置，就是鱼跃龙门买点，机不可失，时不再来，应果断入场！

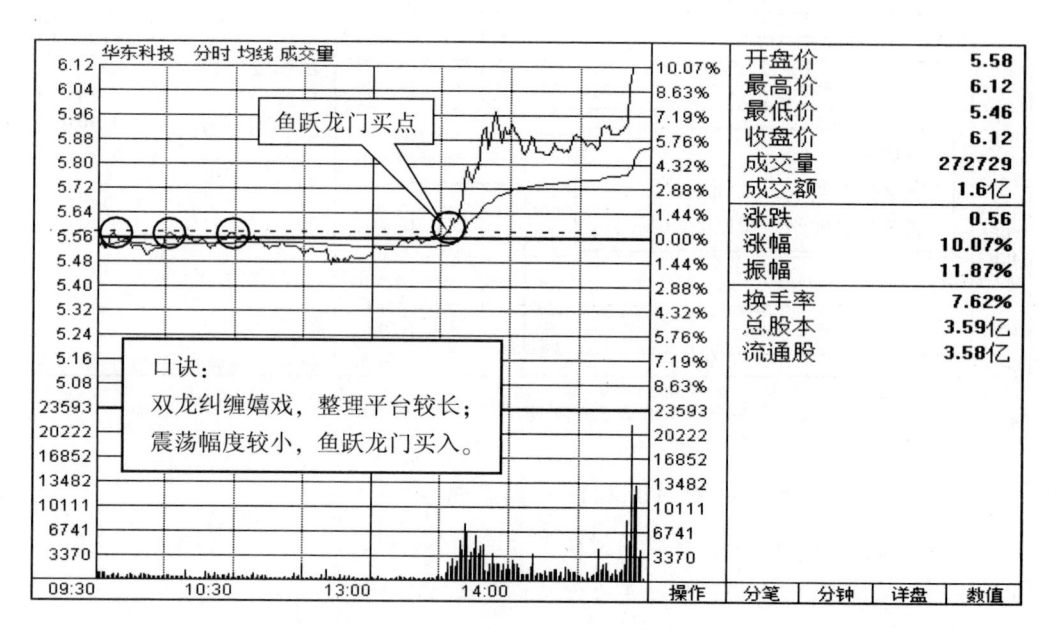

图3-3

华东科技（000727）要点总结：

①时间：该股的横盘平台2.5小时；

②空间：横盘平台震荡幅度远远小于3%；

③龙门：横盘周期3个高点相连在一条水平线上，即龙门；

④黄龙：横盘周期黄色均价线基本维持水平横盘；

⑤位置：横盘平台白色分时线围绕0轴线反复纠缠震荡；

⑥买点：突破3个高点相连的水平龙门为进场点。

我们再看案例中发科技（600520），如图3-4所示。该股的横盘位置发生了一定的变化，和前两个案例有所不同，平开后白色分时线依附黄色均价线先展开了一波震荡爬升，构筑一个小的高点，而后展开横盘周期。此横盘周期时间在

第三章 双龙战法买点

1小时左右，足以体现横盘的有效性，即1小时的横盘周期也不可能是散户所为，做多动能主导分时线的反弹行情，另外横盘周期的震荡幅度很小，远远小于3％，而且横盘中白色分时线多次回踩黄色均价线，但并没有向下击穿黄色均价线，这一点也体现了强势，说明该股是有资金控盘的。1小时的横盘周期加上极度收窄的震荡幅度，还有多次回踩不破黄色均价线，此三因素足以体现资金的高度控盘，即做多动能主导反弹行情。另外，该股1个小时的的横盘周期中，一共有4个高点在一条水平线，如图3－4中的虚线，多个高点在一条水平线上也说明横盘周期的有效性，而高点就是一个标的价格——心理价格，一旦向上突破必将吸引短线资金蜂拥而至，直接封死涨停。事实上，在第五次反抽虚线的时候直接完成突破，之后震荡爬升直至涨停，突破虚线的地方就是鱼跃龙门买点。

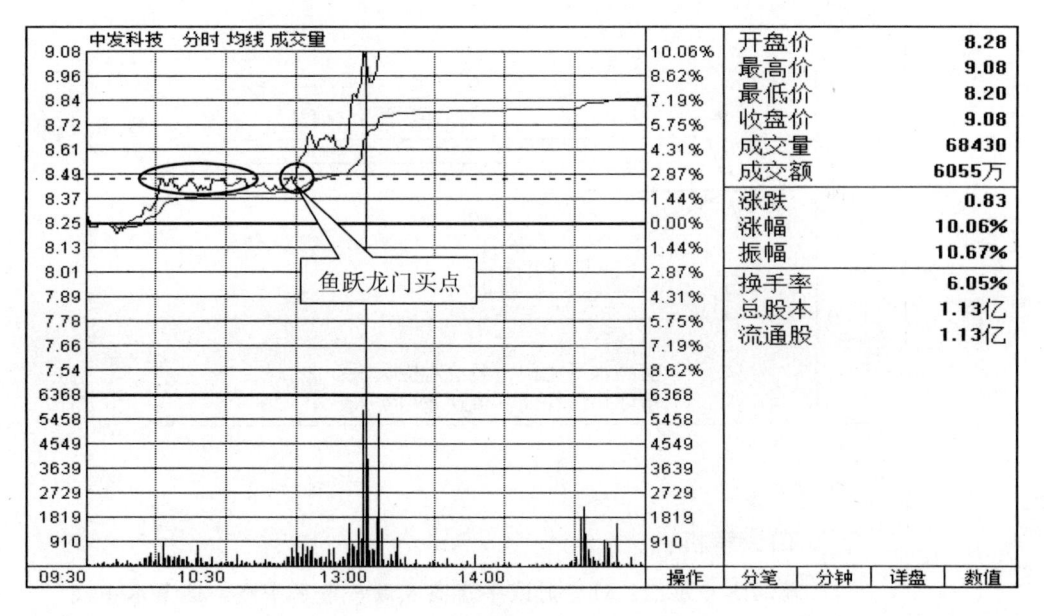

图3－4

中发科技（600520）要点总结：

①时间：该股的横盘平台1个小时；

②空间：横盘平台震荡幅度远远小于3%；

③龙门：横盘周期4个高点相连在一条水平线上，即龙门；

④黄龙：横盘周期黄色均价线基本维持水平横盘；

⑤位置：开盘形成自上而下白、黄、轴三线排列，在此安全气囊内形成横盘龙门平台；

⑥强度：横盘平台中，白色分时线多次回踩黄色均价线，但并未向下击穿黄色均价线，可见做多动能依然在高度控盘；

⑦买点：突破4个高点相连的水平龙门为进场点。

2. 鱼跃龙门之高点突破

鱼跃龙门模型图

鱼跃龙门（前高）

A

鱼跃龙门买点

口诀：
前高水平龙门，竖线对应大量；
量能缺口辅助，鱼跃龙门买入。

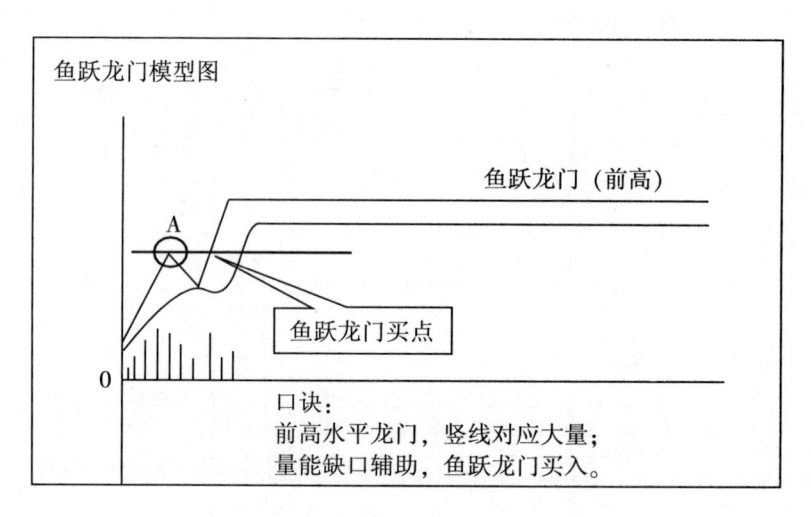

图 3—5

口诀解析：

前高水平龙门：过分时线早盘高点做一条水平线，这条水平线就是前高龙门；

竖线对应大量：本章第二节将详细讲解此要点；

第三章 双龙战法买点

量能缺口辅助：本章第三节将详细讲解此要点；

鱼跃龙门买入：白色分时线向上突破分时前高点就是鱼跃龙门买点。

主力资金控盘的方式有以下三种：①高开后瞬间封死涨停，直接确定强势立场；②平开后白色分时线、黄色均价线围绕0轴线反复纠结横盘，采取保守的防守攻略，伺机而动；③开盘白色分时线和黄色均价线共振同步上行，即开盘即可形成自上而下的白、黄、轴三线排列，此形态是鱼跃龙门高点突破的关键因素，因为白色分时线和黄色均价线开盘后共振拉升的第一波高点就是鱼跃龙门的"门"。如图3－5所示，图中的位置A，过分时线前高点A做一条水平线，水平线相交于白色分时线的位置就是鱼跃龙门买点。当然，如果从位置A出现之后，分时线持续震荡走低，那么，白色分时线是无法和过A点的水平横线相交叉的，这也说明该股并无买点出现，不可贸然进场！道理很简单，鱼跃龙门变成龙，鱼不能跃龙门就还是鱼。另外，还要注意鱼跃龙门高点突破形态的调整周期，白色分时线是不能击穿黄色均价线的，基本上是一碰触到黄色均价线立刻止跌反弹。

我们来看案例紫鑫药业（002118），如图3－6所示。该股开盘平淡，只是略微高开了一点点，但开盘后的走势很好，白色分时线依附黄色均价线共振同向爬升，立刻形成自上而下的白、黄、轴三线排列，即安全气囊。另外，分时线量能呈现温和放大的过程，即构成量能承接的安全气囊，进一步加固了随后买点的安全性和可操作性。在位置A做多动能出现了衰竭，也构筑了分时线反弹的第一波高点，随后白色分时线滞涨回落，向下回踩黄色均价线，我们注意图3－6中位置A筑顶回落的过程，白色分时线回踩黄色均价的时候，刚一碰触到黄色均价线立刻止跌反弹，可见做多动能控盘程度很高，不会轻易让股价击穿黄色均价线的，这为随后继续反弹做好技术性铺垫。调整周期运行了半个多小时,白色分时线依附黄色均价线横盘右行,伺机而动,分时线向上加速突破过位置A所做的水平横线时,鱼跃龙门买点也随机出现,机不可失,时不再来,果断入场。

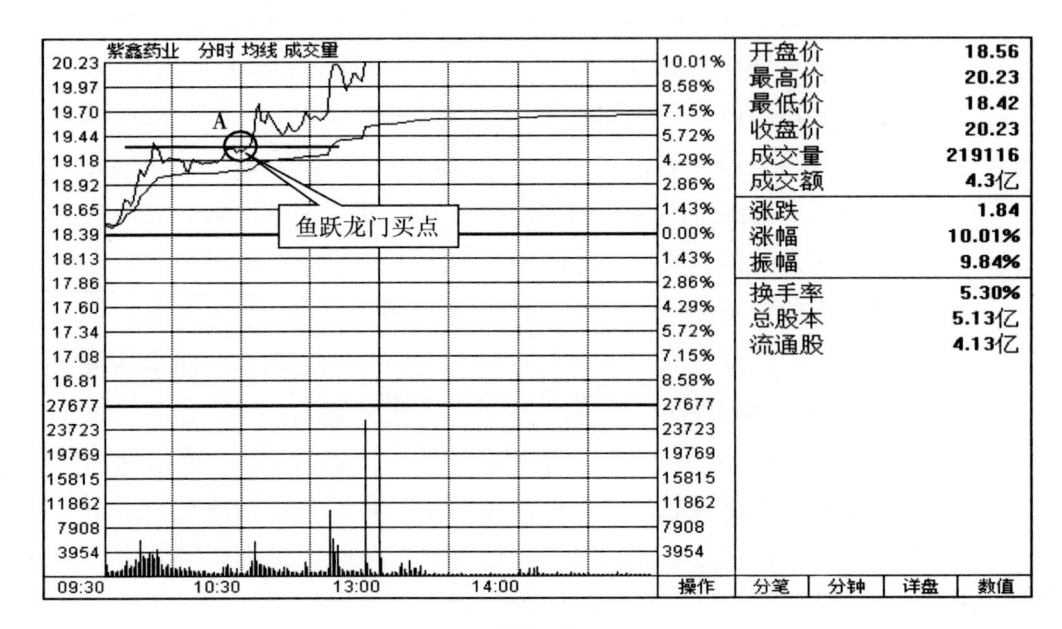

紫鑫药业 分时 均线 成交量	
开盘价	18.56
最高价	20.23
最低价	18.42
收盘价	20.23
成交量	219116
成交额	4.3亿
涨跌	1.84
涨幅	10.01%
振幅	9.84%
换手率	5.30%
总股本	5.13亿
流通股	4.13亿

图 3—6

紫鑫药业（002118）要点总结：

①开盘形成自上而下白、黄、轴三线排列，形成安全气囊；

②分时线量能呈现温和放大的过程，即构成量能承接的安全气囊，三龙排列和量能承接的安全气囊同时出现，进一步加固了随后买点的安全性和可操作性；

③做多动能衰竭构筑分时高点，过该高点做一条水平横线就是龙门；

④白色分时线调整中多次回踩黄色均价线，并不击穿，做多动能主导反弹行情；

⑤白色分时线向上突破过前高的水平横线进场。

我们再来看案例智光电气（002169），如图 3—7 所示。

第三章 双龙战法买点

该股开盘就确定了强势结构，高开瞬间加速拉升，直接就形成了自上而下的白、黄、轴三线排列，此形态是前文中讲到的安全气囊。另外，分时线量能呈现温和放大的过程，即构成量能承接的安全气囊，进一步加固了随后买点的安全性和可操作性。该股分时线震荡爬升中出现了几个标志性的高点，高点 A 是高开后瞬间形成的，过高点 A 做一条水平线和白色分时线也会形成交叉点，激进的短线资金也是可以尝试的；高点 C 是冲击涨停前最后一个高点，过高点 C 做一条水平线和白色分时线也会形成交叉点，但分时线的位置偏高，突破高点 C 的速度又比较快，采取突破高点 C 进场的方式，第一恐怕买不进去，第二即使买进去了，成本也会偏高，算上手续费，当天恐怕没有利润；高点 B 的位置比较恰当，过高点 B 做一条水平线，突破高点 B 是最佳的鱼跃龙门买点。另外该股拉升过程中有一个最大的特点，就是白色分时线向下回踩黄色均价线的时候，基本上一碰到黄色均价线立刻止跌反弹，没有一次向下击穿黄色均价线，做多动能始终主导行情。

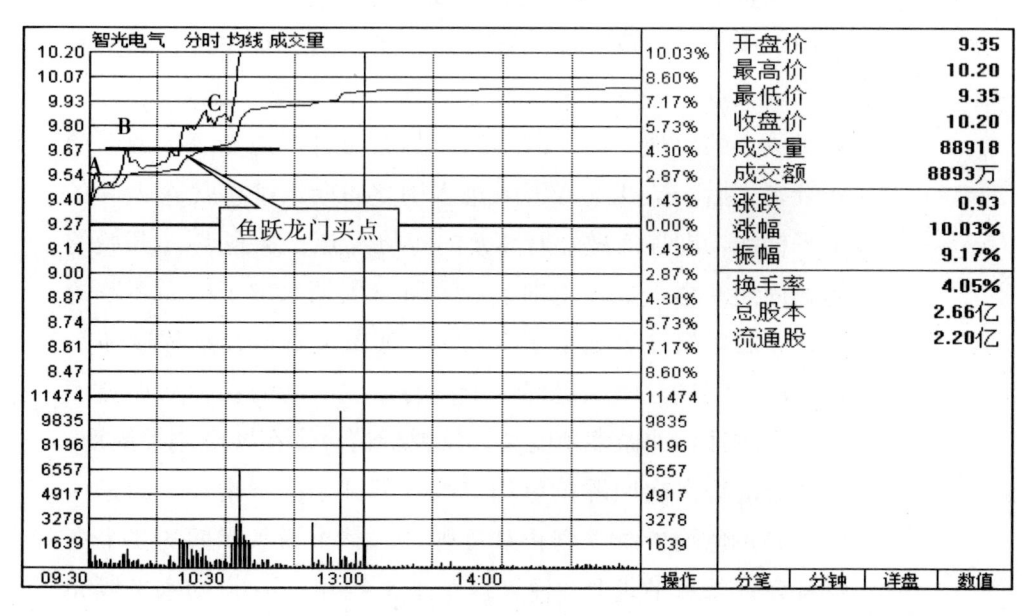

图 3—7

智光电气（002169）要点总结：

①开盘形成自上而下白、黄、轴三线排列形态，即形成安全气囊；

②分时线量能呈现温和放大的过程，即构成量能承接的安全气囊，三龙排列和量能承接两个安全气囊进一步加固了随后买点的安全性和可操作性；

③做多动能衰竭构筑分时高点B，过该高点做一条水平横线就是龙门；

④白色分时线调整中多次回踩黄色均价线，并不击穿；

⑤白色分时线向上突破过高点B的水平横线进场。

鱼跃龙门的平台龙门和前高龙门往往不是独立存在的，有时候同时出现，有时候前后出现，二者是可以相互结合操作的。如果平台龙门和高点龙门在一个地方出现，则会加强买点的可操作性，如果平台龙门和前高龙门不同价格、不同时间出现，则两个地方都是买点。

我们来看案例焦作万方（000612），如图3－8所示。该股开盘平淡无奇，开盘15分钟的时间始终运行黄、白、轴三线的纠缠嬉戏，15分钟之后形成了分时线的安全气囊，即自上而下构成白、黄、轴三线排列。我在第二章中讲到安全气囊内的买点，可操作性会增强，所以在安全气囊形成之后，静候买点的出现。黄、白线同向共振拉升至高点A，做多动能衰竭之后，从高点A开始进入调整周期，过高点A做一条水平横线，即提前做好前高龙门等待买点。从高点A开始的调整周期注意以下几个细节：①调整周期采取了横而不跌的方式，震荡幅度远远小于3%，可见做多资金控盘程度还是很高的；②横盘周期超过1个小时，以时间的长度来加强横盘的有效性，即做多动能主导反弹行情；③在整个调整周期，白色分时线多次回踩黄色均价线，但并未向下击穿，而是一碰触到黄色均价线立刻止跌反弹；④整个横盘周期的多个高点都在一条水平线上，而且这个水平线和过A点的水平线完全吻合，即高点龙门和水平龙门重合在一起，只要反弹向上突破高点 A 也就说明该股实现了鱼跃龙门的有效突破，即可进场操作。在中午收盘和下午开盘瞬间，白色分时线向上加速突破高点 A，同时也突破了分时线横盘平台，实现鱼跃龙门，在图中位置 B 就是鱼跃龙门的买点。

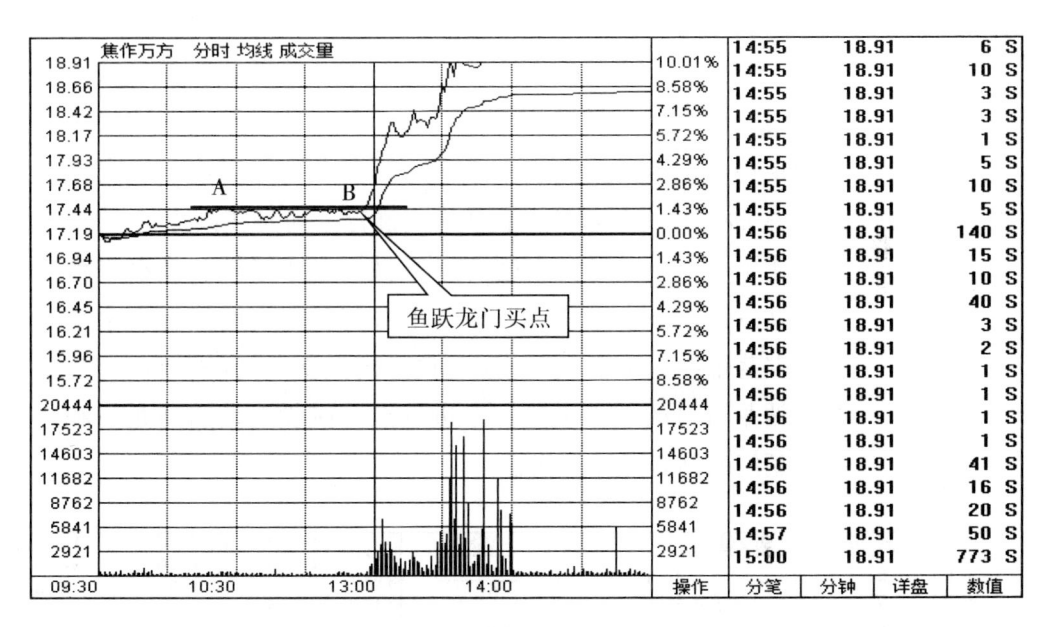

图 3－8

焦作万方（000612）要点总结：

①开盘白色分时线依附黄色均价线共振同向拉升，形成安全气囊；

②做多动能衰竭构筑分时高点 A，过该高点做一条水平横线就是龙门；

③过高点 A 的龙门同时经过多个高点，即前高龙门和平台龙门吻合；

④白色分时线调整中多次回踩黄色均价线，并不击穿；

⑤白色分时线向上突破过高点 A 的水平横线进场。

我们再来看案例天利高新（600339），如图 3－9 所示。该股略微低开，其实高开、低开、平开意义不大，只说明一

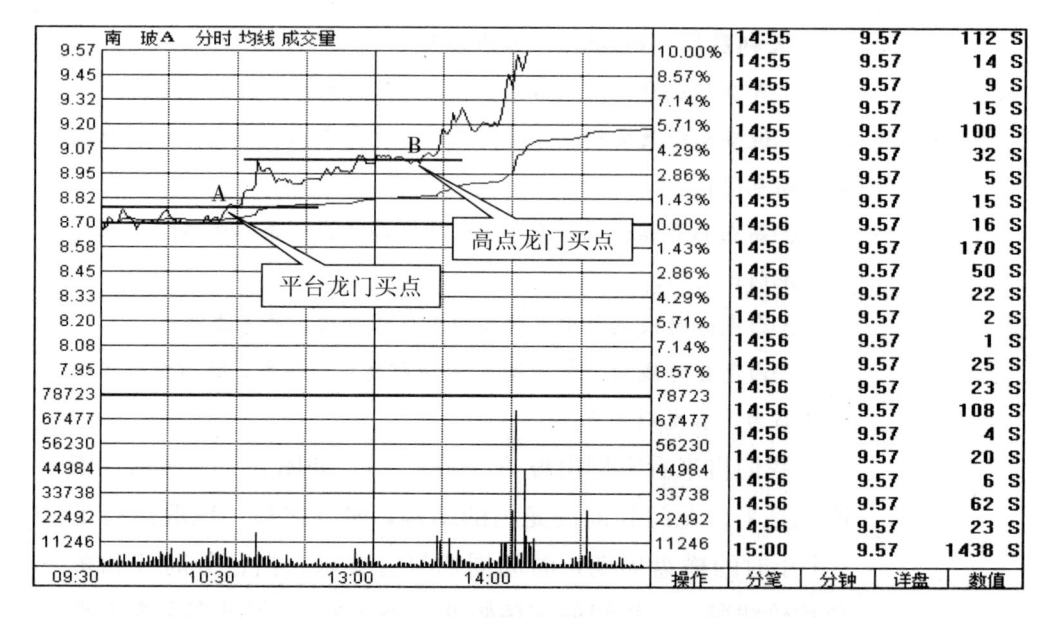

图 3—10

南玻 A（000012）要点总结：

①开盘白色分时线与黄色均价线围绕 0 轴线纠结嬉戏，搭建平台龙门；

②过 A 点后，白色分时依附黄色均价线震荡爬升，形成安全气囊；

③高点 B 做一条水平线，此为前高龙门；

④白色分时线向上突破平台 A 为第一买点，突破高点 B 的水平横线为第二买点。

第 2 节
量能缺口辅助买点

1. 量在股价运行中扮演着重要角色

量在市场中扮演着很重要的角色，资金根据市场的结构来决定进场、出场，与此同时产生量能的释放，所以量的体显是相对滞后的。既然是相对滞后的一个指标，那么，量的作用也就基本界定为辅助型指标、辅助买卖点、加强买卖点的可操作性。

经常听到有人争执一个问题：市场到底是先有量还是先有价？我曾经在现场讲课的时候做过调查统计，60%的人认为先有量而后有价，40%的人认为先有价而后有量。这个问题争执了很多年，有点儿类似到底是先有鸡还是蛋呢？如果先有鸡后有蛋，那么鸡是怎么来的？我们知道鸡是从鸡蛋里面孵化出来的，这是个谜；如果先有蛋后有鸡，那么蛋是怎么来的？我们知道只有鸡才能下鸡蛋，这也是个谜。对比股市量价的关系，认为先有量而后有价的人会说：放量上涨，只有量能跟上了，价格才会温和上涨，听起来很有道理；认为先有价而后有量的人说：价格不在市场的低谷，不在合理的价值区间，市场严重低迷，观望情绪浓厚，场外资金迟迟不愿入场，怎么会产生量能，听起来好像也是有道理的。那么到底是先有量还是先有价呢？

其实量和价的关系不是谁先谁后的问题，而是节奏的问题。在我的博客中常常提示大家参与底部放量不要等待底部放量！首先，经过一波漫长深度调整之后，高位套牢的资金已经被深度套牢，短线涨跌和这批资金没有一点儿关系；其次，高位逃顶的资金短期不会入场，观望情绪浓厚；最后，下跌中不堪重负割肉的资金短期当然更加不会贸然跟进。在这种情况下市场就是静态的，量能严重匮乏，市场信心严重缺失，价格自然维持窄幅横盘纠结，无量能、无热点、无人气，市场整个是一"三无"产品。在这种严重低迷的市场，我们经常会听到这样的声音："当前市场就缺少量能，只要量能跟上必然反弹。"乍一听好像很有道理，但我们仔细想一想，底部如果放出量，我们在底部辛辛苦苦等来的量，那这量是怎么来的？是底部第一批抄底资金进场释放的量。当我们看到抄底资金进场释放量能出现的时候，我们已经慢了半拍，所以我一直强调参与底部放量，不要等待底部放量，就是这个道理。你等来的量是别人抄底释放出来的量，等你发现的时候已经晚了，至少在成本上已经落后了。不要小看底部的低成本，我们知道任何一波反弹行情，在底部起涨的时候都会反复进行筹码的清洗，市场反复地摔打洗清浮筹，如果你在底部的成本偏高，那么，风吹草动都可以把你洗出局，你会变得很被动，甚至造成严重踏空的系统性风险。

看到量之后再进场，不是只有你能看到量，而是大家都能看到量，这个时候进场资金很疯狂，市场量能会呈现持续放大的态势，第一批底部进场资金早已获利，开始出现短线获利盘的兑现，市场也的确呈现了量增价涨的反弹结构。但随着持续的反弹，量能开始不济，随即构筑高点展开洗盘，而洗盘中成本的作用就凸显了，看到量能释放之后跟进的资

第三章 双龙战法买点

金成本偏高，就会变得很被动，很难扛得住洗盘的杀伤力，犹如严刑拷打一样，过了一关，还有一劫，最终不堪重负的情况下再次割肉，割肉后洗盘结束，反弹再起。这也是很多交易者经常会问的一个问题："为什么我的股票就是不涨，只要我不割肉就不会涨，只要我割肉肯定涨，好像主力都看着我的账户操作似的？"这样就进入了割肉、等量、追高、被套、再割肉的恶性循环之中。

其实投资者等量造成的恶性循环是自然结果，市场把人性的弱点发挥到了极致，这一点是很残忍的。人性存在很多的弱点，贪婪、虚荣、跟风、从众、自私等等，不要回避这些弱点，人人都存在，只是面对这些弱点大家的处理方式有所不同罢了。有弱点不可怕，可怕的是你不清楚自己的弱点在哪里，你也就无从下手进行弱点的克服和处理。比如你去商店买衣服，试穿的时候售货员会把你夸的天花乱坠，最终让你掏钱的理由是虚荣心，只穿过一次就扔进柜子里再也没有穿过的衣服应该不止一件吧；还有我们交易失败的例子里，你可以扪心自问一下，是不是因为贪心造成的微利变巨亏；等量造成的恶性循环是从众心理和跟风弱点的进一步放大，大家都看到量能出来了，好不容易把量能盼出来了，你追我赶蜂拥而入，量能进一步放大。关于从众心理，我曾经做过一个实验：在一个小区广告栏里，经常会张贴一些信息、广告、影讯等等。有一次我看到广告栏下没有一个人，我自己走过去站在广告栏下面，抬头目不转睛地看着广告栏上面已经过期的信息，装作很认真地在看资讯一样。过了大概5分钟，我回头看我的身后，已经积聚了十几个人，都在和我一样抬头看着广告栏，有人还轻声自言自语："都看什么呢？"他们看什么我不知道，我只知道广告栏上什么也没有！这就是从众心理的作用，所以关于量能的问题，谨记：参与底部放量不要被动等待放量！

2. 量能缺口是辅助买点

主力资金在运作一只股票的时候，并不是想让哪只股票涨，哪只股票就能涨；想让哪只股票跌，哪只股票就必须跌。主力资金经过筹码的收集过程实现筹码的高度控盘，然后才会考虑拉升，在没有实现高度控盘的前提下，任何主力资金都不会贸然展开主动性拉升。筹码收集的方式各不相同，但无论采取哪一种筹码收集的方式，拉升之前必须确认是否达到了高度控盘，如果没有实现高度控盘就急于展开拉升，拉升过程中势必需要承担较大的抛压，一般的主力资金都很难扛得住。那么如何确认是否达到了高度控盘呢？最常见的方法就是主力资金锁筹不动，如果控盘资金锁筹不动，而市场的量能依然维持正常的水平，买卖依然热火朝天，那么，可想而知，筹码的收集是失败的；如果通过筹码收集已经实现了高度控盘，那么，这种情况下主力资金锁筹不动的结果必然是量能极度萎缩，和正常的量能水平相比成倍萎缩，说明

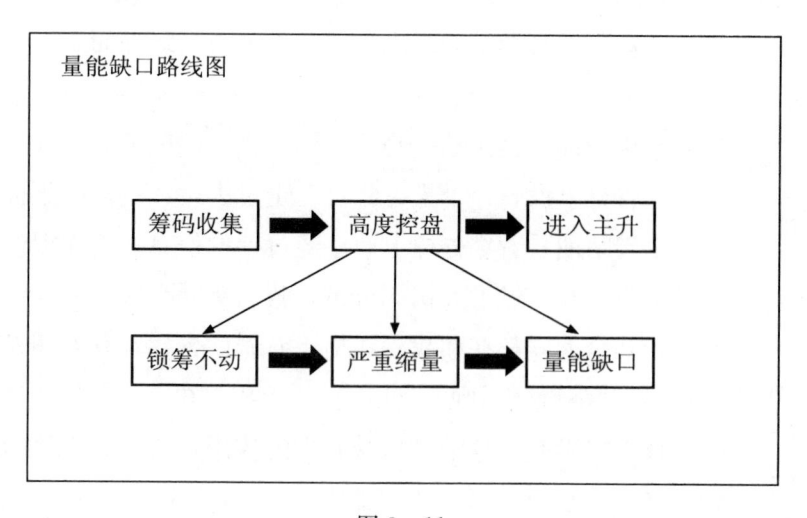

量能缺口路线图

筹码收集 → 高度控盘 → 进入主升

锁筹不动 → 严重缩量 → 量能缺口

图 3—11

```
量能缺口模型图
```

①量能缺口不是操作指标；
②量能缺口可以提高操作成功率；
③量能缺口可以出现在任何阶段；
④量能缺口出现前需有放量过程。

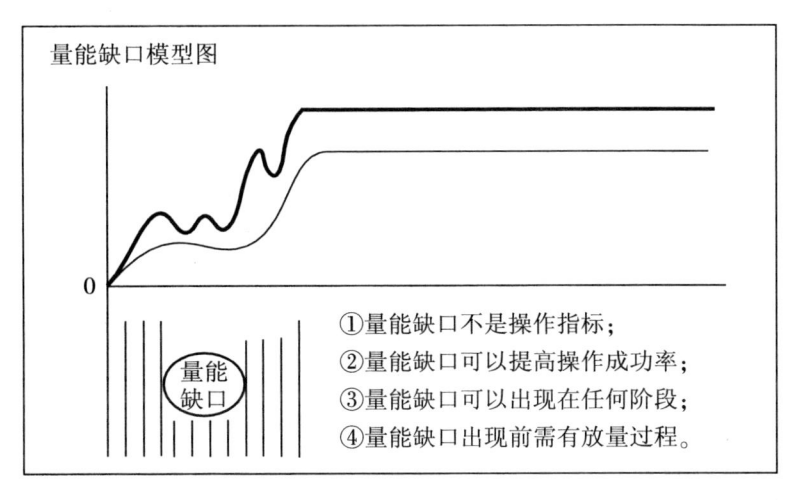

图 3-12

市场的浮筹非常有限，拉升的阻力非常小，随后再度放量实现拉升就是顺理成章的事情了。这样在量能结构里就形成了一个小小的缺口，量能极度萎缩的小缺口。如图 3-11 和图 3-12 所示。

3. 量能缺口注意要点

（1）量能缺口不是操作指标，不能根据量能缺口的出现进行买卖点的确定；

（2）量能缺口可以提高操作成功率，量能缺口后的买点安全性、可操作性会增强；

（3）量能缺口可以出现在任何时间、价格、周期；

（4）量能缺口出现前需要有放量过程，缩量后再放量才会构成完整的量能缺口。

我们来看案例紫鑫药业（002118），如图 3-13 所示。该股略微高开后白色分时线依附黄色均价线震荡爬升，与此同

冠昊生物（300238）分时线解析要点总结：

①开盘马上形成自上而下白、黄、轴三线排列，确定分时强势结构；

②调整中白色分时线多次回踩黄色均价线，并不击穿，体现做多动能高度控盘；

③调整缩量形成量能缺口，量能缺口是主力资金拉升前检测控盘程度强弱的痕迹，是展开拉升前特有的结构，体现做多动能高度控盘；

④鱼跃龙门买点出现的同时，量能缺口形成，增强买点的可操作性。

我们再来看案例兄弟科技（002562），如图3-15所示。该股略微高开后白色分时线黏合黄色均价线展开了近半个小时的水平横盘，横盘中量能呈现递增的趋势，这个过程是偏弱的，还好是在0轴线上形成，即早盘并未形成强势结构。从位置B开始，白色分时线向上拉开黄色均价线距离，随即形成自上而下的白、黄、轴三线排列，即分时线确定强势结构。位置A是分时线反弹后第一波高点，随后进入分时线调整周期，调整周期内白色分时线多次回踩黄色均价线，但都没有向下击穿，说明做多动能控盘意图明显；另外，调整周期超过半个小时，震荡幅度较小，这也说明了做多动能采取横盘防守攻略来控盘；调整过程中量能极度萎缩，形成量能缺口锥形。分时线加速拉升向上突破高点A的时候量能同步放大，图中位置C点就是鱼跃龙门的买点。

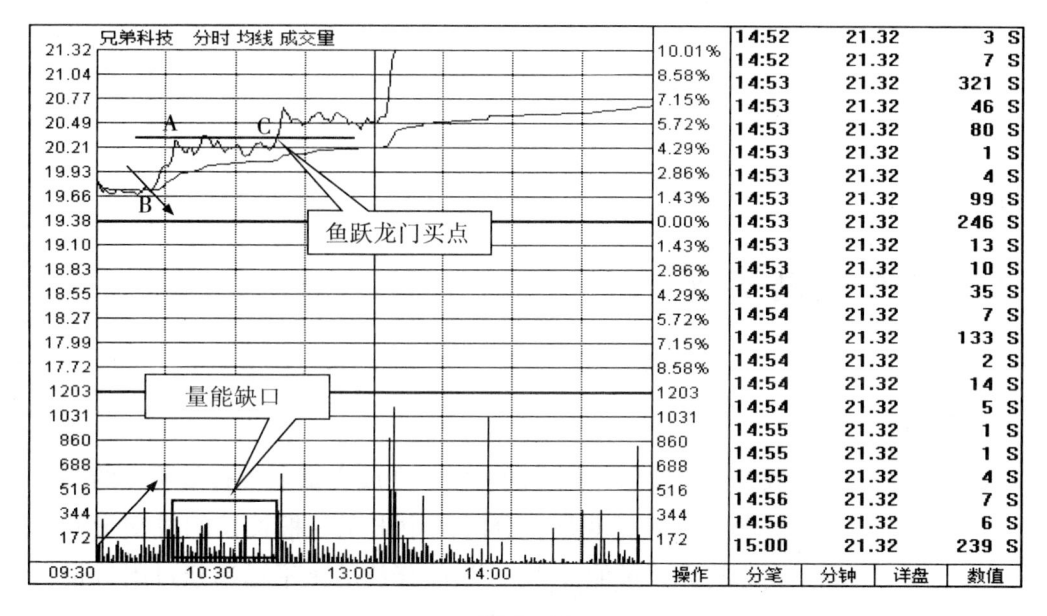

图 3—15

兄弟科技（002562）分时线解析要点总结：

①开盘半小时形成自上而下白、黄、轴三线排列，确定分时强势结构；

②调整中白色分时线多次回踩黄色均价线，并不击穿，体现做多动能高度控盘；

③调整周期超过半小时、振幅较小的水平横盘结构，同样体现做多动能高度控盘；

④调整缩量形成量能缺口，量能缺口是主力资金拉升前检测控盘程度强弱的痕迹，是展开拉升前特有的结构，体现做多动能高度控盘；

⑤鱼跃龙门买点出现的同时，量能缺口形成，增强买点的可操作性。

宁波韵升（600366）分时线解析要点总结：

①高开后形成自上而下白、黄、轴三线排列，确定早盘的强势结构；

②调整中白色分时线多次回踩黄色均价线，并不击穿，体现做多动能高度控盘；

③鱼跃龙门买点出现的同时，量能出现大量大单，增强买点的可操作性。

我们再来看案例岷江水电（600131），如图 3-18 所示。平开、高开、低开并不重要，只说明开盘前多空动能的平衡点，高开低走单边下行的结构我们见的不少，低开高走封死涨停的个股也屡见不鲜，关键是开盘之后怎么走。该股选择了平开，之后白色分时线依附黄色均价线共振同步向上拉升，随即形成自上而下的白、黄、轴三线排列，确定早盘强势结构。高点A是分时线拉升后第一波高点，之后进入分时线的

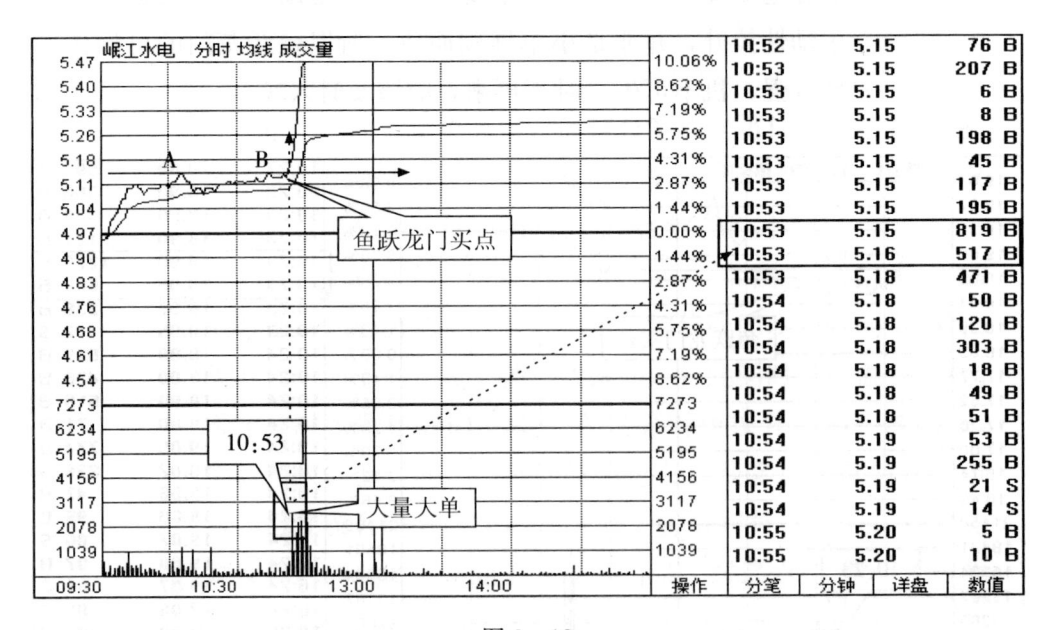

图 3-18

岷江水电（600131）分时线操作步骤解析：

第一步：早盘形成自上而下的白、黄、轴三线排列，安全气囊确定强势结构；

第二步：调整中白色分时线多次回踩黄色均价线，并没有向下击穿，可见主力资金高度控盘；

第三步：鱼跃龙门买点出现的同时出现大量大单，买点可操作性激增；

第四步：大量并非小单堆砌，而是大单直接发起总攻，可见主力资金不再犹豫，直线涨停。

调整周期，调整周期中白色分时线多次回踩黄色均价线，但并没有向下击穿黄色均价线，可见做多动能高度控盘。过高点 A 做一条水平横线，水平横线和白色分时线相交于 B 点。B 点就是鱼跃龙门的买点，时间为 10:53，买点出现的同时量能成几十倍放大，大量的形成并非小单堆砌而成，我们看 10:53 的分笔成交，大单连续出现，可见主力资金伺机而动，发起总攻，直线完成涨停。

量能缺口和大量大单的量能分析很重要，对加强买点可操作性来说也意义重大。比如鱼跃龙门的高点突破买入法则，形态上和一般的突破没有什么区别，这就存在很多的假突破，主力也很容易制造假象来蒙蔽我们的双眼，但有了量能缺口和大量大单的量能结构辅助，突破的有效性就会加强，突破的可操作性也会加强。在此我们把前三节内容进行综合梳理，将鱼跃龙门的买点和量能结构的结合使用进行详细讲解：如图 3-19 所示。

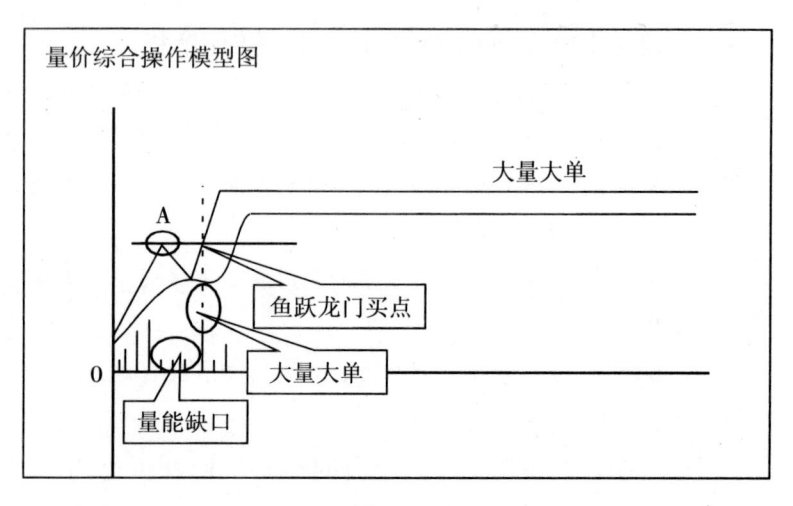

```
量价综合操作模型图

                                大量大单
         A
              鱼跃龙门买点
                大量大单
    0
        量能缺口
```

图 3—19

图 3—19 模型分析操作步骤总结：

第一步：早盘形成自上而下白、黄、轴三线排列，安全气囊形成，确定强势结构；

第二步：调整周期白色分时线不击穿黄色均价线，体现主力资金高度控盘；

第三步：调整缩量形成量能缺口雏形，是主力资金验证控盘程度的痕迹，主力意图很明显，一旦确定了高度控盘，就会马上发起总攻，直接拉升；

第四步：鱼跃龙门突破买点出现的同时，量能成倍放大，增强买点的可操作性和安全性；

第五步：大量支撑买点是不是主力所为呢？我们注意到大量是有连续大单形成，可见量能缺口之后，主力确定实现了高度控盘，大单急速拉升是关键，大量和突破前高的买点是现象，所以机不可失，时不再来，在量能缺口和大单大量的配合下，直接进场。

我们来看案例西北化工（000791），如图 3—20 所示。该股略微高开后并未马上形成自上而下的白、黄、轴三线排列，而是白、黄线围绕 0 轴线反复纠结了 15 分钟，但 15 分钟之后分时线开始发生变化，白色分时线依附黄色均价线共振同步拉升，实现自上而下的白、黄、轴三线强势排列，确定早盘的强势结构（图中位置 B）。高点 A 开始进入调整周期，调整周期中白色分时线多次回踩黄色均价线，但都没有向下击穿，体现做多动能依然在主导反弹行情；另外，调整周期的量能极度萎缩，这是量能缺口的雏形，主力资金主导反弹行情的同时进行控盘程度的确认，一旦确认高度控盘，后面肯定拉升。缩量调整不到半个小时的时间，在 10:28 发生了质的变化，分时线加速向上突破高点 A，意味着鱼跃龙门买点出现（图中位置 C）。面对买点很多人不敢下手，可操作性不敢确认，到底该不该买呢？突破是否有效？我们看 10:28 的量能急速释放大量，是附近量能的几十倍，关键是 10:28 构成大量的基础是大单，分笔成交上显示 10:28 时大单连续出现，这是主力资金疯狂拉升的迹象，之所以主力资金在这里疯狂拉升，还要回到量能缺口的意义上来，量能缺口是主力资金检测控盘程度强弱的痕迹，一旦确定高度控盘，必然加速拉升，所以 10:28 的大单拉升也就不奇怪了！

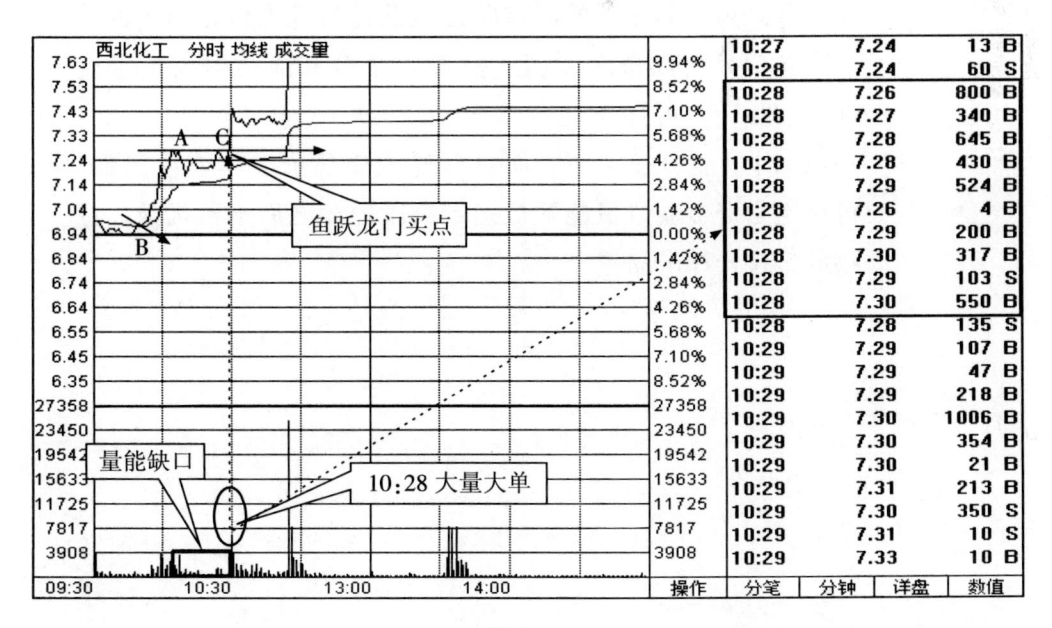

图 3-20

我们再来看案例广晟有色（600259），如图3-21所示。该股开盘后先是构筑了一个窄幅横盘平台，即白色分时线围绕黄色均价线纠缠嬉戏，形成一个超过半小时、震荡幅度较小的水平横盘，此形态正是第三章鱼跃龙门平台龙门技术，所以该股的第一个买点是向上突破平台高点A的位置，位置D白色分时线依附黄色均价线共振同步向上拉升，形成自上而下的白、黄、轴三线排列，在位置D出现之后鱼跃龙门平台买点出现，所以突破位置A的买点可操作性也是不错的。位置B是分时线脱离分时弱势之后的第一个高点，随后进入分时线的调整周期，调整周期透露三条重要的信息：第一，白色分时线的多次回踩黄色均价线，但都没有向下击穿，可见脱离分时弱势之后，做多动能依然主导反弹行情，进一步确定早盘平台龙门交易的安全性；第二，横盘周期的时间和空间符合横盘的有效性，也提示了做多动能主动控盘；第三，横盘周期量能极度萎缩，形成量能缺口雏形，这是主力资金检测控盘强弱的痕迹，一旦确定高度控盘，势必马上放量急速拉升。高点B之后的回调既是鱼跃龙门的平台龙门，也是前高龙门，所以鱼跃龙门买点符合平台和前高两大技术点（图位置C），可操作性自然增强。买点C的时间是13:25，13:25时量能急速释放，而且分笔成交显示大单连续出现，可见主力资金通过量能缺口确定高度控盘之后不再犹豫，直接放量拉升冲击涨停。

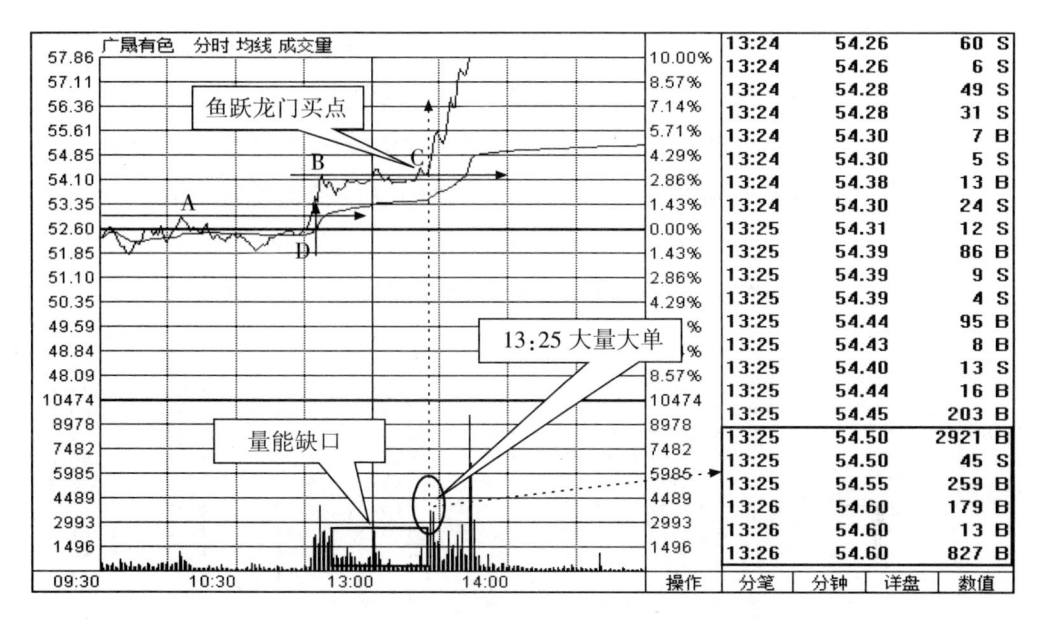

图 3—21

广晟有色（600259）分时操作要点：

①位置 A 构筑平台龙门，横盘 1.5 小时，震荡幅度较小，突破水平线 A 构成鱼跃龙门的平台突破买点；

②位置 D 开始展开自上而下的白、黄、轴三线排列，即形成安全气囊；

③过高点 B 做一条水平横线，作为前高龙门，等待买点；

④高点 B 后进入分时线的调整周期，调整中白色分时线多次回踩黄色均价线，并未向下击穿，可见做多动能高度控盘；

⑤横盘调整中量能极度萎缩，形成量能缺口的雏形，确定了高度控盘之后必然拉升；

⑥量能缺口检测高度控盘之后，13:25 发起总攻，大单大量力推白色分时线向上突破高点 B 的水平龙门，形成买点，及时进场。

我们再来看案例多伦股份（600696），如图 3—22 所示。该股早盘选择了略微的低开，但低开后白色分时线依附黄色均价线共振同步拉升，量能温和放大，图中 A 点之后形成自上而下的白、黄、轴三线排列，从而确定早盘强势结构。高点B之后进入分时线的调整周期，调整中白色分时线回踩黄色均价线，但并没有向下击穿，可见做多动能主导反弹行情；调整中量能呈现极度萎缩，即形成量能缺口雏形，横而不跌的情况量能极度萎缩，这是明显的高度控盘特征。在10:05大单连续出现，导致量能急速释放，与此同时白色分时线向上加速突破前高点B，形成鱼跃龙门买点（图中C点）。

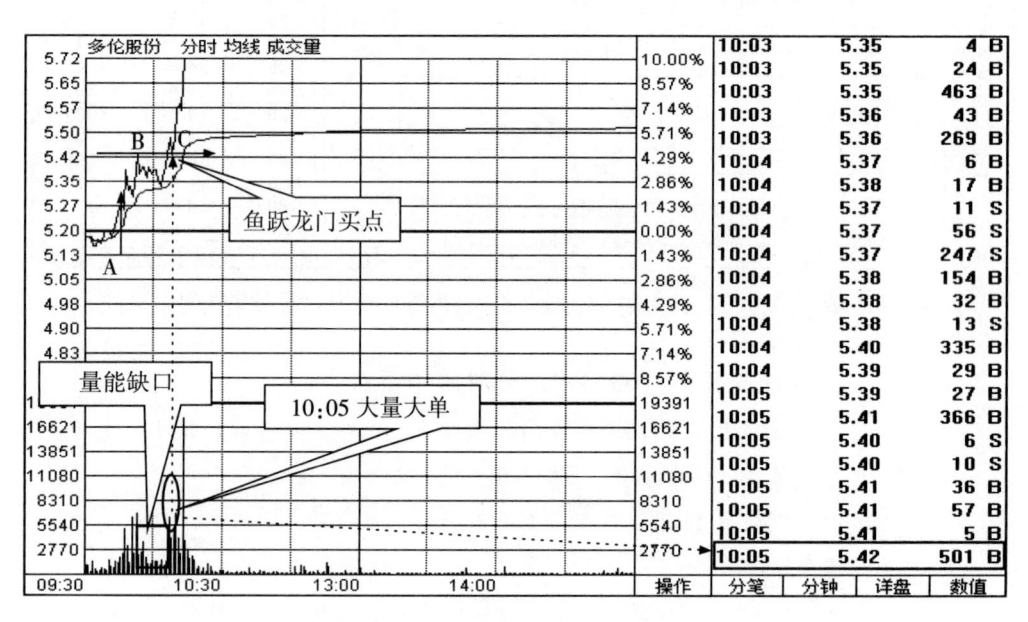

图3—22

多伦股份（600696）分时操作要点：

①位置A开始展开自上而下的白、黄、轴三线排列，即形成安全气囊；

②过高点B做一条水平横线，作为前高龙门，等待买点；

③高点B后进入分时线的调整周期，调整中白色分时线多次回踩黄色均价线，并未向下击穿，可见做多动能高度控盘；

④横盘调整中量能极度萎缩，形成量能缺口的雏形，确定了高度控盘之后必然拉升；

⑤量能缺口检测高度控盘之后，10:05发起总攻，大单大量力

第三章 双龙战法买点

推白色分时线向上突破高点 B 的水平龙门，形成买点 C，及时进场。

量能辅助鱼跃龙门的买点，可以实现盘口买点的精确化、量化以及安全性增强。很多交易者问："分时线突破存在假突破，我们可以用量能缺口和大量大单来辨别真伪，但量能缺口和大量大单如果造假，我们该怎么办呢？"这个问题问的非常好！股票市场不是创造财富的地方，而是转移财富的地方，假如市场只有你和我两个交易者，那么你赚的钱一定是我亏的钱，而我赚的钱也一定是你亏的钱，如果算上手续费，我们俩的资金总和总是缩水的，可见这是一个充满血腥的博弈市场！我把市场的动能简单分为两类：一类是游弋性资金，即散户资金；另一类是主力资金。我们可以把两类资金比喻成两个人，一个是散户；另一个是主力。那么散户赚的钱一定是主力亏的钱，而主力赚的钱一定是散户亏的钱。如果要想在这场游戏中获胜，你就必须做到知己知彼，方能百战百胜。

量能缺口是主力资金不得已而留下的痕迹，所以不用担心量能缺口不出现或者故意造假。主力也是人，不可能睡一觉起来想让哪只股票涨，哪只股票就能涨；想让哪只股票跌，哪只股票就必须跌，这显然是不可能的。主力资金经过筹码的收集过程实现筹码的高度控盘，然后才会考虑拉升，在没有实现高度控盘的前提下，任何主力资金都不会贸然展开主动性拉升。如果没有实现高度控盘就急于展开拉升，则拉升过程中势必需要承担较大的抛压，一般的主力资金都很难扛得住，主力资金操作失败的损失远比散户要大的多。稳健、安全对主力资金来说更重要，所以拉升之前进行高度控盘的确认是很有必要的。如果控盘资金锁筹不动，而市场的量能依然维持正常的水平，买卖依然热火朝天，那可想而知，筹码的收集是失败的；如果通过筹码收集已经实现了高度控盘，这种情况下主力资金锁筹不动的结果必然是量能极度萎缩，和正常的量能水平相比成倍萎缩，那说明市场的浮筹非常有限，拉升的阻力非常小，随后再度放量实现拉升就是顺理成章的事情。这样在量能结构里就形成了一个小的缺口，即量能缺口。所以主力资金没有实现高度控盘就不可能造假量能缺口，出现量能缺口就说明主力资金高度控盘，不通过量能缺口就直接拉上的情况只有一种，那就是主力资金势力相当雄厚，不畏惧拉升中的抛压。所以说，量能缺口是加强买点成功率最好的形态。

第 4 节
神龙探底买入法

1. 神龙探底买入法则

如果说鱼跃龙门属于右侧交易，那么神龙探底就是左侧交易。白色分时线、黄色均价线和 0 轴线自上而下形成白、黄、轴三线排列是安全气囊，尤其强调在安全气囊内白色分时线回踩黄色均价线的时候，并不向下击穿黄色均价线，基本上一碰触到黄色均价线立刻止跌反弹，这直接体现了做多动能的高度控盘。但在实际操作中，我们往往遇到这样的情况：白色分时线回踩黄色均价线的时候，形成探针式击穿，即白色分时线击穿黄色均价线后迅速收回，在分时线上留下"V"字形结构，这样的"V"字形探针结构虽然一度击穿黄色均价线，但并不代表弱势，反而进一步说明做多动能的高度控盘。我们知道影响股价的因素有很多，即使主力资金高度控盘也很难保证不受到外因的突发性刺激，从而导致白色分时线向下瞬间击穿黄色均价线，击穿没有关系，关键是能否及时、快速、瞬间再收回，这很关键。瞬间击穿再度瞬间收回说明击穿的动作是被动的，并非主力资金所为。相反，能够急速的收回黄色均价线，充分说明主力资金的强势护盘，并不愿意股价向下，收回的动作是主动性质的，被动下跌后主动性收回，而且速度很快，可见主力资金的意图定然是积极护盘，伺机而动，等待拉升的时机。分时线"V"字形探针结构形成后会有一个回踩黄色均价线的动作，这个回踩点就是分时线的买点。如图3—23所示。

神龙探底买入模型图

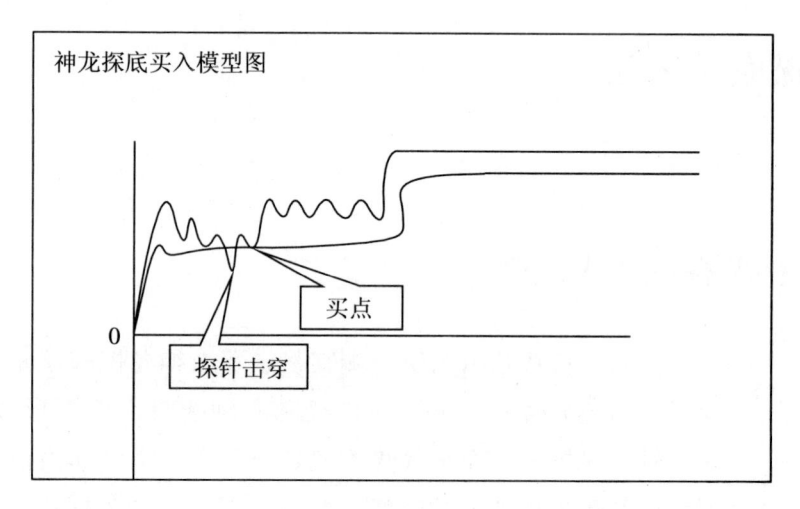

买点

探针击穿

0

图3—23

2. 神龙探底要素和要求

（1）早盘具备强势特征：自上而下白、黄、轴三线排列、白黄线纠缠横盘等；

（2）回落击穿黄线，瞬间收回，形成"V"字形，即探针式击穿；

（3）买点在"V"后的黄线确认处，即回踩不破黄色均价线。

我们来看案例冠福家用（002102），如图3—24所示。该股平开后白色分时线依附黄色均价线共振同步向上拉升，量能温和释放，形成自上而下的白、黄、轴三线排列，确定早

第三章 双龙战法买点

盘的强势结构。分时线的震荡爬升逐渐消化早盘的做多动能，做多动能衰竭后形成高点 A，从高点 A 开始进入分时线的调整周期，调整周期白色分时线多次回踩黄色均线并没有击穿，可见调整中做多动能依然积极护盘，但在位置 B 白色分时线急速向下击穿黄色均价线，击穿后迅速收回，形成"V"字形探针结构。如果要下跌，白色分时线击穿黄色均价线后就不会如此着急马上收回，既然击穿后迅速收回就说明做多动能依然在积极护盘，所以我们有充足的理由相信该股票具备极强的可操作性。探针击穿后有一个回踩黄色均价线的动作，图中位置 C 就是回踩的确认点，也是神龙探底买点。

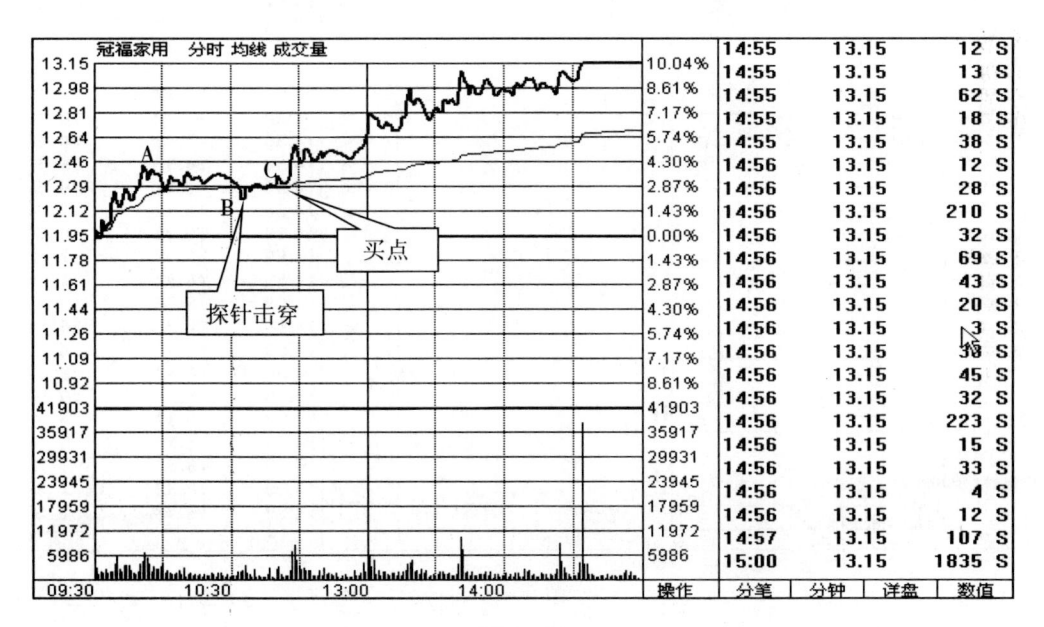

图 3—24

冠福家用（002102）要点总结：

①开盘白色分时线依附黄色均价线震荡爬升，形成安全气囊；
②调整周期白色分时线多次回踩黄色均价线，并未向下击穿；
③位置 B 形成探针式击穿，说明控盘资金势力较强；
④探针击穿后的回踩点 C 就是神龙探底的买点。

我们再来看案例金瑞矿业（600714），如图3—25所示。该股平开后白色分时线依附黄色均价线共振同步向上拉升，形成自上而下白、黄、轴三线排列，确定早盘的强势结构。高点A之后进入分时线调整周期，回踩黄色均价线的时候，急速击穿而后瞬间收回，分时线形成"V"字形结构，可见击穿的原因是下跌的速度过快，惯性击穿，并非主动性击穿，所以主力资金及时护盘，迅速收回，体现了做多动能的高度控盘。"V"字形结构形成后在位置C出现了一个回踩的动作，回踩并不击穿黄色均价线，回踩点就是买点！

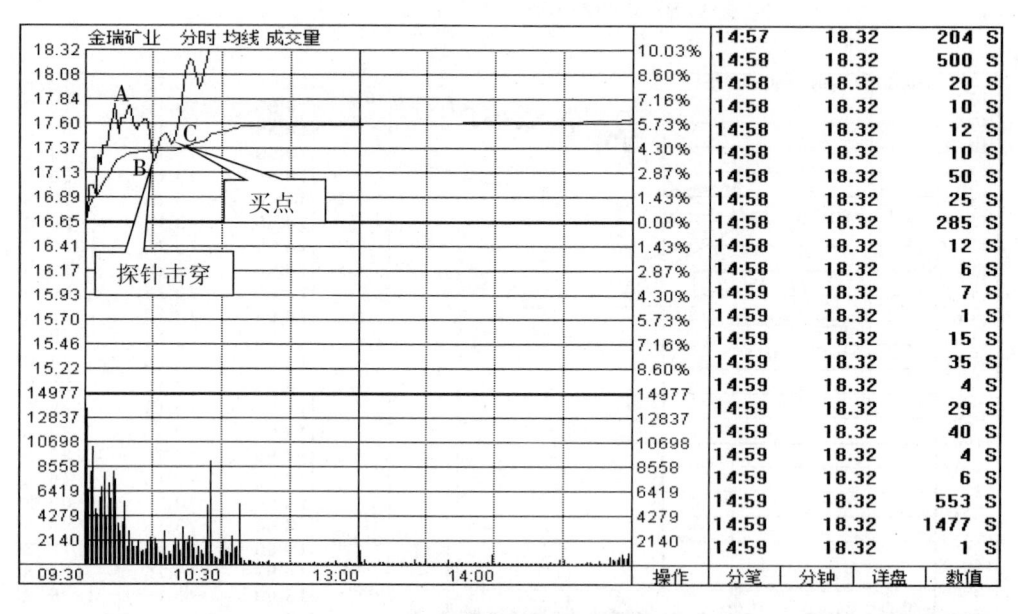

图3—25

金瑞矿业（600714）要点总结：
①开盘白色分时线依附黄色均价线震荡爬升，形成安全气囊；
②位置B形成探针式击穿，说明控盘资金势力较强；
③探针击穿后的回踩点C就是神龙探底的买点。

其实"V"字形探针结构不仅仅是发生在安全气囊内，也可能是发生在0轴线下的弱势周期内。如果大幅度低开后

结果自然也是天壤之别。所以，当技术卖点出现的时候，我们要做的是止盈，而不是考虑自己这笔交易赚了多少钱，是不是还能再涨点儿。

2. 止损

胜不骄，败不馁，技术点出局，防止微利变巨亏。

止损其实是对自己交易错误的一种修复过程，谁都会犯错，交易更加会犯错，甚至正确的交易也可能不赚钱，所以我们必须要进行纠错。关公刮骨疗毒的故事，我们都听过：毒穿透皮肤进入骨髓，如果关二爷犹豫不决，不及时进行刮骨疗毒，那么等到毒素扩散之后，不仅手臂要废了，甚至会殃及到生命。这和股市交易非常类似，股票亏损的时候，我们唯一保值的办法就是放弃亏损的资金，有点儿类似刮骨疗毒的气魄，否则风险会进一步吞噬我们的利润、成本，一直到血本无归。关二爷愿意刮骨疗毒吗？当然不愿意，这是剧痛；投资者愿意亏钱吗？当然不愿意，这也是剧痛，但错了就要有刮骨疗毒的气魄，否则后果不堪设想。

3. 周期性停止交易

频繁失败影响心态，暂时性学习为主，操作为辅。

不知道你是否有过这样的经历：在一段时间内，交易非常顺利，选什么股票都涨，买什么股票都赚钱，交易做的如鱼得水；但过了一段时间，比如一个月之后，选择的股票都不涨，买什么股票都亏钱。可是你的选股方法、买入方法、卖出方法和之前是一样的，没有发生过任何变化，为什么之前赚钱，而现在总是亏钱呢？我相信很多交易者都遇到过这样的情况，包括我也会遇到这样的循环，其实道理很简单，因为市场在变，而你的选股方法、买入方法、卖出方法没有随着变化而变化，即操作策略和当前的市场结构不吻合，这就像你在陆地上开船——寸步难行。我在遇到这样的情况会选择阶段性停止交易，如果你连续亏损，那不妨把脚步放慢一点儿，停下来欣赏一下沿途的风光，让心情放松下来，阶段性停止交易。市场有赚不完的钱，急功近利只会导致血本无归，不是有这么一句话吗？脚步太快停一停，让心跟上来。

4. 风险固定化

风险在股票市场好比幽灵一样，看不见、摸不着，你不知道它什么时候就会出现，也许就潜伏在你的身边，你却不知道；也许就在前方某个角落等着你，布置好陷阱等着你去跳。相信所有的交易者都吃过风险的亏，高利润又让我们不愿意离开这个市场，使得我们纠结、彷徨、无助。其实有一个方法可以让我们把风险看得清清楚楚，让风险无计可施，即风险固定化。风险是虚无缥缈的东西，这是风险最大的特点，也是我们无法左右风险的根本原因，那么问题就简单了，如果我们把看不见、摸不着的风险固定化、量化，那么风险不是就一览无余呈现在我们的视线内吗？到时候我们只需要绕道而行，把风险一个一个排除掉。如何进行风险固定化呢？根据自己的资金势力，根据你可以承受的亏损程度设置一个底线，比如每一笔交易你可以承受的亏损是3%，或者是1元钱。那么对你而言，任何一笔交易的风险只有1元钱，就这1

元钱，风险再大也无计可施，因为你最多只允许这笔交易亏损1元钱。反过来，如果你的交易是成功的，那么利润空间将是非常大，肯定不是1元钱的问题，也许是20%的利润或是30%的利润。甚至你的一次成功交易就把连续好几笔亏损交易的损失全部赚回来了。我曾经做过这样一个调查：问投资者做10笔交易，会有几笔交易是成功的，几笔交易是失败的？大多数交易者的答案是5∶5，其实5∶5是含水分的，因为大家都不愿意说自己总是亏损，这样多没面子啊。就按照3∶7的比例来计算，10次交易中3次成功，7次失败，7次失败的交易，风险是固定的，而且是自己可以承受的微亏；3次成功的交易，利润会持续地放大、奔跑，很快会把前7次失败的损失全部收回，剩下的全部都是利润，在持股条件上让利润奔跑！

我的炒股心法：止盈、止损、阶段性停止交易！也许有人会说我太过保守，为什么炒股心法全部都是风险控制，因为我太知道在股票市场保护自己有多么重要。

第 2 节
盘口双龙傻瓜卖出

傻瓜卖出的意思就是化繁为简的卖出策略，风险来袭不能有丝毫的犹豫。错过买点无非是错过利润，和你的成本无关；但错过卖点不仅仅是错过利润，关系到你的成本能不能实现保值。所以卖出点越简单越好，这也是双龙傻瓜卖出点的意义，傻瓜相机我们都见过，就是操作简单的意思，傻瓜卖点顾名思义，就是很直观的卖点形态。

一只股票怎样开盘无所谓，而开盘后白色分时线依附黄色均价线震荡爬升，才是做多动能释放的关键形态。当分时线冲高回落形成次高点，说明做多动能开始衰竭，做多动能衰竭是形成重心回落的根本原因，就像努力不一定成功，但是成功一定需要努力一样，重心回落不一定筑顶，但筑顶一定是从重心回落开始的，重心回落就是双龙第一傻瓜卖点。白色分时线向下回踩黄色均价线的时候，如果有资金高度控盘，或做多动能主导反弹行情的话，那么，调整中白色分时线是不会轻易向下击穿黄色均价线的。所以，如果白色分时线击穿黄色均价线，而且又不能瞬间收回，那么这里的击穿就是主动性击穿，操作者应果断离场观望，这里是傻瓜卖点二，切不可抱有侥幸心理。白色分时线击穿黄色均价线如果瞬间收回，就会在分时线中形成"V"字形探针结构，这是第三章神龙探底买入形态。

所以，如果白色分时线回踩黄色均价线的时候，击穿不瞬间收回则说明是主动性击穿。击穿后如果有反抽的动作，反抽在黄色均价线位置遇阻回落，不能重新突破黄色均价线，则这里是傻瓜卖点三，即原支撑线破位后变成压力线。如图4－1所示。

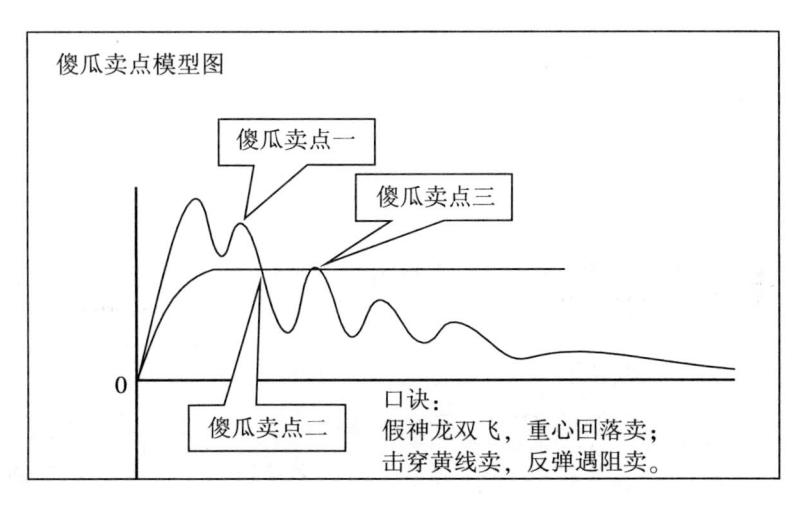

图 4－1

1. 傻瓜卖点口诀解析

　　假神龙双飞：开盘第一波拉升速度过快，中间没有停顿和回踩，直接拉升超过3％会构成做多动能的急速消耗，很容易构筑阶段性高点；

　　重心回落卖：做多动能衰竭的标志就是重心回落，不能新高的重心回落为第一卖点；

　　击穿黄线卖：黄色均价线作为重要支撑，击穿不能瞬间收回为第二卖点；

　　反弹遇阻卖：黄色均价线击穿后支撑变压力，反抽不能重新收回作为第三卖点。

2. 傻瓜卖出警语

（1）日线结构卖出点和分时傻瓜卖出点吻合，必出。

（2）日线底部拉升初期出现分时傻瓜卖出点，可等日线止损位。

（3）傻瓜卖出点出现时候，相对高位已有获利、心理矛盾的时候，必出。

（4）开盘第一波拉升速度过快，直接超过3%后出现的傻瓜卖出点，必出。

我们来看案例华仪电气（600290），如图4－2所示。该股平开后弱势震荡，随后展开加速拉升，形成自上而下的白、黄、轴三线排列，但这里出现一个问题，分时线的急速拉升速度过快，导致做多动能急速释放，如果没有新的动能承接，则很容易构筑分时高点。位置A是分时线冲高后的次高点，说明做多动能随着第一波急速拉升得到充分释放，无新的动能承接，反弹自然呈现重心回落态势。所以位置A就是重心回落的卖点，即双龙傻瓜卖点一。重心回落之后分时线持续走低，回踩黄色均价线，如果做多动能还在主导反弹行情，还在高度控盘，那么回踩黄色均价线的时候，是不会轻易击穿的。但事实上在位置B，白色分时线向下击穿了黄色均价线，而且瞬间没有收回，不构成"V"字形探针结构，击穿黄色均价线会导致短线获利筹码兑现，这是双龙傻瓜卖点二。白色分时线击穿黄色均价线后有三种路线：第一就是第三章神龙探底的探针式击穿，瞬间可以再收回黄色均价线，这种情况是机会而非风险；第二是击穿后一路杀跌，不再回头，这种下跌方式是最凶狠的，投资者来不得半点儿犹豫的时间，

第四章 双龙战法卖出技巧

错过将直接面临短线被套的风险；第三是击穿后会有一个反抽的动作，即做多动能的最后反抗，但反抗仍然是强弩之末，黄色均价线原本是支撑，击穿后变成压力，强弩之末的反抽不能突破黄色均价线，反抽的高点就是傻瓜卖点三。

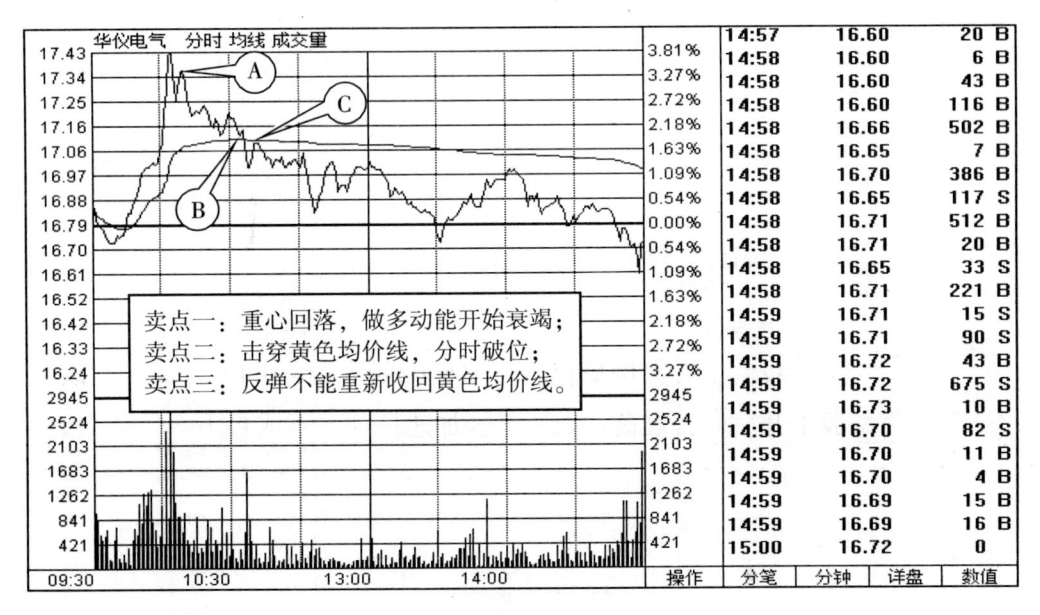

图中标注：
- 卖点一：重心回落，做多动能开始衰竭；
- 卖点二：击穿黄色均价线，分时破位；
- 卖点三：反弹不能重新收回黄色均价线。

图 4－2

华仪电气（600290）操作要点：

①形成安全气囊的过程，拉升速度过快，瞬间透支做多动能；

②位置A做多动能衰竭之后的次高点，即傻瓜卖点一；

③白色分时线回踩黄色均价线的时候没有丝毫的支撑，直接击穿，位置B即傻瓜卖点二；

④黄色均价线作为支撑，击穿后变成压力，白色分时线反抽不能重新突破黄色均价线，位置C为傻瓜卖点三。

我们再来看案例海普瑞（002399），如图4－3所示。该股高开后快速冲高，做多动能得到急速释放，涨停也就罢了，急速冲高又不能涨停势必构成做多动能的极度释放，面临短线抛压，如果没有新的动能承接，则必然筑顶回落。位置A

· 145 ·

双龙战法

呈现分时线重心回落之势，可见高开急速拉升消耗过多做多动能，分时线无力继续冲高才形成重心回落，位置A就是傻瓜卖点一。重心回落之后白色分时线向下回踩黄色均价线，直接向下击穿，黄色均价线没有丝毫的支撑作用，而且短时间内又没有马上修复回来，即击穿黄色均价线是主动性所为，应及时离场，这里是主动性击穿，短线资金会破位离场，位置B为傻瓜卖点二。黄色均价线作为支撑，击穿后变成压力，白色分时线反抽黄色均价线，一碰触到黄色均价线立刻滞涨回落，无力重新收回黄色均价线，可见做多动能进行最后的反抗、确认，位置C为傻瓜卖点三。

卖点一：重心回落，做多动能开始衰竭；
卖点二：击穿黄色均价线，分时破位；
卖点三：反弹不能重新收回黄色均价线。

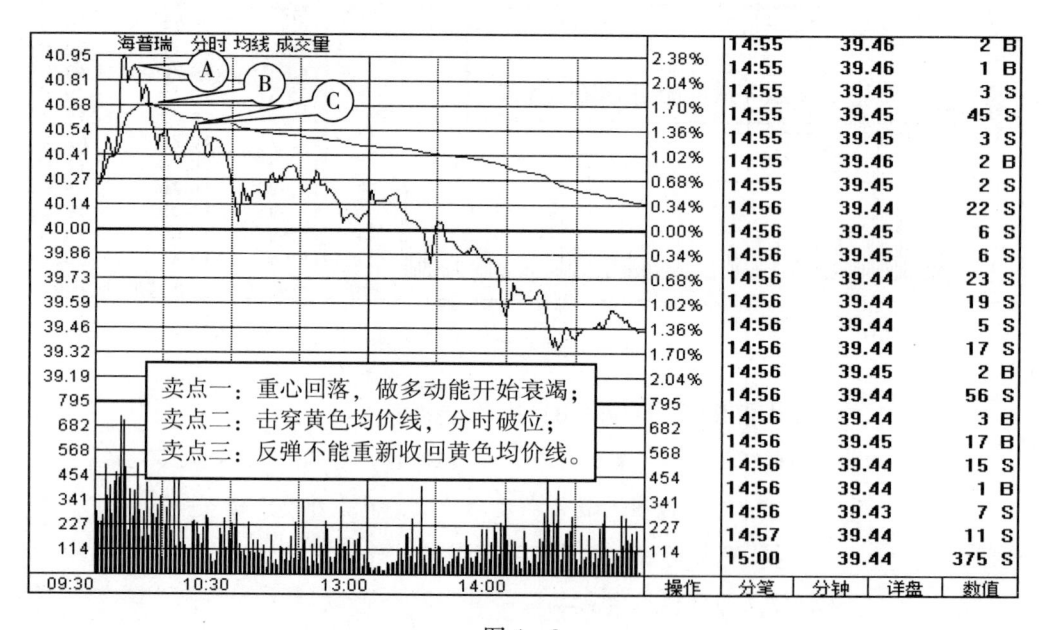

图 4—3

海普瑞（002399）操作要点：

①早盘拉升速度过快，无力封死涨停，面临短线抛压，而且瞬间透支做多动能；

②位置A做多动能衰竭之后的次高点，即傻瓜卖点一；

③白色分时线回踩黄色均价线的时候没有丝毫的支撑，直接击

穿，位置 B 即傻瓜卖点二；

④白色分时线反抽不能重新突破黄色均价线，位置 C 为傻瓜卖点三。

我们再来看案例宁波建工（601789），如图 4－4 所示。该股开盘不错，大幅度高开说明开盘前多空动能博弈中做多动能取胜，但高开急速冲高的时候露出马脚，出卖了主力意图。高开急速拉升过分透支了做多动能，但没有涨停，涨停也就罢了，费这么大劲不能冲击涨停一定有问题，至少短线获利盘的抛压会激增。随后分时线出现重心回落，即做多动能开始逐渐衰竭，那么早盘的高开急速拉升造成强弩之末，所以位置 A 就是傻瓜卖点一；白色分时线回踩黄色均价线的时候，没有停顿和止跌，而是直接向下击穿，可见做多动能不仅仅在衰竭，做空动能已经开始反扑，不及时离场更待何时，位置 B 就是傻瓜卖点二；白色分时线击穿黄色均价线后有一个反抽的动作，能够瞬间收回还有希望，但该股白色分时线反抽的时候，一碰触到黄色均价线立刻滞涨回落，原支撑变成了压力，位置 C 为傻瓜卖点三。

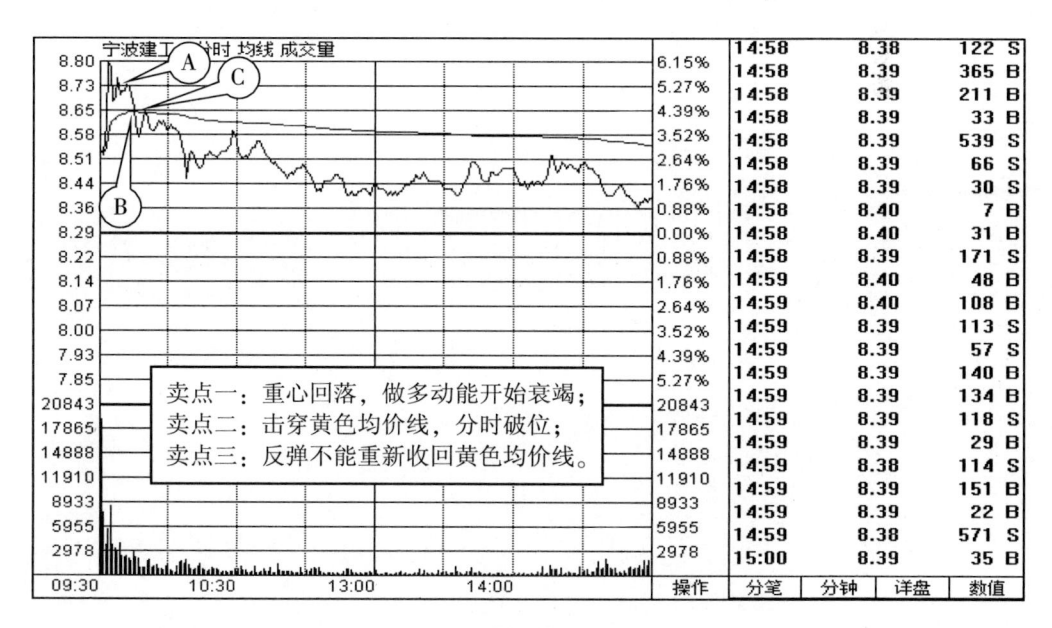

卖点一：重心回落，做多动能开始衰竭；
卖点二：击穿黄色均价线，分时破位；
卖点三：反弹不能重新收回黄色均价线。

图 4－4

宁波建工（601789）操作要点：

①高开急速冲高未能封死涨停板，瞬间透支做多动能；

②位置 A 做多动能衰竭之后的次高点，即傻瓜卖点一；

③白色分时线回踩黄色均价线的时候没有丝毫的支撑，直接击穿，位置 B 即傻瓜卖点二；

④黄色均价线作为支撑，击穿后变成压力，白色分时线反抽不能重新突破黄色均价线，位置 C 为傻瓜卖点三。

第3节
双龙筑顶卖出策略

双龙筑顶是傻瓜卖点一的特殊形态,所以傻瓜卖点的警语同样适用双龙筑顶。分时线经过一波上涨后形成两个相同价格的高点,虽然没有出现重心回落,但也无力重新刷新高点,同样说明做多动能的逐渐衰竭,而相同的价格构成强压力。

1. 双龙筑顶特征

(1) 早盘急速冲高波段的幅度要大于3%,过分透支做多动能。

(2) 两个高点的价格要求相同,即同值,如果第二高点比第一个高点低,就是傻瓜卖点中的重心回落卖点。

(3) 整个筑顶过程白线需在黄线之上运行。

(4) 此方法尽可能结合日线的结构进行操作:日线结构阶段顶部出现双龙筑顶,必出;日线结构阶段底部出现双龙筑顶可谨慎持有,把卖出点定义在傻瓜卖点二和傻瓜卖点三。

(5) 确定第二高点形成即为卖点。如图4—5所示。

```
双龙筑顶模型图

                卖点

        3%

  0

  口诀：
  早盘冲高过三点，构筑平头两兄弟；
  形成过程黄线上，二弟出现即卖点。
```

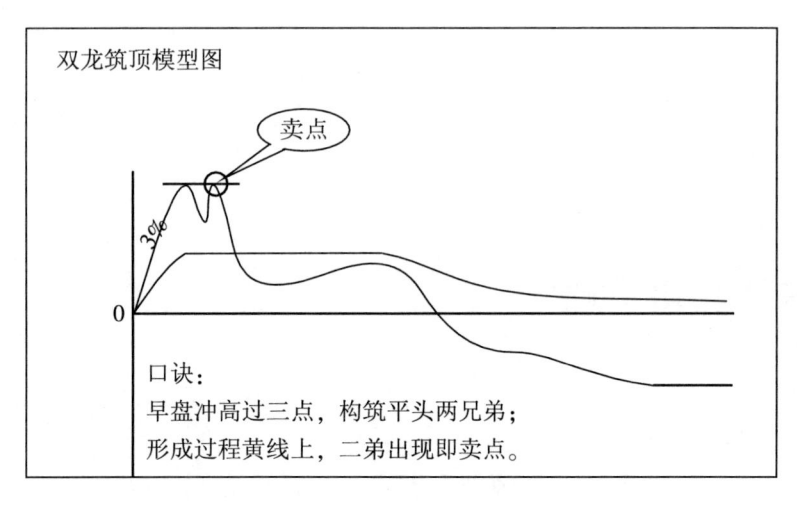

图 4—5

2. 双龙筑顶口诀解析

早盘冲高过三点：开盘急速拉升超过 3%，中间没有停顿和回踩，过分透支做多动能；

构筑平头两兄弟：冲高构筑同值双顶；

形成过程黄线上：整个双顶形成的过程在黄色均价线上；

二弟出现即卖点：第二同值高点形成就是卖点。

我们来看案例格力地产（600185），如图 4－6 所示。该股开盘还不错，大幅度高开说明开盘前多空动能博弈中，做多动能取胜。开盘后白色分时线依附黄色均价线共振同向拉升，形成自上而下的白、黄、轴三线排列，即安全气囊。第一个高点形成之后，分时线进入横盘震荡周期，横盘周期中白色分时线多次回踩黄色均价线都没有向下击穿黄色均价线，截至第二高点形成之前，一切都完美无缺。但第二个点出卖了主力的意图，同值高点 6.11 元形成双龙筑顶形态，说明做多动能无力继续冲高,虽然不是重心回落形态,但依然体现了做多动能的不足。第二个高点形成为双龙筑顶的卖点。另外双龙筑顶的当天,日线处于筑顶回落的初期,进一步加固了分时双龙筑顶的压力。

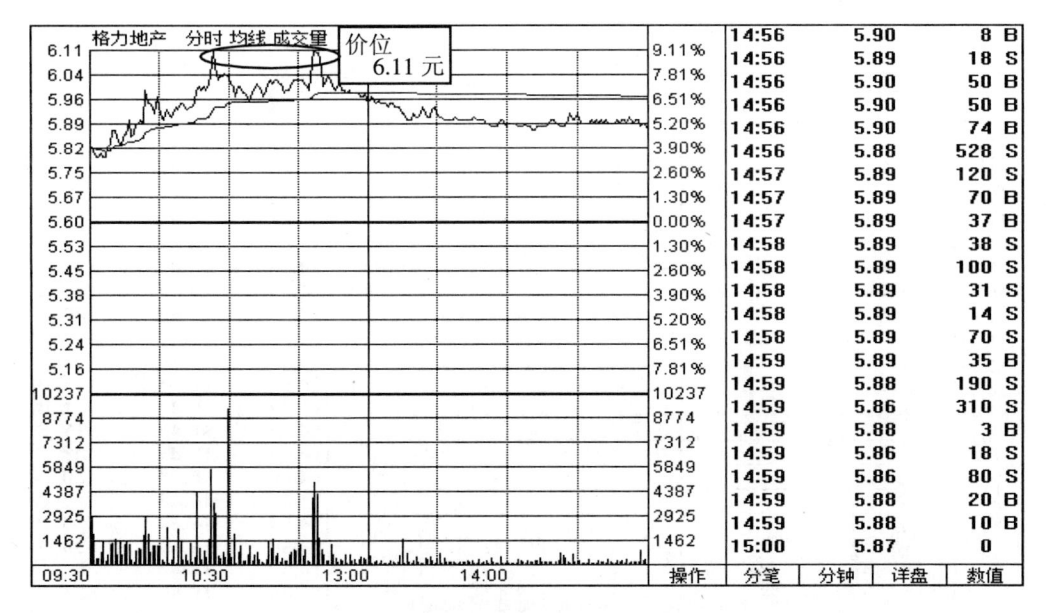

图 4-6

格力地产（600185）要点总结：
①在 6.11 元位置构筑明显的分时双顶结构；
②双龙筑顶的过程在黄色均价线上完成；
③第二个高点形成为卖出点；
④第二个高点形成后,白色分时线震荡走低击穿黄色均价线；
⑤日线位置在筑顶回落的初期。

我们再来看案例中航动控（000738）,如图 4-7 所示。该股开盘弱势纠结之后,白色分时线急速向上拉升,第一个高点形成之后,白色分时线回踩黄色均价线并未向下击穿,可见做多动能依然主导反弹行情。但随后的反弹构筑了同值高点 15.69 元,同值高点出卖了主力的意图,虽然第二个高点形成之前分时维持高度强势，但同值高点说明做多动能已经开始衰竭。同值高点形成之后，白色分时线向下击穿黄色均价线。该股的日线结构同样给双龙筑顶增加压力，日线正好位于阶段性的高点，进一步增强了分时双龙筑顶的压力和可操作性。

图 4—7

中航动控（000738）要点总结：

①在 15.69 元位置构筑明显的分时双顶结构；

②双龙筑顶的过程在黄色均价线上完成，双顶形成过程中，白线向下回踩黄色均价线止跌；

③第二个高点形成为卖出点；

④第二个高点形成后，白色分时线震荡走低击穿黄色均价线；

⑤日线位置在相对的高位，增强双龙筑顶的压力。

我们再来看案例威远生化（600803），如图 4—8 所示。

涨停板分析中有这样一句话："涨停板封不死卖一半。"虽然这句话不够严谨，但涨停板封不死说明做多动能的不足，这

第四章 双龙战法卖出技巧

句话的基础就是双龙筑顶在涨停板中的应用，涨停板开板后再度封死涨停，也是同值的两个高点。该股如果只看分时图似乎并无大碍，因为当天还冲击了涨停，但尾盘的涨停结构透露了重要信息：涨停板选择尾盘涨停本身就说明做多动能势力一般，即使尾盘涨停也无力牢牢封死，可见做多动能势力的确一般。涨停板的价格 15.33 元，涨停板打开后再度封死涨停构成同值双顶。选择尾盘涨停，频繁开板，加上同值双顶，这样的涨停板是假象，该股日线位于相对的高点，加重了涨停板双龙筑顶的强度。

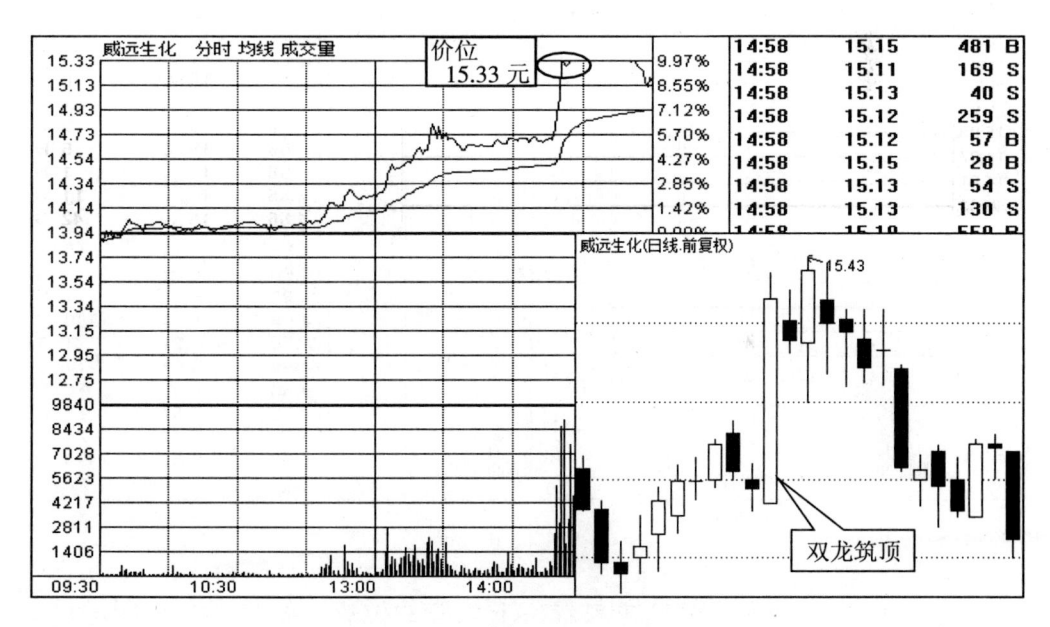

图 4—8

威远生化（600803）操作要点：

① 涨停板封不死卖一半；

② 选择尾盘涨停，说明做多动能势力一般；

③ 涨停板开板后再度封死涨停，形成双龙筑顶；

④ 日线在相对的高位，加重了双龙筑顶的压力和可操作性。

双龙战法

我们再来看案例深信泰丰（000034），如图4－9所示。该股平淡开盘，之后白色分时线和黄色均价线反复纠结震荡，最后1个小时才冲击涨停板，尽管是尾盘涨停，也无力牢牢封死涨停板，这就说明做多动能是不足的。从双龙筑顶的角度来理解，涨停板打开后再涨停，也就构成了同值的两个高点，所以涨停板封不死是存在问题的，如果日线同样具备压力，那么这样个股很难走强。

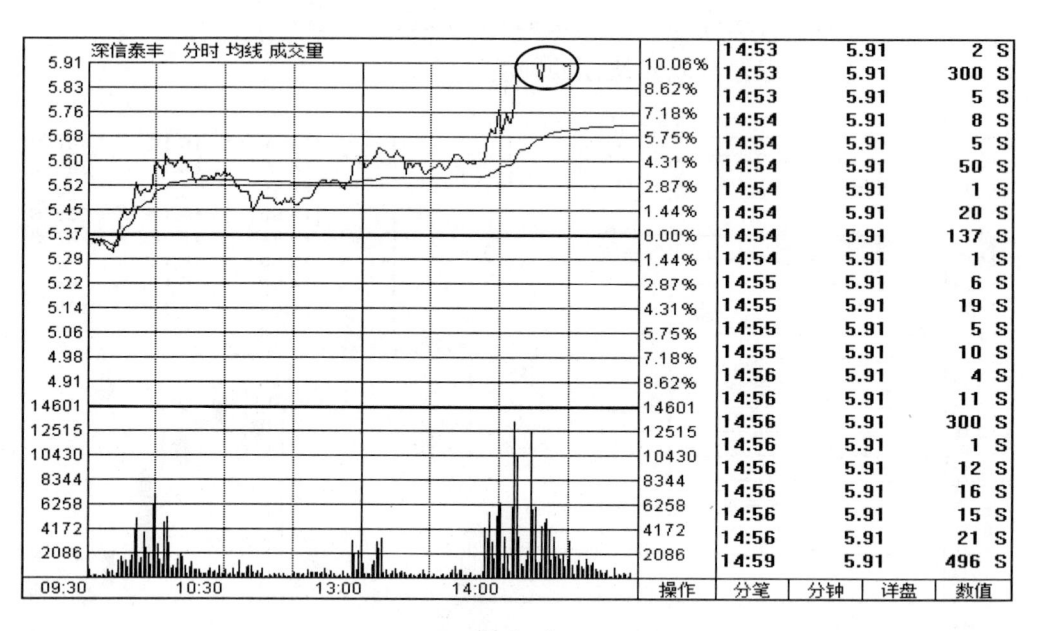

图4－9

我们通过日线来看一下该股的位置，如图4－10所示。位置B正是尾盘打开涨停板的当天，当时的日线形成了顶背离。我们借助MACD指标来看一下什么是顶背离。高点A到高点B，很明显价格是创新高的，与此同时，所对应MACD的DIF线并未创新高，这就是MACD顶背离的基础形态。顶背离意味着该股日线已经出现了压力，所以位置B当天的涨停板开板就是非常好的卖出点。

结果自然也是天壤之别。所以，当技术卖点出现的时候，我们要做的是止盈，而不是考虑自己这笔交易赚了多少钱，是不是还能再涨点儿。

2. 止损

胜不骄，败不馁，技术点出局，防止微利变巨亏。

止损其实是对自己交易错误的一种修复过程，谁都会犯错，交易更加会犯错，甚至正确的交易也可能不赚钱，所以我们必须要进行纠错。关公刮骨疗毒的故事，我们都听过：毒穿透皮肤进入骨髓，如果关二爷犹豫不决，不及时进行刮骨疗毒，那么等到毒素扩散之后，不仅手臂要废了，甚至会殃及到生命。这和股市交易非常类似，股票亏损的时候，我们唯一保值的办法就是放弃亏损的资金，有点儿类似刮骨疗毒的气魄，否则风险会进一步吞噬我们的利润、成本，一直到血本无归。关二爷愿意刮骨疗毒吗？当然不愿意，这是剧痛；投资者愿意亏钱吗？当然不愿意，这也是剧痛，但错了就要有刮骨疗毒的气魄，否则后果不堪设想。

3. 周期性停止交易

频繁失败影响心态，暂时性学习为主，操作为辅。

不知道你是否有过这样的经历：在一段时间内，交易非常顺利，选什么股票都涨，买什么股票都赚钱，交易做的如鱼得水；但过了一段时间，比如一个月之后，选择的股票都不涨，买什么股票都亏钱。可是你的选股方法、买入方法、卖出方法和之前是一样的，没有发生过任何变化，为什么之前赚钱，而现在总是亏钱呢？我相信很多交易者都遇到过这样的情况，包括我也会遇到这样的循环，其实道理很简单，因为市场在变，而你的选股方法、买入方法、卖出方法没有随着变化而变化，即操作策略和当前的市场结构不吻合，这就像你在陆地上开船——寸步难行。我在遇到这样的情况会选择阶段性停止交易，如果你连续亏损，那不妨把脚步放慢一点儿，停下来欣赏一下沿途的风光，让心情放松下来，阶段性停止交易。市场有赚不完的钱，急功近利只会导致血本无归，不是有这么一句话吗？脚步太快停一停，让心跟上来。

4. 风险固定化

风险在股票市场好比幽灵一样，看不见、摸不着，你不知道它什么时候就会出现，也许就潜伏在你的身边，你却不知道；也许就在前方某个角落等着你，布置好陷阱等着你去跳。相信所有的交易者都吃过风险的亏，高利润又让我们不愿意离开这个市场，使得我们纠结、彷徨、无助。其实有一个方法可以让我们把风险看得清清楚楚，让风险无计可施，即风险固定化。风险是虚无缥缈的东西，这是风险最大的特点，也是我们无法左右风险的根本原因，那么问题就简单了，如果我们把看不见、摸不着的风险固定化、量化，那么风险不是就一览无余呈现在我们的视线内吗？到时候我们只需要绕道而行，把风险一个一个排除掉。如何进行风险固定化呢？根据自己的资金势力，根据你可以承受的亏损程度设置一个底线，比如每一笔交易你可以承受的亏损是3%，或者是1元钱。那么对你而言，任何一笔交易的风险只有1元钱，就这1

元钱，风险再大也无计可施，因为你最多只允许这笔交易亏损 1 元钱。反过来，如果你的交易是成功的，那么利润空间将是非常大，肯定不是 1 元钱的问题，也许是 20% 的利润或是 30% 的利润。甚至你的一次成功交易就把连续好几笔亏损交易的损失全部赚回来了。我曾经做过这样一个调查：问投资者做 10 笔交易，会有几笔交易是成功的，几笔交易是失败的？大多数交易者的答案是 5∶5，其实 5∶5 是含水分的，因为大家都不愿意说自己总是亏损，这样多没面子啊。就按照 3∶7 的比例来计算，10 次交易中 3 次成功，7 次失败，7 次失败的交易，风险是固定的，而且是自己可以承受的微亏；3 次成功的交易，利润会持续地放大、奔跑，很快会把前 7 次失败的损失全部收回，剩下的全部都是利润，在持股条件上让利润奔跑！

我的炒股心法：止盈、止损、阶段性停止交易！也许有人会说我太过保守，为什么炒股心法全部都是风险控制，因为我太知道在股票市场保护自己有多么重要。

第 2 节
盘口双龙傻瓜卖出

傻瓜卖出的意思就是化繁为简的卖出策略，风险来袭不能有丝毫的犹豫。错过买点无非是错过利润，和你的成本无关；但错过卖点不仅仅是错过利润，关系到你的成本能不能实现保值。所以卖出点越简单越好，这也是双龙傻瓜卖出点的意义，傻瓜相机我们都见过，就是操作简单的意思，傻瓜卖点顾名思义，就是很直观的卖点形态。

一只股票怎样开盘无所谓，而开盘后白色分时线依附黄色均价线震荡爬升，才是做多动能释放的关键形态。当分时线冲高回落形成次高点，说明做多动能开始衰竭，做多动能衰竭是形成重心回落的根本原因，就像努力不一定成功，但是成功一定需要努力一样，重心回落不一定筑顶，但筑顶一定是从重心回落开始的，重心回落就是双龙第一傻瓜卖点。白色分时线向下回踩黄色均价线的时候，如果有资金高度控盘，或做多动能主导反弹行情的话，那么，调整中白色分时线是不会轻易向下击穿黄色均价线的。所以，如果白色分时线击穿黄色均价线，而且又不能瞬间收回，那么这里的击穿就是主动性击穿，操作者应果断离场观望，这里是傻瓜卖点二，切不可抱有侥幸心理。白色分时线击穿黄色均价线如果瞬间收回，就会在分时线中形成"V"字形探针结构，这是第三章神龙探底买入形态。

所以，如果白色分时线回踩黄色均价线的时候，击穿不瞬间收回则说明是主动性击穿。击穿后如果有反抽的动作，反抽在黄色均价线位置遇阻回落，不能重新突破黄色均价线，则这里是傻瓜卖点三，即原支撑线破位后变成压力线。如图4—1所示。

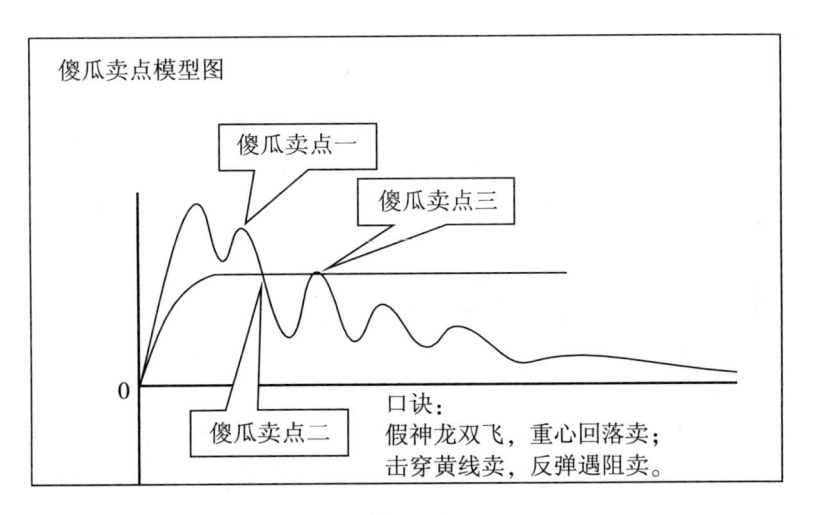

图 4—1

1. 傻瓜卖点口诀解析

假神龙双飞：开盘第一波拉升速度过快，中间没有停顿和回踩，直接拉升超过3%会构成做多动能的急速消耗，很容易构筑阶段性高点；

重心回落卖：做多动能衰竭的标志就是重心回落，不能新高的重心回落为第一卖点；

击穿黄线卖：黄色均价线作为重要支撑，击穿不能瞬间收回为第二卖点；

反弹遇阻卖：黄色均价线击穿后支撑变压力，反抽不能重新收回作为第三卖点。

2. 傻瓜卖出警语

（1）日线结构卖出点和分时傻瓜卖出点吻合，必出。

（2）日线底部拉升初期出现分时傻瓜卖出点，可等日线止损位。

（3）傻瓜卖出点出现时候，相对高位已有获利、心理矛盾的时候，必出。

（4）开盘第一波拉升速度过快，直接超过3%后出现的傻瓜卖出点，必出。

我们来看案例华仪电气（600290），如图4-2所示。该股平开后弱势震荡，随后展开加速拉升，形成自上而下的白、黄、轴三线排列，但这里出现一个问题，分时线的急速拉升速度过快，导致做多动能急速释放，如果没有新的动能承接，则很容易构筑分时高点。位置A是分时线冲高后的次高点，说明做多动能随着第一波急速拉升得到充分释放，无新的动能承接，反弹自然呈现重心回落态势。所以位置A就是重心回落的卖点，即双龙傻瓜卖点一。重心回落之后分时线持续走低，回踩黄色均价线，如果做多动能还在主导反弹行情，还在高度控盘，那么回踩黄色均价线的时候，是不会轻易击穿的。但事实上在位置B，白色分时线向下击穿了黄色均价线，而且瞬间没有收回，不构成"V"字形探针结构，击穿黄色均价线会导致短线获利筹码兑现，这是双龙傻瓜卖点二。白色分时线击穿黄色均价线后有三种路线：第一就是第三章神龙探底的探针式击穿，瞬间可以再收回黄色均价线，这种情况是机会而非风险；第二是击穿后一路杀跌，不再回头，这种下跌方式是最凶狠的，投资者来不得半点儿犹豫的时间，错过将直接面临短线被套的风险；第三是击穿后会有一个反抽的动作，即做多动能的最后反抗，但反抗仍然是强弩之末，黄色均价线原本是支撑，击穿后变成压力，强弩之末的反抽不能突破黄色均价线，反抽的高点就是傻瓜卖点三。

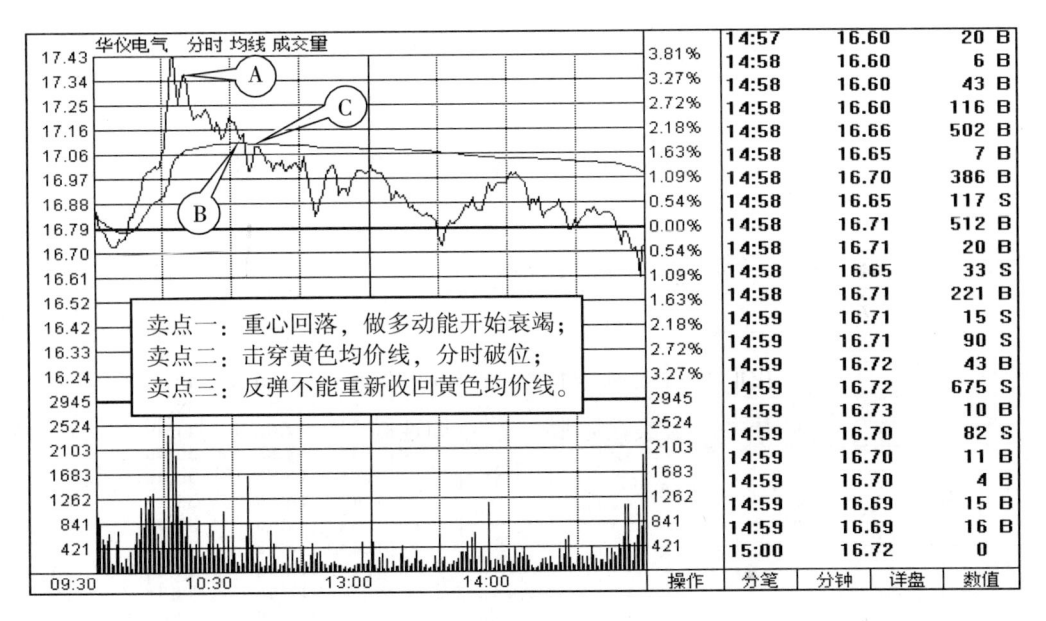

图 4-2

华仪电气（600290）操作要点：

①形成安全气囊的过程，拉升速度过快，瞬间透支做多动能；

②位置 A 做多动能衰竭之后的次高点，即傻瓜卖点一；

③白色分时线回踩黄色均价线的时候没有丝毫的支撑，直接击穿，位置 B 即傻瓜卖点二；

④黄色均价线作为支撑，击穿后变成压力，白色分时线反抽不能重新突破黄色均价线，位置 C 为傻瓜卖点三。

我们再来看案例海普瑞（002399），如图 4-3 所示。该股高开后快速冲高，做多动能得到急速释放，涨停也就罢了，急速冲高又不能涨停势必构成做多动能的极度释放，面临短线抛压，如果没有新的动能承接，则必然筑顶回落。位置 A

呈现分时线重心回落之势，可见高开急速拉升消耗过多做多动能，分时线无力继续冲高才形成重心回落，位置 A 就是傻瓜卖点一。重心回落之后白色分时线向下回踩黄色均价线，直接向下击穿，黄色均价线没有丝毫的支撑作用，而且短时间内又没有马上修复回来，即击穿黄色均价线是主动性所为，应及时离场，这里是主动性击穿，短线资金会破位离场，位置 B 为傻瓜卖点二。黄色均价线作为支撑，击穿后变成压力，白色分时线反抽黄色均价线，一碰触到黄色均价线立刻滞涨回落，无力重新收回黄色均价线，可见做多动能进行最后的反抗、确认，位置 C 为傻瓜卖点三。

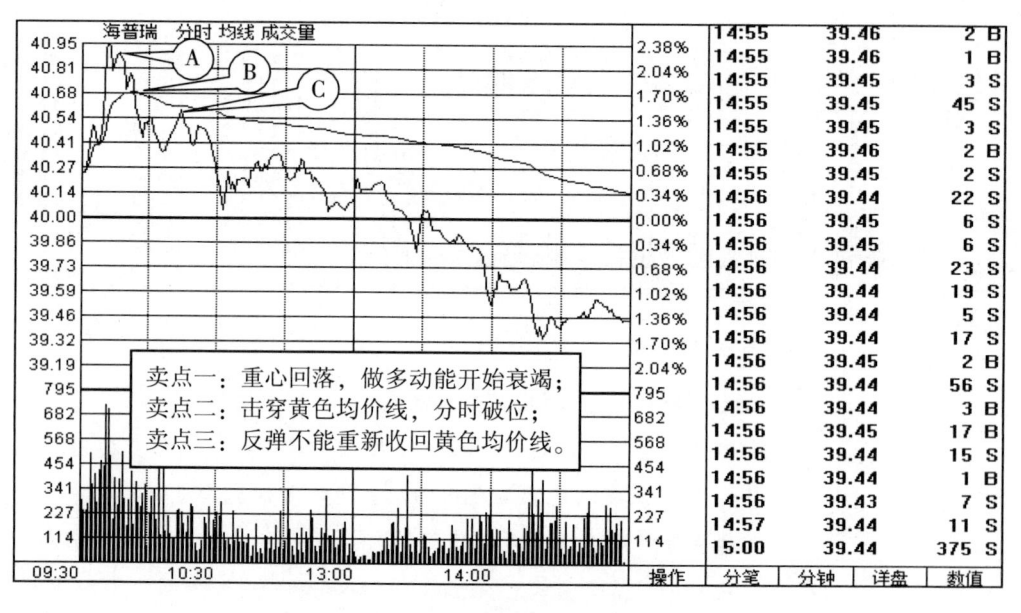

图 4—3

海普瑞（002399）操作要点：

①早盘拉升速度过快，无力封死涨停，面临短线抛压，而且瞬间透支做多动能；

②位置 A 做多动能衰竭之后的次高点，即傻瓜卖点一；

③白色分时线回踩黄色均价线的时候没有丝毫的支撑，直接击

穿，位置 B 即傻瓜卖点二；

④白色分时线反抽不能重新突破黄色均价线，位置 C 为傻瓜卖点三。

我们再来看案例宁波建工（601789），如图 4－4 所示。该股开盘不错，大幅度高开说明开盘前多空动能博弈中做多动能取胜，但高开急速冲高的时候露出马脚，出卖了主力意图。高开急速拉升过分透支了做多动能，但没有涨停，涨停也就罢了，费这么大劲不能冲击涨停一定有问题，至少短线获利盘的抛压会激增。随后分时线出现重心回落，即做多动能开始逐渐衰竭，那么早盘的高开急速拉升造成强弩之末，所以位置 A 就是傻瓜卖点一；白色分时线回踩黄色均价线的时候，没有停顿和止跌，而是直接向下击穿，可见做多动能不仅仅在衰竭，做空动能已经开始反扑，不及时离场更待何时，位置 B 就是傻瓜卖点二；白色分时线击穿黄色均价线后有一个反抽的动作，能够瞬间收回还有希望，但该股白色分时线反抽的时候，一碰触到黄色均价线立刻滞涨回落，原支撑变成了压力，位置 C 为傻瓜卖点三。

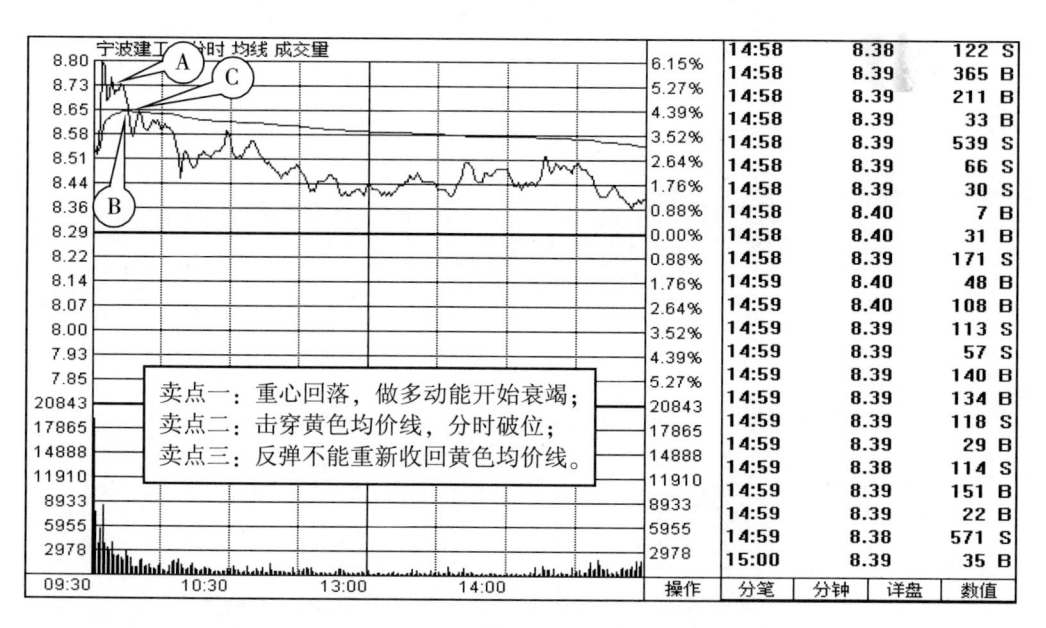

图 4－4

宁波建工（601789）操作要点：

①高开急速冲高未能封死涨停板，瞬间透支做多动能；

②位置 A 做多动能衰竭之后的次高点，即傻瓜卖点一；

③白色分时线回踩黄色均价线的时候没有丝毫的支撑，直接击穿，位置 B 即傻瓜卖点二；

④黄色均价线作为支撑，击穿后变成压力，白色分时线反抽不能重新突破黄色均价线，位置 C 为傻瓜卖点三。

第 3 节
双龙筑顶卖出策略

双龙筑顶是傻瓜卖点一的特殊形态,所以傻瓜卖点的警语同样适用双龙筑顶。分时线经过一波上涨后形成两个相同价格的高点,虽然没有出现重心回落,但也无力重新刷新高点,同样说明做多动能的逐渐衰竭,而相同的价格构成强压力。

1. 双龙筑顶特征

（1）早盘急速冲高波段的幅度要大于3%,过分透支做多动能。

（2）两个高点的价格要求相同,即同值,如果第二高点比第一个高点低,就是傻瓜卖点中的重心回落卖点。

（3）整个筑顶过程白线需在黄线之上运行。

（4）此方法尽可能结合日线的结构进行操作：日线结构阶段顶部出现双龙筑顶,必出；日线结构阶段底部出现双龙筑顶可谨慎持有,把卖出点定义在傻瓜卖点二和傻瓜卖点三。

（5）确定第二高点形成即为卖点。如图4-5所示。

```
双龙筑顶模型图

                卖点

        3%

    0

    口诀：
    早盘冲高过三点，构筑平头两兄弟；
    形成过程黄线上，二弟出现即卖点。
```

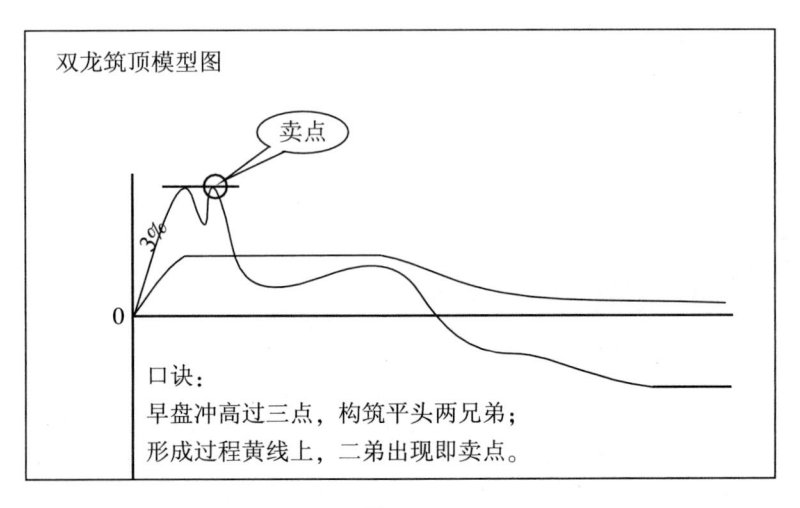

图 4－5

2. 双龙筑顶口诀解析

早盘冲高过三点：开盘急速拉升超过 3%，中间没有停顿和回踩，过分透支做多动能；

构筑平头两兄弟：冲高构筑同值双顶；

形成过程黄线上：整个双顶形成的过程在黄色均价线上；

二弟出现即卖点：第二同值高点形成就是卖点。

我们来看案例格力地产（600185），如图 4－6 所示。该股开盘还不错，大幅度高开说明开盘前多空动能博弈中，做多动能取胜。开盘后白色分时线依附黄色均价线共振同向拉升，形成自上而下的白、黄、轴三线排列，即安全气囊。第一个高点形成之后，分时线进入横盘震荡周期，横盘周期中白色分时线多次回踩黄色均价线都没有向下击穿黄色均价线，截至第二高点形成之前，一切都完美无缺。但第二个点出卖了主力的意图，同值高点 6.11 元形成双龙筑顶形态，说明做多动能无力继续冲高，虽然不是重心回落形态，但依然体现了做多动能的不足。第二个高点形成为双龙筑顶的卖点。另外双龙筑顶的当天，日线处于筑顶回落的初期，进一步加固了分时双龙筑顶的压力。

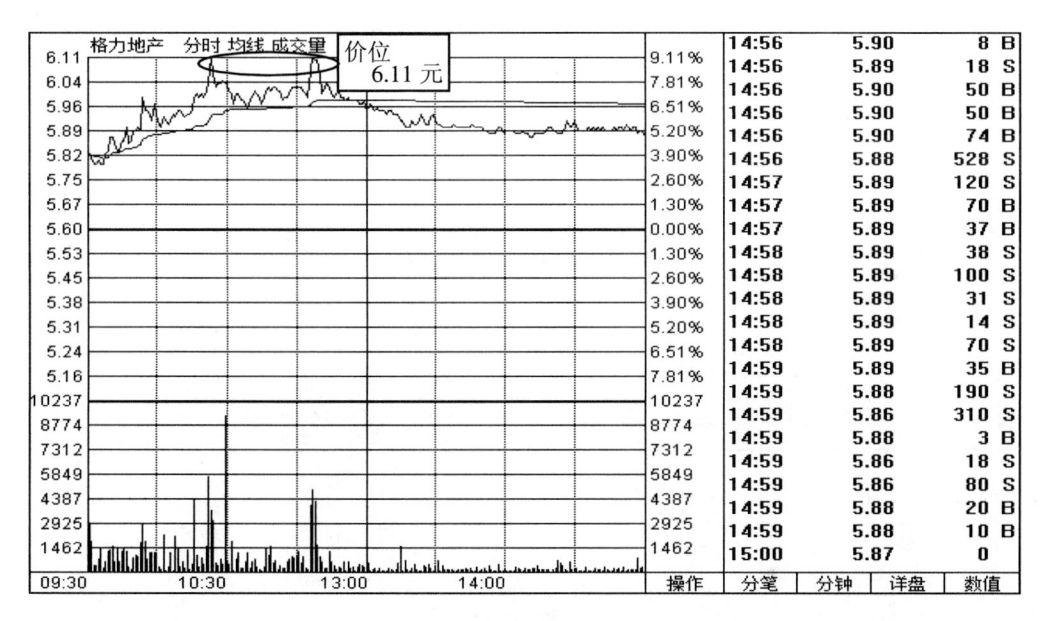

图 4—6

格力地产（600185）要点总结：

①在 6.11 元位置构筑明显的分时双顶结构；

②双龙筑顶的过程在黄色均价线上完成；

③第二个高点形成为卖出点；

④第二个高点形成后，白色分时线震荡走低击穿黄色均价线；

⑤日线位置在筑顶回落的初期。

我们再来看案例中航动控（000738），如图 4—7 所示。该股开盘弱势纠结之后，白色分时线急速向上拉升，第一个高点形成之后，白色分时线回踩黄色均价线并未向下击穿，可见做多动能依然主导反弹行情。但随后的反弹构筑了同值高点 15.69 元，同值高点出卖了主力的意图，虽然第二个高点形成之前分时维持高度强势，但同值高点说明做多动能已经开始衰竭。同值高点形成之后，白色分时线向下击穿黄色均价线。该股的日线结构同样给双龙筑顶增加压力，日线正好位于阶段性的高点，进一步增强了分时双龙筑顶的压力和可操作性。

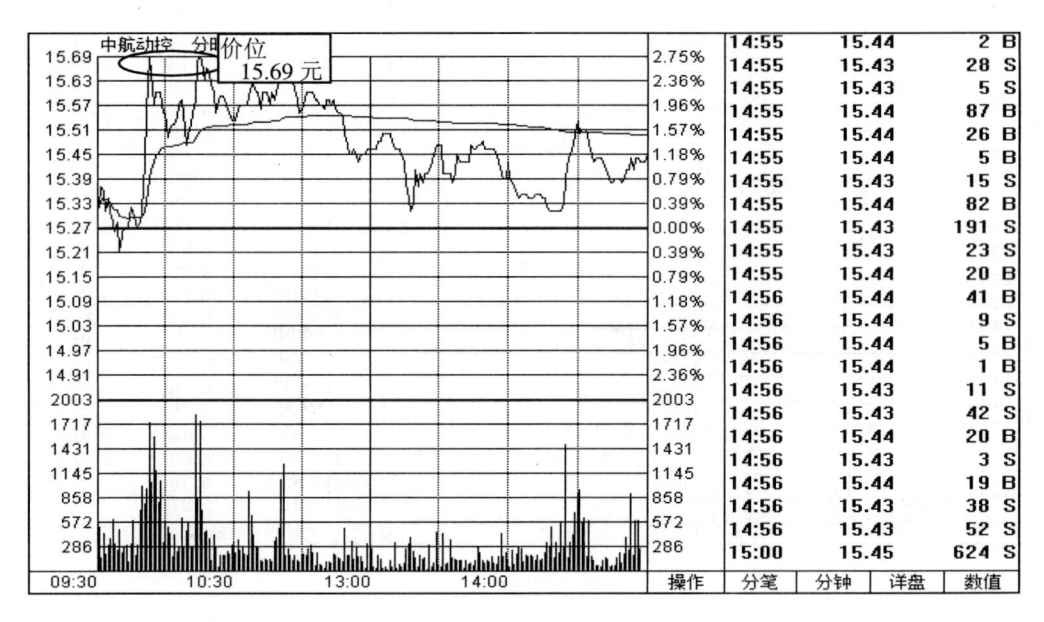

图 4—7

中航动控（000738）要点总结：

①在 15.69 元位置构筑明显的分时双顶结构；

②双龙筑顶的过程在黄色均价线上完成，双顶形成过程中，白线向下回踩黄色均价线止跌；

③第二个高点形成为卖出点；

④第二个高点形成后，白色分时线震荡走低击穿黄色均价线；

⑤日线位置在相对的高位，增强双龙筑顶的压力。

我们再来看案例威远生化（600803），如图 4—8 所示。

涨停板分析中有这样一句话："涨停板封不死卖一半。"虽然这句话不够严谨，但涨停板封不死说明做多动能的不足，这

第四章
双龙战法卖出技巧

句话的基础就是双龙筑顶在涨停板中的应用，涨停板开板后再度封死涨停，也是同值的两个高点。该股如果只看分时图似乎并无大碍，因为当天还冲击了涨停，但尾盘的涨停结构透露了重要信息：涨停板选择尾盘涨停本身就说明做多动能势力一般，即使尾盘涨停也无力牢牢封死，可见做多动能势力的确一般。涨停板的价格 15.33 元，涨停板打开后再度封死涨停构成同值双顶。选择尾盘涨停，频繁开板，加上同值双顶，这样的涨停板是假象，该股日线位于相对的高点，加重了涨停板双龙筑顶的强度。

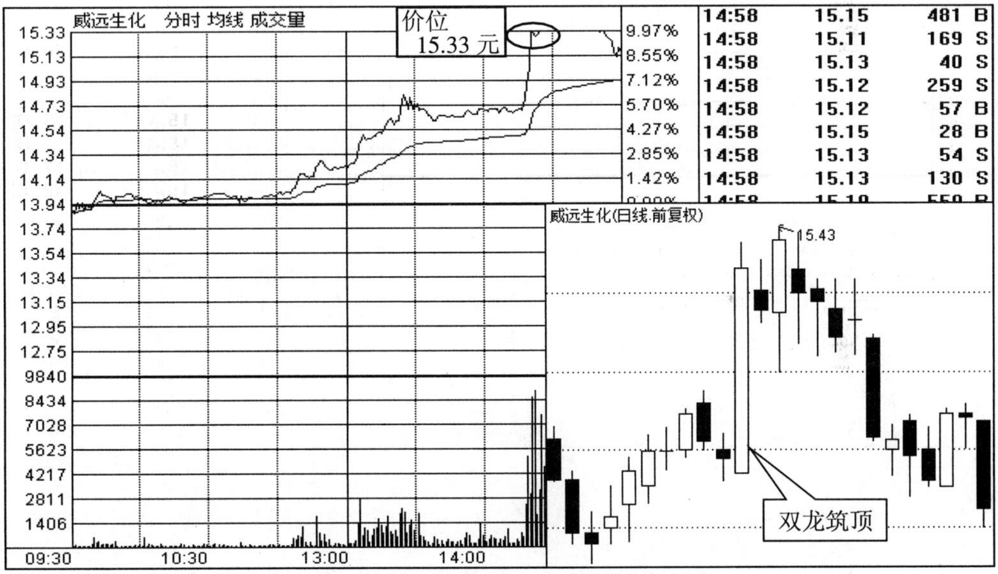

图 4-8

威远生化（600803）操作要点：

① 涨停板封不死卖一半；

② 选择尾盘涨停，说明做多动能势力一般；

③ 涨停板开板后再度封死涨停，形成双龙筑顶；

④ 日线在相对的高位，加重了双龙筑顶的压力和可操作性。

我们再来看案例深信泰丰（000034），如图4－9所示。该股平淡开盘，之后白色分时线和黄色均价线反复纠结震荡，最后1个小时才冲击涨停板，尽管是尾盘涨停，也无力牢牢封死涨停板，这就说明做多动能是不足的。从双龙筑顶的角度来理解，涨停板打开后再涨停，也就构成了同值的两个高点，所以涨停板封不死是存在问题的，如果日线同样具备压力，那么这样个股很难走强。

图4－9

我们通过日线来看一下该股的位置，如图4－10所示。位置B正是尾盘打开涨停板的当天，当时的日线形成了顶背离。我们借助MACD指标来看一下什么是顶背离。高点A到高点B，很明显价格是创新高的，与此同时，所对应MACD的DIF线并未创新高，这就是MACD顶背离的基础形态。顶背离意味着该股日线已经出现了压力，所以位置B当天的涨停板开板就是非常好的卖出点。

图 4—10

深信泰丰（000034）操作要点：

①涨停板封不死卖一半；

②选择尾盘涨停，说明做多动能势力一般；

③涨停板开板后再度封死涨停，形成双龙筑顶；

④日线顶背离，加重了双龙筑顶的压力和可操作性。

双龙战法

第 4 节
白龙归潭卖出策略

白龙就是白色分时线,潭就是分时线的弱势区域。白龙归潭就是分时白色曲线向下击穿盘口重要支撑,从而进入分时弱势结构的过程,通常情况下呈现单日大跌。横盘形态是一把双刃剑:一是横盘代表了强势,说明做多动能高度控盘,主导反弹行情;二是横盘也说明做多动能的不足,需要横盘蓄势,伺机而动。股市流传这样一句话:"横久必跌。"这句话是有一定道理的,横盘说明做多动能的不足,需要新的做多动能承接,但如果横盘时间太久,做多动能无法及时承接,那么反弹就会戛然而止,如逆水行舟——不进则退,必然会向下走。白龙归潭形态就是横盘平台破位导致的单日大跌,甚至引发日线更大周期的筑顶回落。如图4-11所示。位置A是分时白色曲线多个低点的连线,该水平线构成强有力的支撑,长时间的横盘平台不能向上选择方向,做空动能就有了足够的时间进行沉淀和反击,当白色曲线向下击穿分时横盘平台,短线资金必然仓皇出逃,伴随加速主跌。击穿横盘平台多个低点连线位置就是白龙归潭第一个卖点(位置B),这里不可犹豫,因为横盘平台说明做多动能依然主导反弹行情,轻易是不会向下击穿平台低点连线的,而一旦击穿就会导致短线资金仓皇出逃,不及时出局面临短线被套的风险。

另外，击穿平台多个低点连线后会有两种常见的路线：第一是击穿后直接下行，这种情况来不得半点儿侥幸，不及时出局必然短线直接被套；第二是击穿后出现一个反抽的动作，反抽原横盘平台低点连线，但不能有效突破，反抽原平台的位置就是白龙归潭第二个卖点（位置C），也是风险来临前给了我们一次纠错的机会，如果还不把握，后面就不会再给机会了。

白龙归潭模型图

口诀：
双龙纠缠嬉戏，整理平台较长；
震荡幅度较小，白龙归潭卖出。

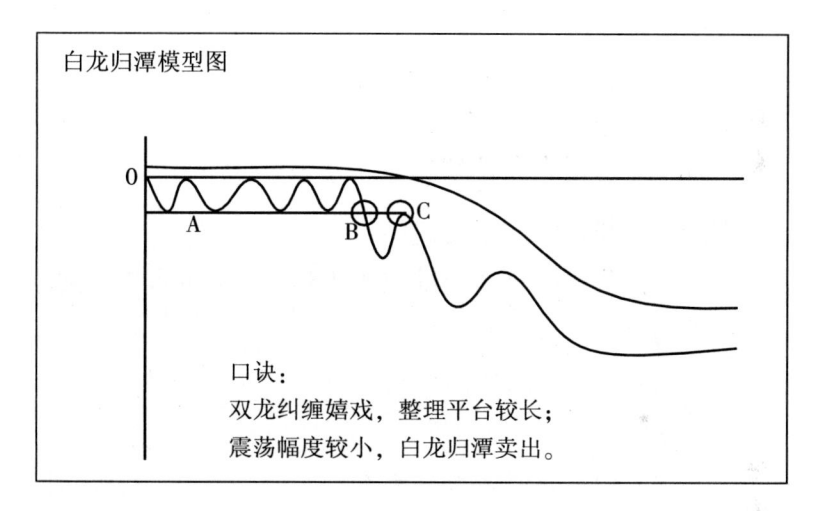

图 4—11

1. 白龙归潭口诀解析

双龙纠缠嬉戏：这是白色分时线和黄色均价线水平横盘的过程，时刻选择方向；

整理平台较长：横盘的时间量化到半个小时以上，这样才能体现做多动能的控盘程度；

震荡幅度较小：以小于3%的震荡幅度来加固横盘的有效性，而且多个低点在一条水平线上；

白龙归潭卖出：多个低点连线构成关键的支撑，轻易是不会击穿该水平线的，击穿意味着风险，应果断离场。

2. 白龙归潭特征

（1）半小时以上的横盘过程，用时间加固横盘的有效性，说明做多动能主动性控盘。

（2）震荡幅度维持三个点内，用空间加固横盘的有效性，说明做多动能高度控盘。

（3）分时低点基本处于一条水平线上，这是做多动能坚守的水平线，价格底线。

（4）黄线在此区间维持水平运行，黄色均价线水平运行也是为了加固横盘的有效性。

（5）白色分时线向下击穿平台多个低点连线为白龙归潭第一卖点。

（6）白色分时线反抽平台低点连线位置，遇阻回落的卖出点准确率更高。

（7）平台的位置在0轴线以下（包括0轴线）。

我们来看案例路翔股份（002192），如图4－12所示。该股低开后分时线维持了窄幅横盘震荡，横盘平台自上而下呈现轴、黄、白三线排列，这和安全气囊的白、黄、轴三线排列完全相反，是明显的弱势排列结构；而且整个横盘平台在0轴线下，可见开盘后持续维持弱势；横盘平台的时间近2个小时，做多动能在压力面前坚守最后的底线，平台多个低点在一条水平线上，轻易是不会向下击穿该线的，而一旦向下击穿多个低点的连线，意味着做多动能底线的击穿，短线获利盘抛压势必加剧，随后分时线持续走低，弱势到收盘。

第四章
双龙战法卖出技巧

白色分时线向下击穿多个低点连线位置就是白龙归潭卖点，之后没有再给机会，一路连跌至收盘。该股日线的位置也不太给力，正好位于筑顶回落的初期，进一步加重了白龙归潭的压力，也加固了白龙归潭卖出点的可操作性。

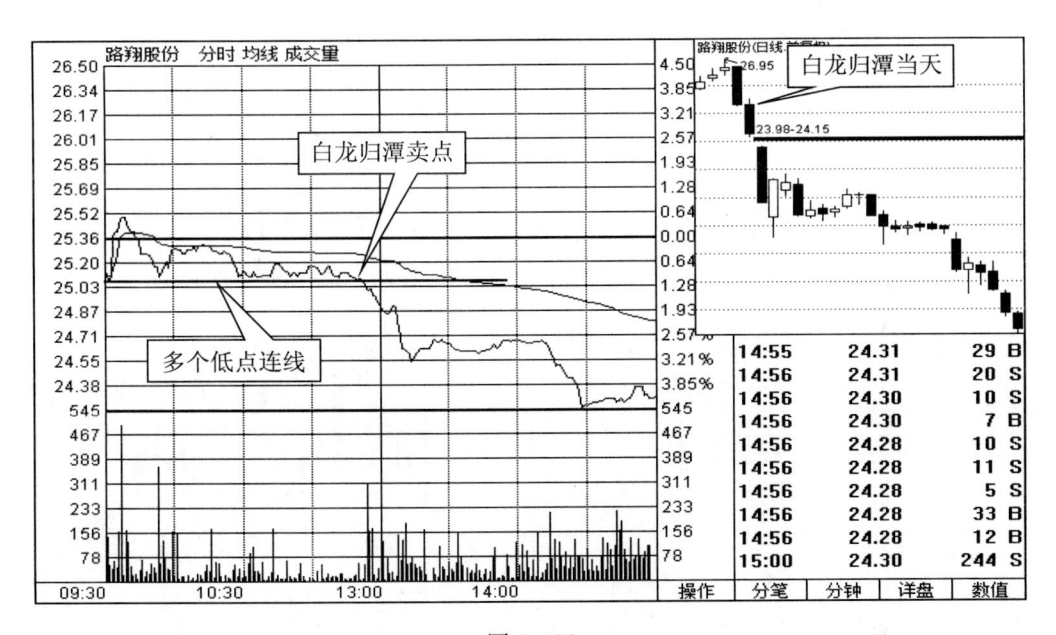

图 4－12

路翔股份（002192）操作要点：

①近 2 个小时的横盘过程，用时间加固横盘的有效性，体现做多动能主动性控盘；

②震荡幅度远小于 3%，用空间加固横盘的有效性，体现做多动能高度控盘；

③分时 5 个低点处于一条水平线上，这是做多动能坚守的水平线，也是价格底线；

④白色分时线向下击穿平台多个低点连线为白龙归潭卖点。

我们再来看案例信维通信（300136），如图 4－13 所示。该股低开后直接形成自上而下的轴、黄、白三线排列，和安全气囊的白、黄、轴三线排列完全相反，可见开盘弱势明显。

低开低走后形成分时线的横盘平台，横盘时间近1.5个小时，震荡幅度远远小于3%，时间和空间均说明横盘平台的有效性。横盘平台多个低点都在一条水平线上，该线就是横盘平台的底线，具备较强的支撑，一旦击穿该线，风险必将急速释放。白色分时线多次回踩多个低点的连线支撑，最终向下击穿，短线资金会随着心理底线的击穿而选择兑现，所以击穿多个低点连线为该股的第一个卖点。击穿多个低点连线之后，支撑变压力，反抽不过该线的位置为第二卖点。该股日线的位置也不太给力，正好位于相对的高位，进一步加重了白龙归潭的压力，也加固了白龙归潭卖出点的可操作性。

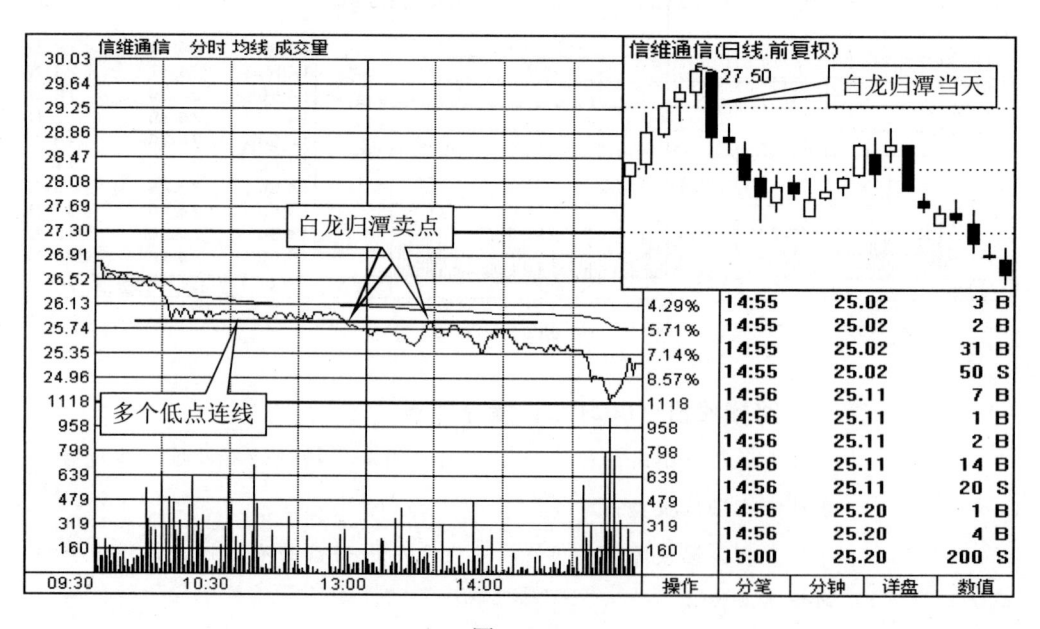

图4-13

信维通信（300136）操作要点：

①近1.5个小时的横盘过程，用时间加固横盘的有效性，体现做多动能主动性控盘；

②震荡幅度远小于3%，用空间限制横盘的有效性，体现做多动能高度控盘；

第四章
双龙战法卖出技巧

③分时多个低点处于一条水平线上，这是做多动能坚守的水平线，也是价格底线；

④白色分时线向下击穿平台多个低点连线为白龙归潭第一卖点；

⑤击穿多个低点连线之后，支撑变压力，白色分时线反抽多个低点连线不能重新突破，遇阻回落构筑白龙归潭的第二卖点。

白龙归潭技术同样适用大盘指数，如图4—14所示。图中上证指数平开后展开弱势横盘震荡，白色曲线持续运行弱势横盘，指数好像吃了螃蟹一样——横着走了。"横"本身代表了强势，说明做多动能依然在高度控盘，等待方向选择，但如果市场不给机会，则不排除放弃拉升的机会，所以"横久必跌"是存在一定道理的。横盘平台一共有4个低点在一条连线上，组成分时重要的支撑线，也是做多动能最后的底线，一旦向下击穿该线，意味着短线风险的加速释放，击穿该线为卖出点。

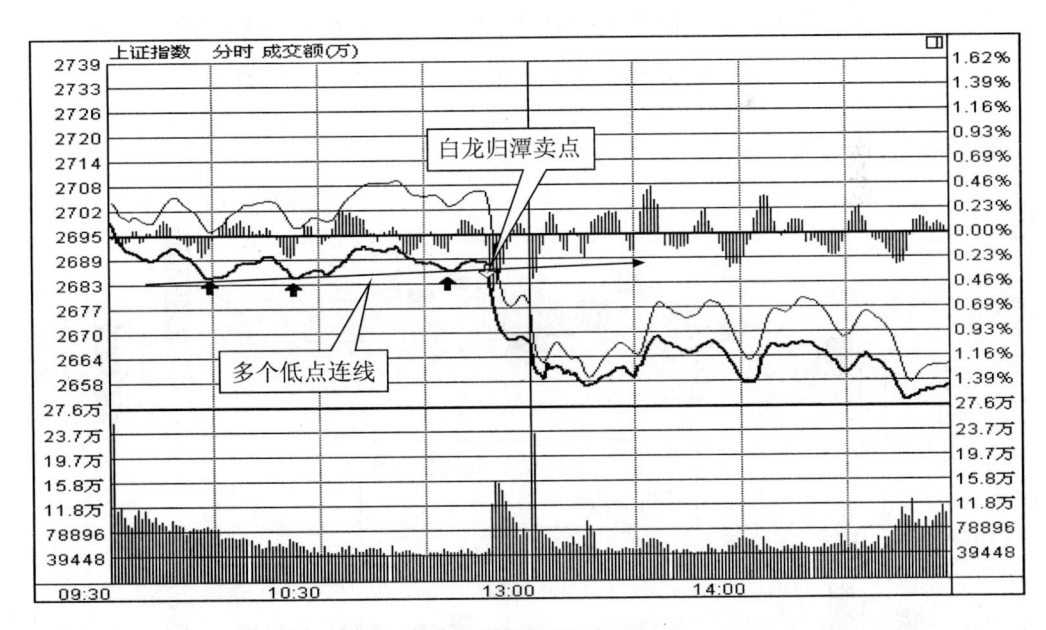

图4—14

上证指数分时操作要点：

①分时线在 0 轴线下构成漫长的横盘周期，窄幅震荡，伺机而动，等待方向；

②横盘周期，白色曲线 4 次回踩多个低点的连线；

③白色曲线向下击穿多个低点连线为卖出点。

白龙归潭在分时线中是击穿平台的急速走低，日线结构通常伴随单日大跌，白龙归潭的位置如果是日线相对高位出现，风险将不仅仅是盘中，甚至有可能引发日线、周线等大周期的调整，我把这样的形态称其为"龙头铡"！龙头铡就是单日下跌直接吞噬多日上涨空间的形态，这样的形态作用很明显，就是采取速度极快的方式实现筹码的套牢，龙头铡形态通常和向下的缺口组合使用，即"龙头铡＋缺口"组合形态构成强压。这样的单日巨阴实现了筹码的快速套牢，如果你是龙头铡的始作俑者，那你会短期把套牢的筹码再解套吗？答案是否定的，短期构筑高点的概率非常大。龙头铡当天的分时形态不一定必须是白龙归潭，但白龙归潭形态一定会构成高位龙头铡。如图 4—15 所示。

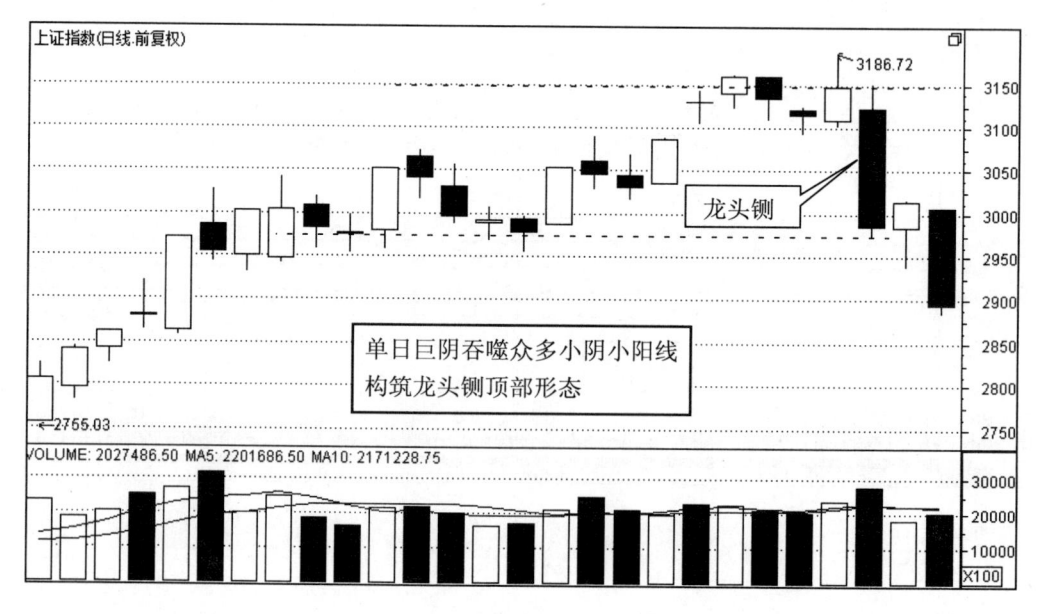

图 4—15

龙头铡要点总结：

①单日巨阴出现在阶段性的顶部；

②单日巨阴吞噬众多小阴小阳线，实现急速套牢筹码。

我们来看案例上证指数，如图4－16所示。图中3067点大顶的形成就是龙头铡所为，3067点之前日线的拉升速度开始放缓，形成碎步儿小阴小阳，日日新高日日持股的反弹结构非常完美。但3067点形成的次日，出现龙头铡形态（图中位置A），单日巨大的阴线直接吞噬了8个交易日的上涨空间，可见做空动能非常强劲，采取速度极快的方式实现高位筹码的套牢。这样的形态意味着风险，一点儿商量的余地都没有，必须卖出。假如你是龙头铡的始作俑者，费了这么大的劲，好不容易把高位买单的资金急速套牢，你还会在短时间内把辛辛苦苦套牢的筹码解套吗？肯定不会的。所以作为散户不要心存侥幸心理，一个字：跑！另外，在3067筑顶回落后的第一次止跌位置搭建了一个平台（图中位置B），此平台位置又出现一个龙头铡形态，即以龙头铡的方式急速向下套牢平台的抄底资金，此平台的抄底资金无一落网。道理和3067点筑顶回落的龙头铡一样，短时间内不会解套，作为散户哪怕是短线微亏也要及时进行风险控制，否则后果不堪设想。

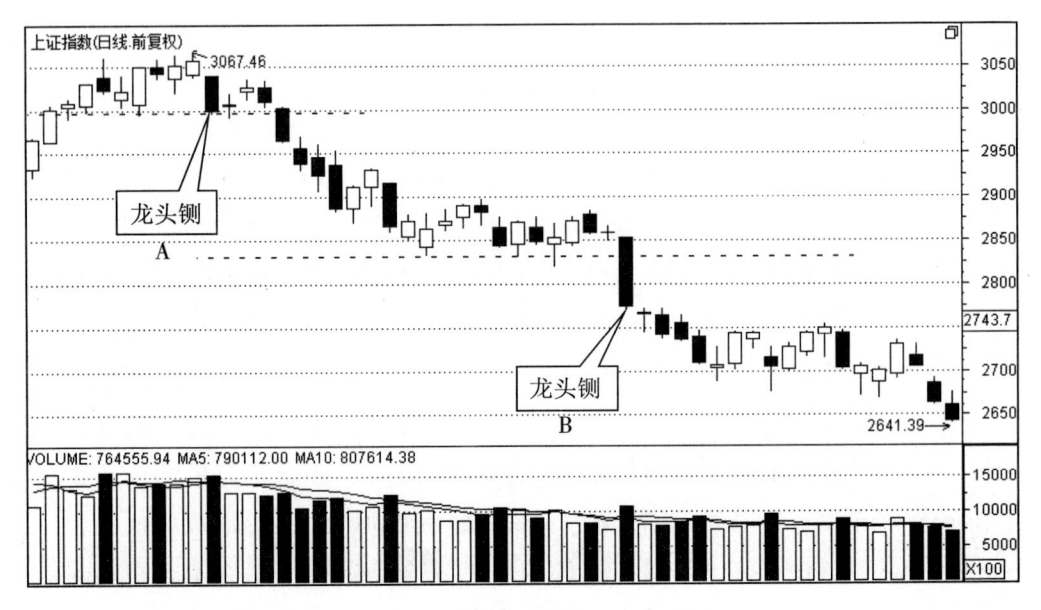

图 4-16

上证指数案例 1 龙头铡要点总结：

①位置 A，单日巨阴出现在阶段性的顶部，龙头铡塑造了 3067 点历史大顶；

②位置 B，单日巨阴出现在平台的位置，龙头铡直接实现平台抄底资金的套牢。

我们再以上证指数为案例，如图 4-17 所示。图中构筑双顶结构，单日巨阴直接吞噬了 13 个交易日的震荡爬升空间，即采取速度极快的方式实现高位筹码的套牢，之后运行漫长深度的调整周期。作为散户必须及时进行风险控制，不管是利润大幅度缩水，还是高成本直接被套，都应该及时离场，否则利润会继续缩水，成本会血本无归。

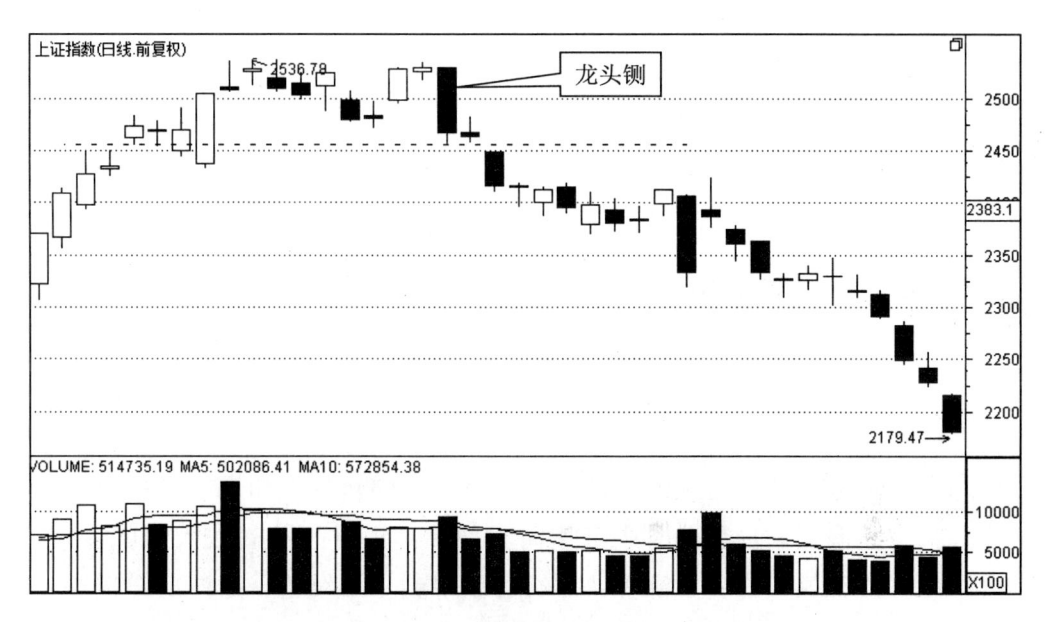

图 4—17

上证指数案例 2 龙头铡要点总结：

①日线本身构筑了一个小的双顶结构，本身是有压力的；

②双顶结构毕竟是传统压力，很容易骗线，但随后的龙头铡加固了顶部结构，实现高位筹码的急速套牢，不进行风险控制，后果不堪设想。

双龙战法

第 5 节
白龙冲天极值卖出

市场涨跌源自做多和做空动能的转换，如果一只股票开盘后，白色分时线急速向上冲高，短时间冲高较大的幅度，而又没有完成涨停，那么可以得到一个结论：这波反弹透支了大量的做多动能。如果做多动能透支之后，而又没有完成涨停，那么该股继续反弹就需要更大的做多动能来支持，否则冲高后的高点就是当天的最高点。如果日线在高位，那么很有可能是波段的最高点。我们通过案例来详细讲解：

物产中拓（000906），如图 4－18 所示。该股早盘平开，我一直强调高开、平开、低开无所谓，只代表多空动能开盘前的平衡点而已，除非大幅度高开低开才会有特殊意义。该股平开后白色分时线立刻急速拉升，用 4 分钟上涨 7.64%，在非常短的时间内释放了大量的反弹空间，如果此刻涨停，那很好，说明该股做多动能很强，但我们看到 4 分钟的急速冲高，最终没有涨停，那么就会透支大量的做多动能。如果后面想继续涨停，就需要更多的做多动能来承接，否则这 4 分钟的急速拉升高点，就是当天的最高点。事实上和我们分析的结果是一样的。

白龙冲天的要素：

（1）时间短 3～5 分钟。

(2) 急速拉升超过 3%，有时候超过 2% 也会出现最高点。

(3) 急速拉升的过程中不能有停顿。

(4) 急速拉升后的第一次停顿，就是卖出点。

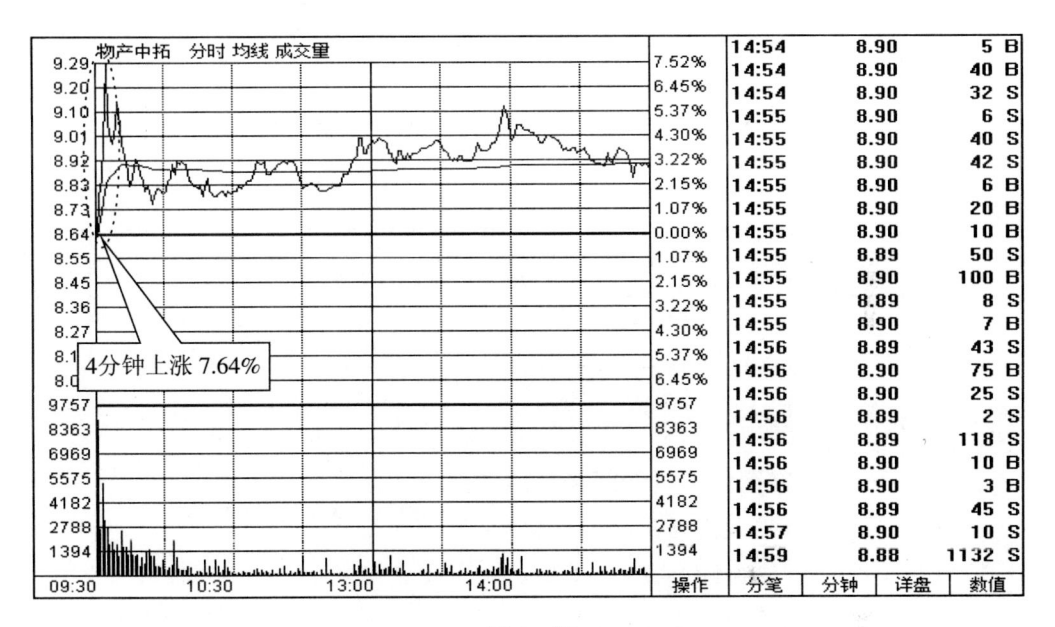

图 4-18

我们通过该股的日线图来分析白龙冲天的位置，如图 4-19 所示。图中位置 A 就是白龙冲天的位置，位置 A 股价持续新高的同时，指标 MACD 的 DIF 没有新高，即日线形成顶背离，即日线顶背离＋分时线白龙冲天＝筑顶回落。当然日线顶背离可以换成其他的形态，只要是日线顶部结构即可。

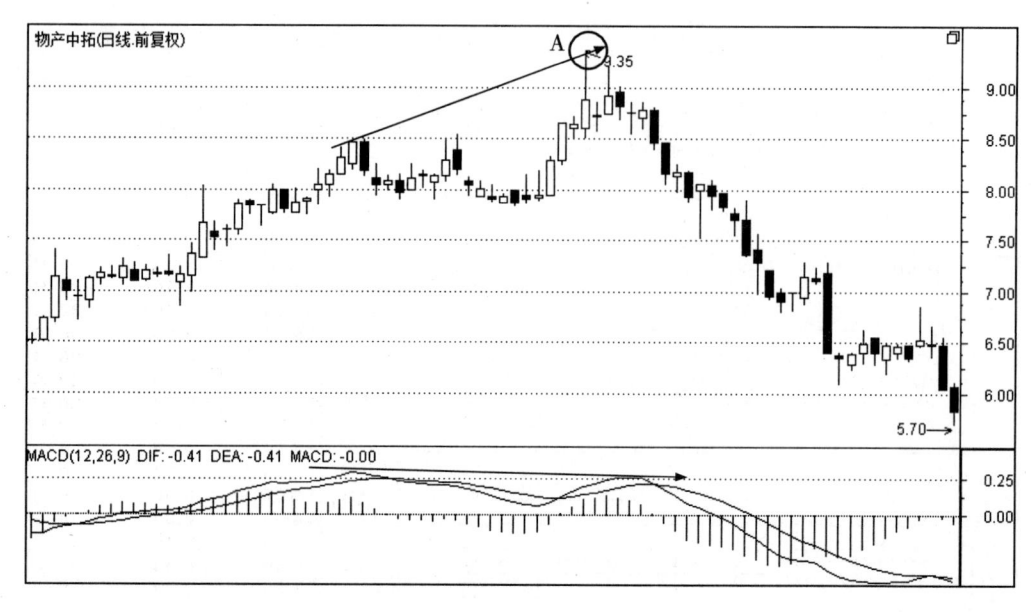

图 4—19

物产中拓（000906）操作要点：

①日线出现 MACD 顶背离；

②分时线 4 分钟上涨 7.64%，透支了大量的反弹空间和反弹动能；

③急速拉升之间无停顿；

④日线顶背离＋分时线白龙冲天＝筑顶回落。

我们再来看案例西南合成（000788），如图 4—20 所示。该股选择了高开，即开盘前做多动能取胜，高开后白色分时线急速拉升，3 分钟时间拉升 4%，时间之短、速度之快，造成做多动能的透支和反弹空间的消耗，如果直接涨停了，那么当然好，而且还可以确定该股的资金实力非常强大。但在做多动能透支之后，反弹空间消化之后，还无力冲击涨停，那么回落之后再想涨停就难了，特别注意这 3 分钟的急速拉升中间是没有停顿的。也就是说，这波拉升是很坚决、很果断的上涨，不能涨停风险大于机会，所以在急速冲高后的第一次停顿卖出股票。

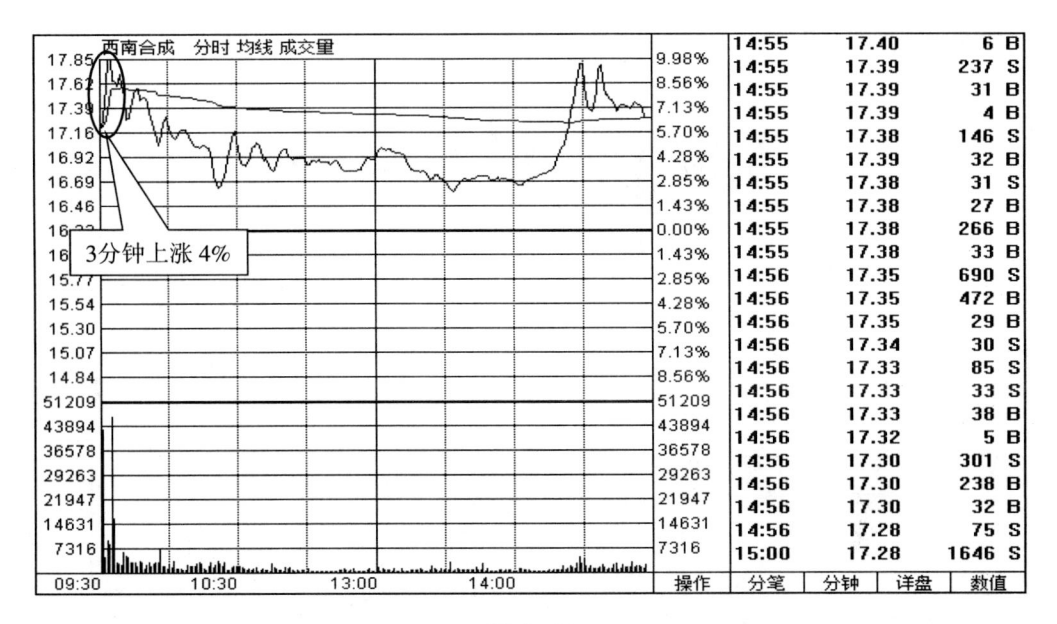

图 4-20

我们再通过该股的日线图来看白龙冲天的位置，如图4-21所示。图中位置C就是白龙冲天的当天，从日线图的位置上我们不难发现该股的股性，高点A和高点B，包括高点C形成了很有节奏的上涨，在速度、时间、空间上基本都是对称的，所以位置C很有可能延续位置A和位置B的调整结构，虽然还不能判定位置C就是大顶，但延续位置A和位置B的滞涨回落，可能性非常大，所以位置C具备极强的压力和调整的需求，在这种情况下，分时线的白龙冲天就是很好的卖出点。

我们把1分钟和5分钟作为交易周期，30分钟和60分钟作为持股周期，日线和周线乃至月线为方向把握周期。其中1分钟和5分钟作为交易周期最大的优点是：灵活、准确；最大的盲点是：稳定性差。所以本章的重点在于盘口1分钟的卖出点需要一个大前提：即你已经考虑在近期卖出该股的情况下，选择盘口精确卖点，既可以提高交易的成功率，还可以提高交易的执行力。

图 4-21

西南合成（000788）操作要点：

①日线具备短线滞涨回落的需求；

②分时线3分钟上涨4%，透支了大量的反弹空间和反弹动能；

③急速拉升之间无停顿；

④急速拉升后的第一次停顿卖出。

第五章
大级别高低点

盘口大级别高低点形态分为驼峰、背离、动能衰竭性，通过大盘盘口分时线的顶底研判，可以精确实现盘中4小时的逃顶和抄底，是日内交易、T+0交易、股指期货交易必备技术；另外，盘口大级别高低点的级别判定，甚至可以精确捕捉到波段的顶和底，这对交易而言意义重大！

第 1 节
大级别高低点形态

股市永远呈现多周期涨跌循环运行，无非是周期不同，即涨跌波段的幅度、速度、时间周期不同罢了，但涨跌循环的规律是永远不会改变的。1分钟K线以1分钟为单位进行波动，灵敏性强却稳定性差，即波段非常微小；日线图是以日为单位进行波动的，灵敏性减弱稳定性却增强，即波段扩大；月线是以月为单位的，灵敏性差且稳定性强，即波段继续扩大。所以我们投资的任务就简化为寻找多周期的波段拐点，只要有一个技术可以实现波段拐点的精确把握，那么投资会变得异常简单。1分钟K线拐点有可能引发5分钟K线拐点，5分钟K线拐点有可能引发30分钟周期拐点，30分钟周期拐点有可能引发日线周期拐点，日线周期拐点可能引发周线乃至月线周期的拐点。正所谓"不以恶小而为之，不以善小而不为"，不要因为1分钟K线高点而无视风险，因为小风险会恶化成为大风险；不要因为1分钟低点而无视机会，因为小机会同样可以转化为大利润！

我把市场的动能简单分为做多动能和做空动能两类，市场涨跌循环无非就是做多动能和做空动能之间的转化过程，做多动能逐渐增强的同时，做空动能势必逐渐衰竭；反之，做空动能持续增强的同时，做多动能势必逐渐衰竭，即此消彼长、循环运行。市场呈现涨跌波段运行的本质其实就是多空动能彼此循环转化的过程，盛极则衰、物极必反、月满则亏……凡事过了极限点，就会向相反的方向发展。做多动能逐渐增强至极致的时候，无法继续增强，而做空动能衰竭为零，开始逐渐增强，这个时候一定会形成大级别高点；反之，做空动能逐渐增强至极致的时候，无法继续增强，做多动能衰竭为零，开始逐渐增强，这个时候一定会形成大级别低点。微观周期以1分钟为代表，寻找盘口的大级别高（低）点。下面我们先介绍盘口的三个要素：

1. 红绿角线

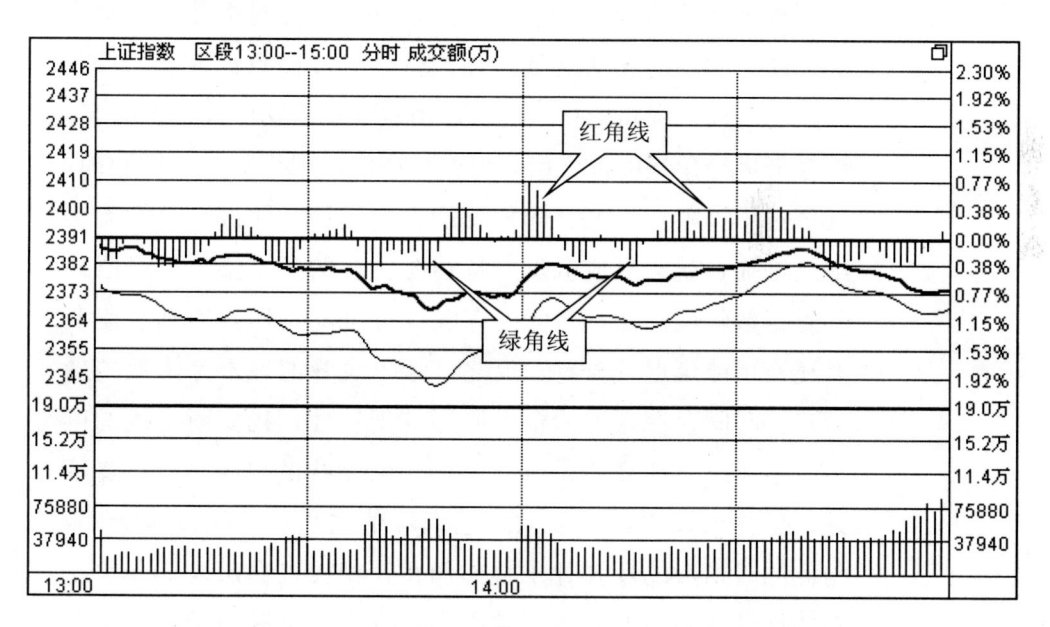

图 5—1

大盘分时图中的 0 轴线附近有向上的红色柱子和向下的绿色柱子，红色柱子叫红角线，绿色柱子叫绿角线，红角线和绿角线分别代表着市场的做多动能和做空动能（在我们黑白印刷的书中就只能看到向上和向下的柱子）。当大盘指数震荡爬升的时候，红角线会随着指数的反弹而增长，说明市场做多动能逐渐增强；当大盘指数震荡走低的时候，绿角线会随着指数的下跌而增长，说明市场做空动能逐渐增强。如图5－1所示。

2. 峰值

当大盘指数反弹的时候，红角线持续增长，当做多动能达到鼎盛的时候，就会形成红角线的最大值，也就是峰值。根据物极必反原理：凡事过了极限点，就会向相反的方向发展，即做多动能无法继续增强，就会形成高点；反之，指数下跌的时候，绿角线持续增长，当做空动能达到鼎盛的时候，就会形成绿角线的最大值，也就是峰值。根据物极必反原理：凡事过了极限点，就会向相反的方向发展，即做空动能无法继续增强，就会形成低点。特别要注意的是，红角线峰值并不是指数的最高点，时间上存在3分钟的延迟，遇到急速上升还有可能延迟5分钟；反之，绿角线峰值也不是指数的最低点。时间存在延迟的根本原因在于惯性，犹如断了线的风筝，乘风略微冲高还是有可能的，但无线的风筝——终要落地。反弹行情中，做多动能达到峰值之后，开始逐步衰竭，与此同时指数的反弹并未戛然而止，相反也会出现3分钟左右的惯性冲高，然后再构筑高点；反之，下跌行情中，做空动能达到峰值之后，开始逐步衰竭，与此同时指数的下跌并未戛然而止，相反会出现3分钟左右的惯性下跌，然后再构筑低点。就像马路上高速行驶的汽车，并不会因为你的急刹车而立刻停止，多半会有一个惯性滑行的过程，之后才会停下来。如图 5-2 所示。

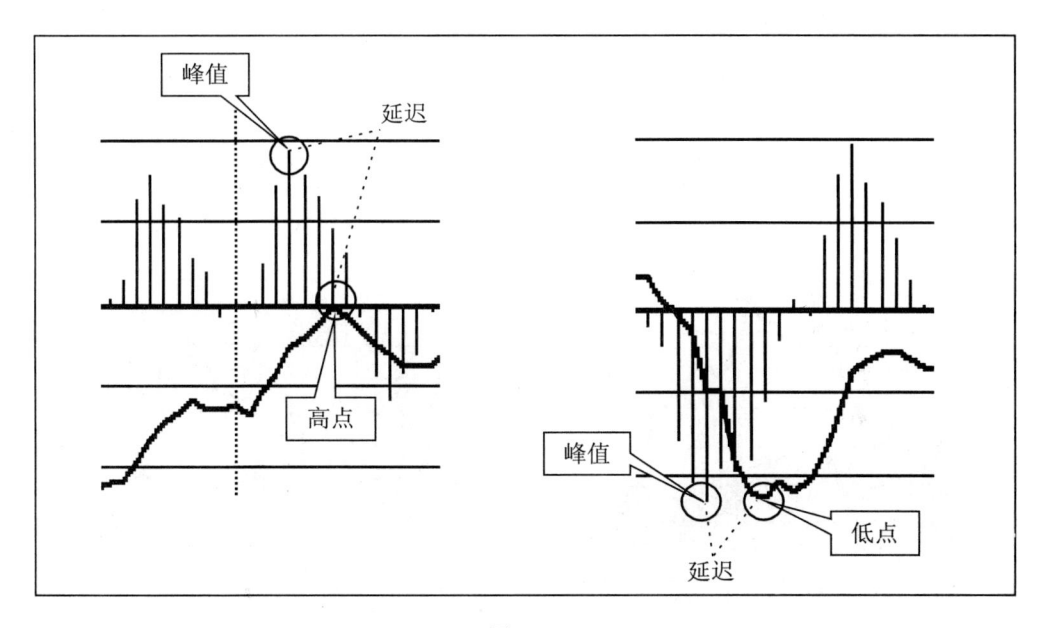

图 5-2

3. 背离

我把背离分为两类：一类是动能背离；另一类是结构性背离。我们先来看结构性背离，当红角线呈现重心下移的时候，即红角线开始缩短的时候，与之对应的指数却创出了新高，这个高点就是背离高点。做多动能衰退之后，按道理来说，指数失去动能支撑理应下跌，但不跌反涨，构成指数和动能之间的背离，随后形成的高点就是背离高点；当绿角线呈现重心上移的时候，即绿角线开始缩短的时候，与之对应的指数却创出了新低，这个低点就是背离低点。需做空动能衰退之后，按道理来说，下行动能不足理应止跌反弹，但不涨反跌构成指数和下行动能之间的背离，随后形成的低点就是背离低点。需特别注意：背离高点对应的红角线中间一定要有绿角线出现；背离低点对应的绿角线中间也一定要有红角线出现。如图5－3所示。

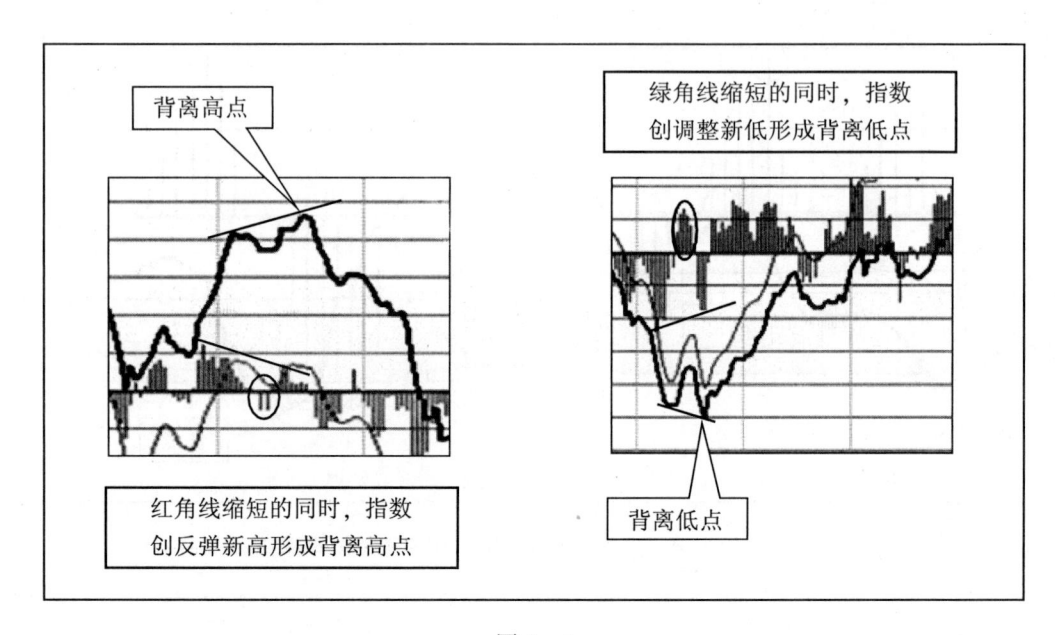

图5－3

以上证指数为例来说明这些因素的具体表现，如图5－4所示。图中白色曲线和黄色曲线黏合共振运行，说明市场并无动能分歧，位置1红角线释放当时的最大水平，即峰值。位置2红角线明显出现了缩短，红角线无法继续承接释放，说明市场的反弹动能开始逐渐衰竭，无动能基础支撑的价格应该下跌。但我们看到位置2所对应的指数比位置1所对应的指数还要高，即红角线缩短的同时，指数却创反弹新高，形成指数和动能之间的背离，此高点就是大级别背离高点。

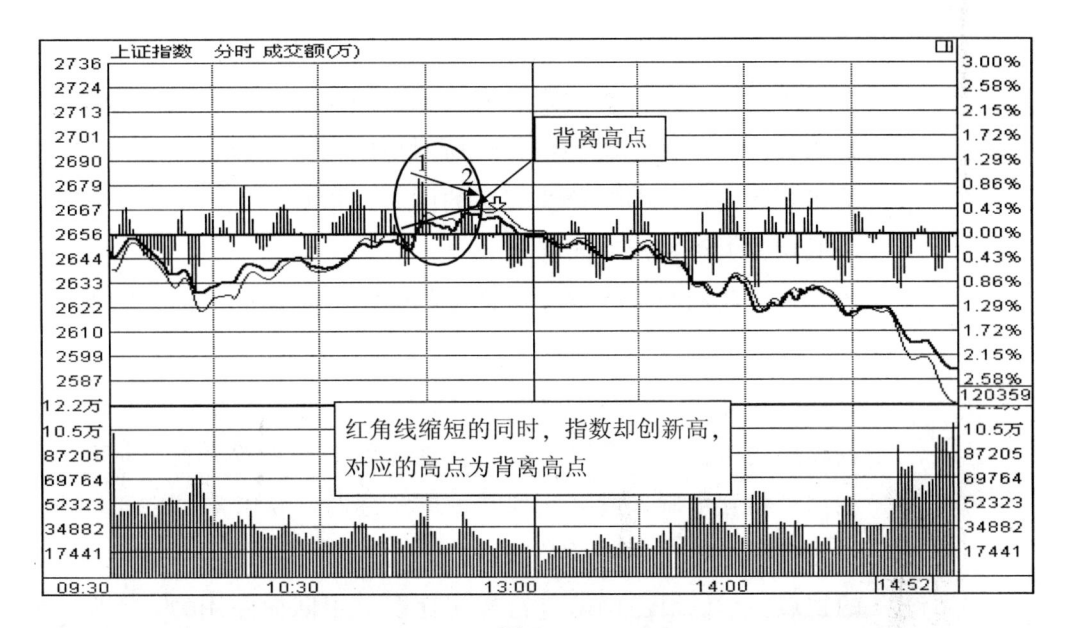

图 5－4

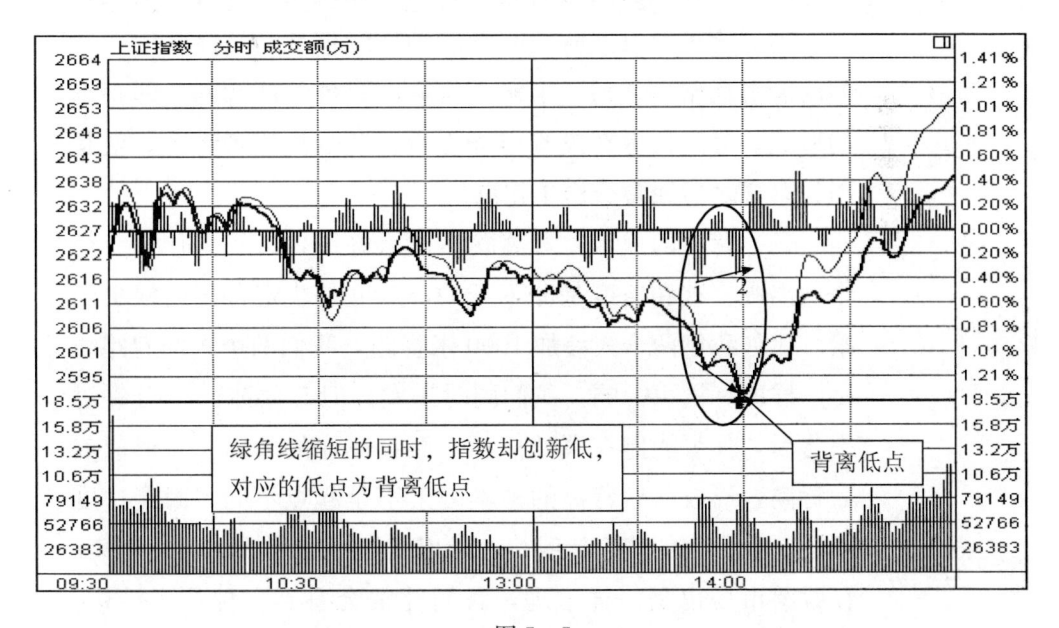

图 5－5

同样，如图 5－5 所示。图中白色曲线和黄色曲线黏合共振运行，位置 1 绿角线释放当时最大量能水平，即峰值。位

· 177 ·

置2绿角线出现明显的衰竭，绿角线无法继续承接释放说明市场的做空动能开始逐渐衰竭，无下行动能拖累，指数应该止跌反弹。但我们看到位置2所对应的指数比位置1所对应的指数还要低，即绿角线缩短的同时，指数却创新低，对应的低点为大级别背离低点。

在此我们简单介绍一下背离的特性、背离的成因及背离的结构。

（1）背离的特性：背离有一个特性，即最终会趋于同步！背离说明市场动能存在分歧，存在分歧的动能双方就会相互制约、相互牵制，最终达到共振同步运行。从背离到趋于同步的过程是要经过一个共振点的，这个共振点就是一波行情的拐点。就像甲乙两队进行拔河比赛，甲队向左用力，乙队向右用力，即甲乙两队力量的方向是相反的，这就是动能背离。动能背离导致两队之间动能的持续消耗，最终其中一队的动能消耗殆尽之后，平衡点就会向另外一队倾斜，即拐点的形成。背离技术在投资市场之所以备受投资者青睐，就是因为背离之后通常会产生拐点。

（2）背离的成因：背离既然这么好用，市场为什么会产生背离呢？这和速度是分不开的，速度是决定背离的根本因素。比如我们两个人参加1000米赛跑，我们两个人的起跑线是一样的，枪声一响，我们同时出发，但5分钟、10分钟过去之后，你可能跑在我的前面，而我在你的后面，即形成前后背离，形成前后背离的根本因素不是起点不同，而是速度不同，因为你的速度比我快，所以5分钟后形成了前后背离。在股票市场也是一样道理，我们经常会看到一种背离结构：大盘分时图白色曲线和黄色曲线的背离，即动能背离。

（3）动能背离：大盘分时图中的白色曲线是市场权重股的直接表现形式，而黄色曲线代表市场中小盘个股的动能，也可以理解为市场游弋性资金的直接表现形式。当权重股积极护盘势必构成分时图中白色曲线加速井喷式走高，比如石化双雄联袂银行、地产等权重股急速上涨，大盘分时的白色曲线一定会井喷式拉升，与此同时，代表中小盘个股的黄色曲线并不一定会加速跟随性上涨。因为速度的不同，造成白色曲线向上而黄色曲线在下，甚至黄色曲线向下的背离，这样的背离就是因为速度不同造成的两种动能的背离和分歧。根据背离的特性，背离之后同样也会形成大级别拐点！黄色曲线代表了市场中小盘个股的力道，白色曲线向上而黄色曲线向下的背离说明权重股独自舞蹈，市场散户游弋性资金做多的意愿并不强，动能之间的背离，势必会抵消权重的拉升强度，白色曲线犹如无线的风筝，乘风或许还能再冲高一点，但无线的风筝——终要落地。即随着黄白曲线的敞口越来越大，最终会构筑大级别背离高点！如图5－6所示。

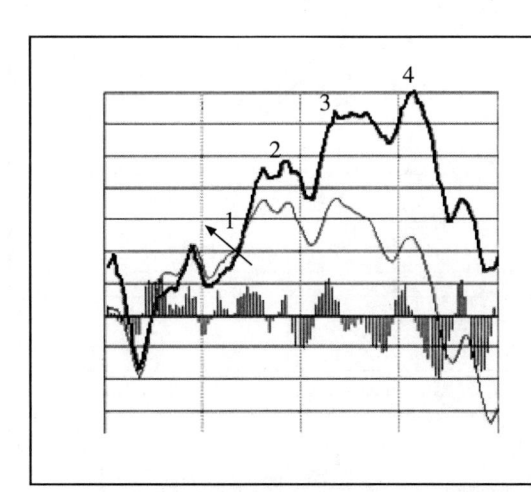

位置1：白线上穿黄线；
位置2：展开动能背离；
位置3：动能背离加剧；
位置4：白线向上黄线向下。

图5－6

黄、白曲线与动能背离关系总结：
①白色曲线上穿黄色曲线，动能背离的开始；
②白色曲线持续向上拉开黄色曲线距离，动能背离展开；

双龙战法

③白色曲线急速冲高的同时，黄色曲线无力继续跟随，动能背离加剧；

④动能背离导致白色曲线犹如无线的风筝——终要落地！构筑分时线大级别背离高点。

以上证指数为例，如图5-7所示。图中从开盘到位置1，白色曲线黏合黄色曲线进行震荡爬升，持续了1.5个小时。从位置1白色曲线开始向上拉开黄色曲线距离，即产生动能背离。银行、地产石化双雄等权重集体发力急速推高指数的同时，中小盘个股活跃度并未激活，即权重和中小盘个股动能之间相互制约、相互消耗。反映在盘中分时线上，白色曲线急速向上拉开黄线距离，速度导致白色曲线和黄色曲线之间敞口持续扩大，动能背离加剧，随后构筑大级别背离高点，成为当天的最高点。

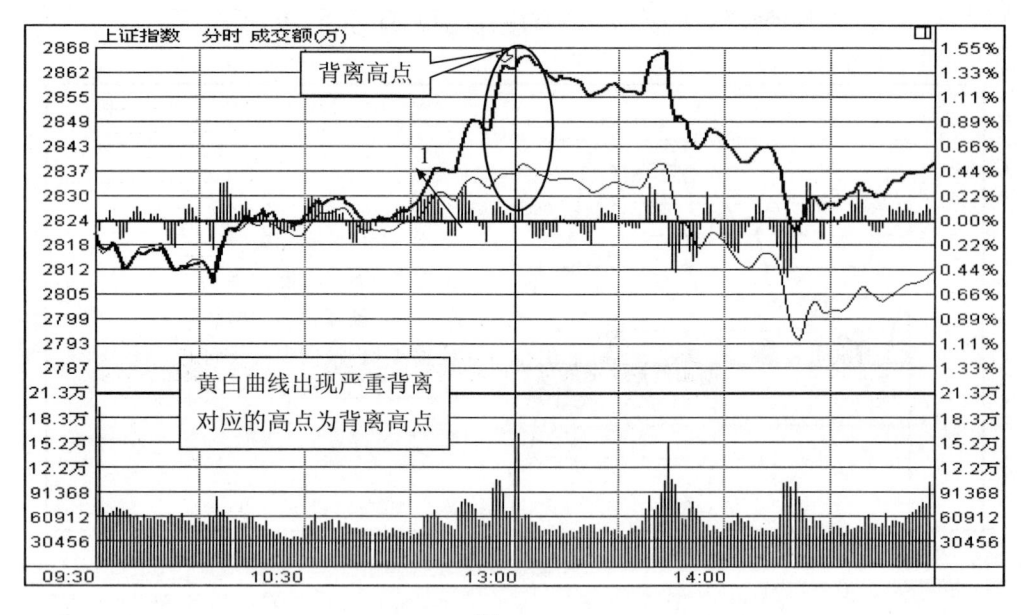

图5-7

仍以上证指数为例，如图5-8所示。图中从开盘到位置1，白色曲线黏合黄色曲线进行震荡爬升，持续了近3.5个小时，震荡爬升到了尾盘。从位置1白色曲线开始向上拉开黄色曲线距离，即产生动能背离，速度在此图里是非常明显的，最后0.5小时银行、地产、石化双雄等权重集体发力急速推高指数的同时，中小盘个股活跃度并未激活，即权重和中小盘个股动能之间相互制约、相互消耗。反应在盘中分时线上，白色曲线急速向上拉开黄线距离，黄色曲线不是缓慢跟随上涨，而是直接掉头向下走，完全的逆向背离。速度导致白色曲线和黄色曲线之间敞口持续扩大，动能背离加剧，随后构筑大级别背离高点，成为当天的最高点。

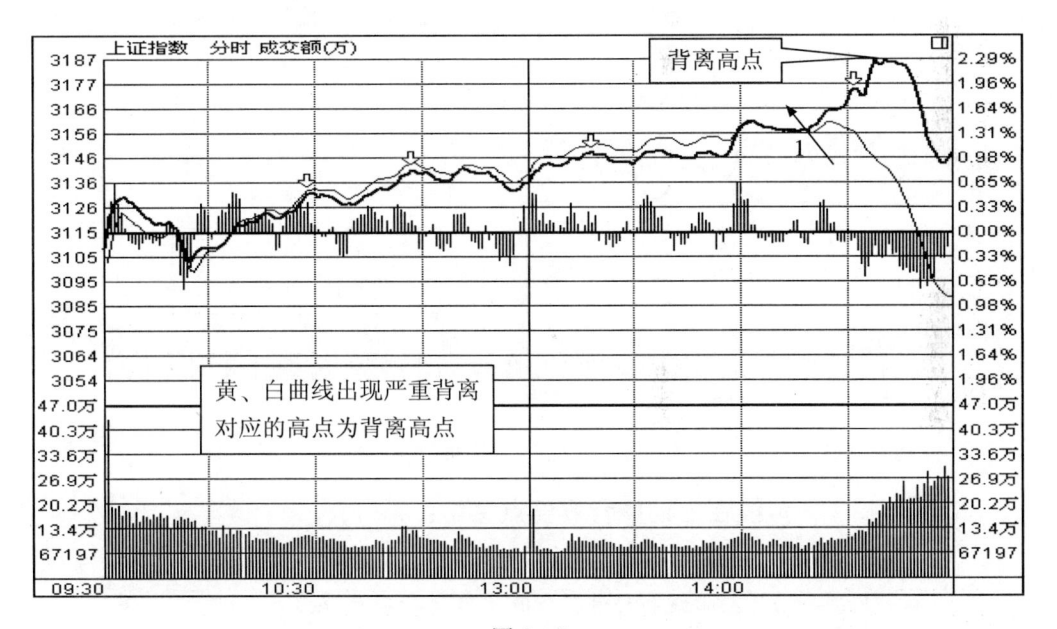

图 5—8

"黄线在上，民心所向。"这句话是说大盘分时黄、白曲线的背离结构，如果黄色曲线在上，而白色曲线在下的背离，通常市场不缺少利润，风险也不大！这是因为黄色曲线代表市场中小盘个股的动能，也可以理解为市场游弋性资金的直接表现形式。而中小盘股是游资、私募、散户等资金青睐的品种，资金来自各地较为分散，我称其为游弋性资金，如此分散的资金如果不约而同看好市场，那么，这样的力道稳定性强，延续性也强，不会因为部分资金的出逃而轻易改变个股的强势结构！所以这样的背离结构，个股的活跃度会牵制权重的下行速度，市场必然无大的风险，即使权重下挫，市场中个股依然不缺少利润。如图5—9所示。

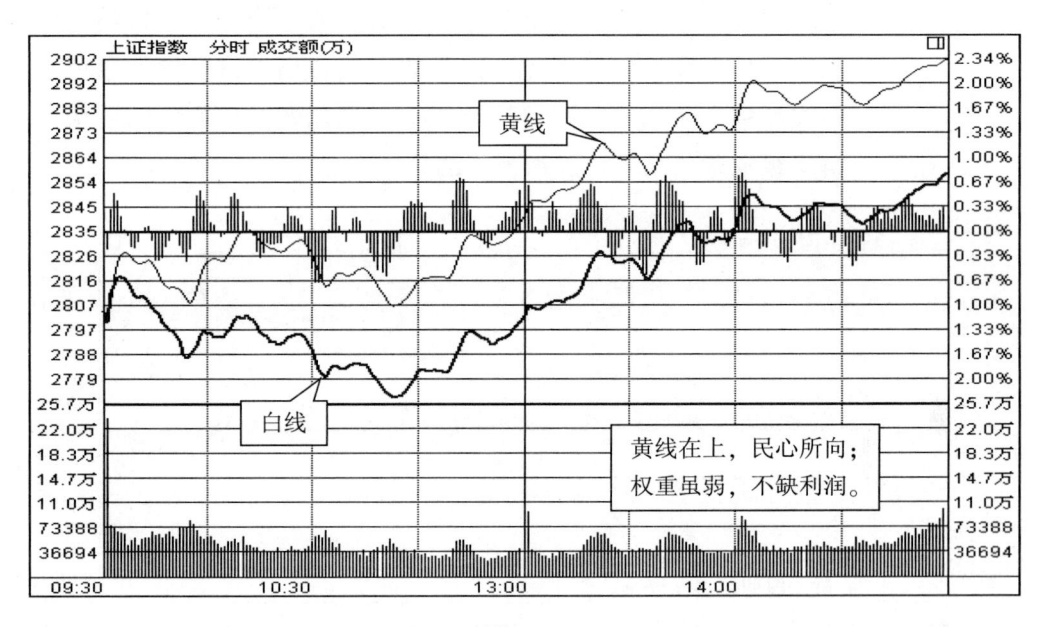

图 5—9

黄线在上动能背离要点总结：

①黄色曲线震荡爬升，个股维持较高的活跃度；

②白色曲线弱势运行，拖累市场的整体强度；

③这样的市场以个股交易为主，因为个股并不缺少利润。

反之，如果黄色曲线在下而白色曲线在上，通常市场没有利润，风险偏大！这是因为黄色曲线代表市场中小盘个股的动能，也可以理解为市场游弋性资金的直接表现形式。而中小盘股是游资、私募、散户等资金势力一般的仓位青睐的品种，资金来自各地较为分散，我称其为游弋性资金，如此分散的资金如果不约而同看空市场，那么，这样的力道稳定性强，延续性也强，不会因为部分资金的进场而轻易改变个股的弱势结构！所以这样的背离结构，个股的弱势会牵制权重的反弹强度，市场必然无大的机会，很容易造成赚了指数不赚钱的结果。如果权重加速拉升，而黄线无力跟随，那么就会造成图5－6的黄、白线极端背离，势必构筑大级别高点。如图5－10所示。

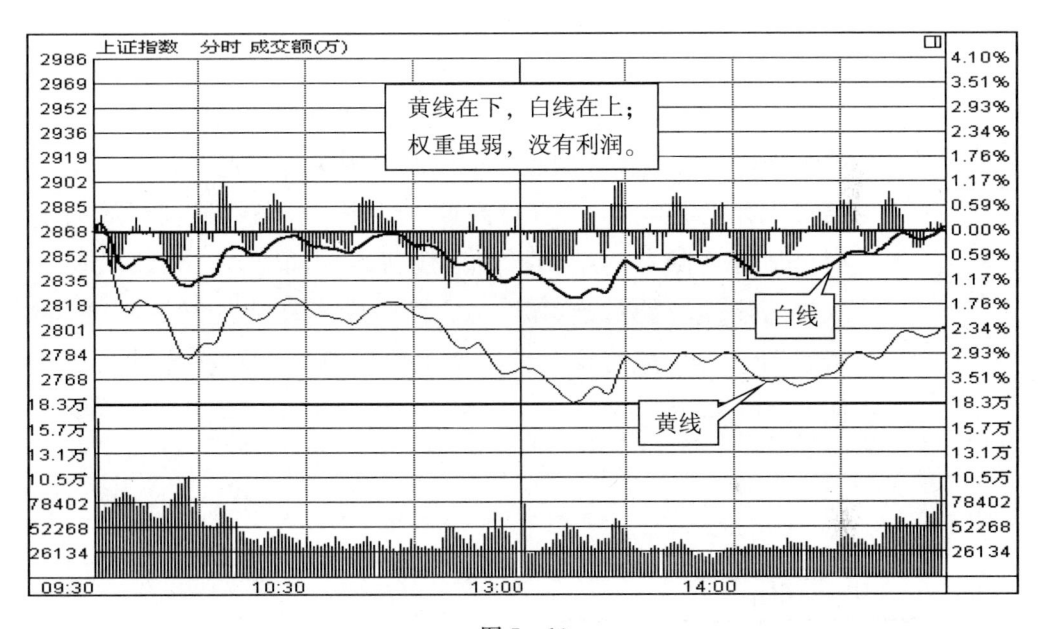

图5－10

黄线在下动能背离要点总结：

①黄色曲线弱势震荡走低，个股哀鸿遍野，拖累市场；

②白色曲线相对强势，权重积极护盘，但动能背离导致很难大涨；

③这样的市场以个股风险控制为主，容易赚了指数不赚钱。

4. 驼峰

（1）驼峰高点：红角线或者绿角线连续释放，从形态上就构成了驼峰形态，即类似骆驼的驼峰。请注意做多动能的驼峰中间不能出现绿角线，做空动能的驼峰之间不能出现红角线！红角线代表市场的做多动能，当红角线两波连续出现的时候，做多动能势必连续释放。上文讲到：做多动能逐渐增强至极致的时候，做空动能势必衰竭为零，这个时候一定会形成大级别高点，即驼峰高点。另外，红角线连续释放的时候最好伴随背离结构，即指数新高的同时，红角线呈现衰竭，这样动能的连续释放是否形成了动能的充分消耗，可以用结构背离直接检验，增强驼峰高点的可操作性。如图5－11所示。

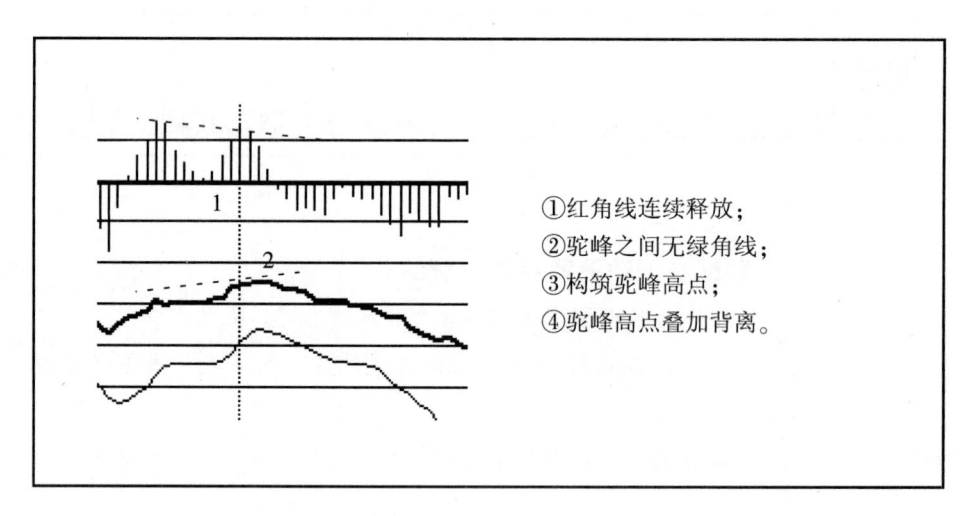

①红角线连续释放；
②驼峰之间无绿角线；
③构筑驼峰高点；
④驼峰高点叠加背离。

图5－11

以上证指数为例，如图5－12所示。图中红角线连续释放的过程透支了反弹动能，根据物极必反的原理：做多动能逐渐增强至极致的时候，做空动能势必衰竭为零，这个时候一定会形成大级别高点，即驼峰高点。这里有一个细节问题：为什么说红角线连续释放透支了反弹动能？因为红角线连续释放形成驼峰的时候，红角线呈现重心回落之势，即做多动能开始衰竭。与此同时，指数却创反弹新高，即驼峰形态和背离结构叠加同时出现，这是很典型的驼峰形态筑顶，对应的高点是大级别驼峰高点。

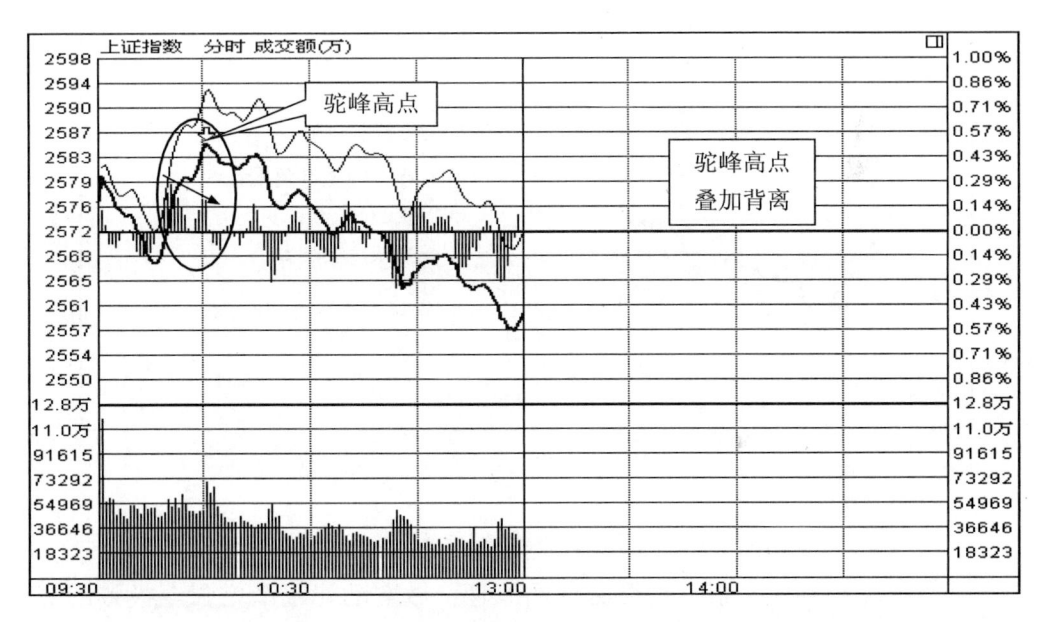

图 5—12

结构背离驼峰高点要点总结：

①红角线连续释放，形态上类似骆驼的驼峰一样，做多动能得以连续释放；

②红角线呈现重心回落之势，可见驼峰形态透支了做多动能；

③驼峰高点伴随红角线和指数的背离结构，增强驼峰高点的强度和级别。

（2）驼峰低点：绿角线代表市场做空动能，当绿角线两波连续出现的时候，做空动能势必连续释放，当做空动能逐渐增强至极致的时候，做多动能势必衰竭为零，这个时候一定会形成大级别低点，即驼峰低点。另外，绿角线连续释放的时候最好伴随背离结构，即指数新高的同时，绿角线呈现衰竭，这样动能的连续释放是否形成了动能的充分消耗，可以用结构背离直接检验，增强驼峰低点的可操作性。如图5-13所示。

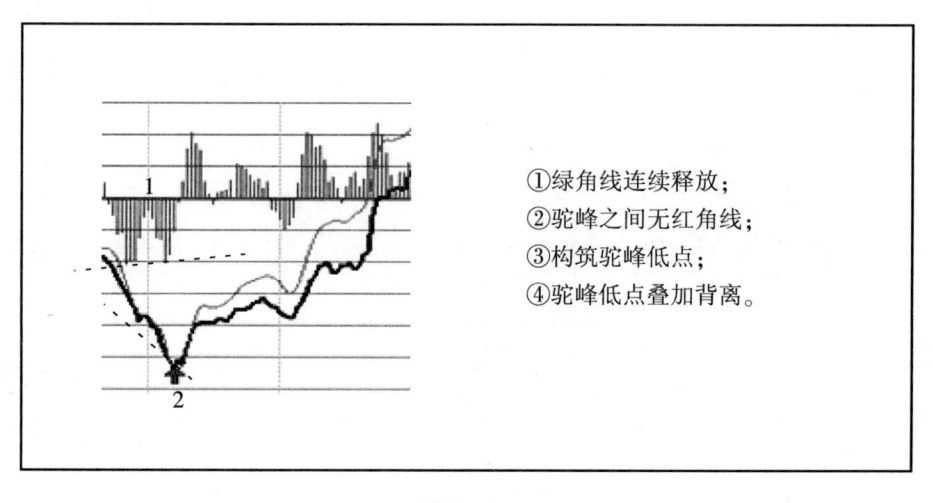

①绿角线连续释放；
②驼峰之间无红角线；
③构筑驼峰低点；
④驼峰低点叠加背离。

图5-13

如图5-14所示，图中绿角线连续释放的过程透支了下跌动能，根据物极必反的原理：做空动能逐渐增强至极致的时候，做多动能势必衰竭为零，这个时候一定会形成大级别低点，即驼峰低点。这里为什么说绿角线连续释放透支了下跌动能？因为绿角线连续释放形成驼峰的时候，绿角线呈现重心上移之势，即做空动能开始衰竭。与此同时，指数却创反弹新低，即驼峰形态和背离结构叠加同时出现，这是很典型的驼峰形态筑底，对应的低点是大级别驼峰低点。

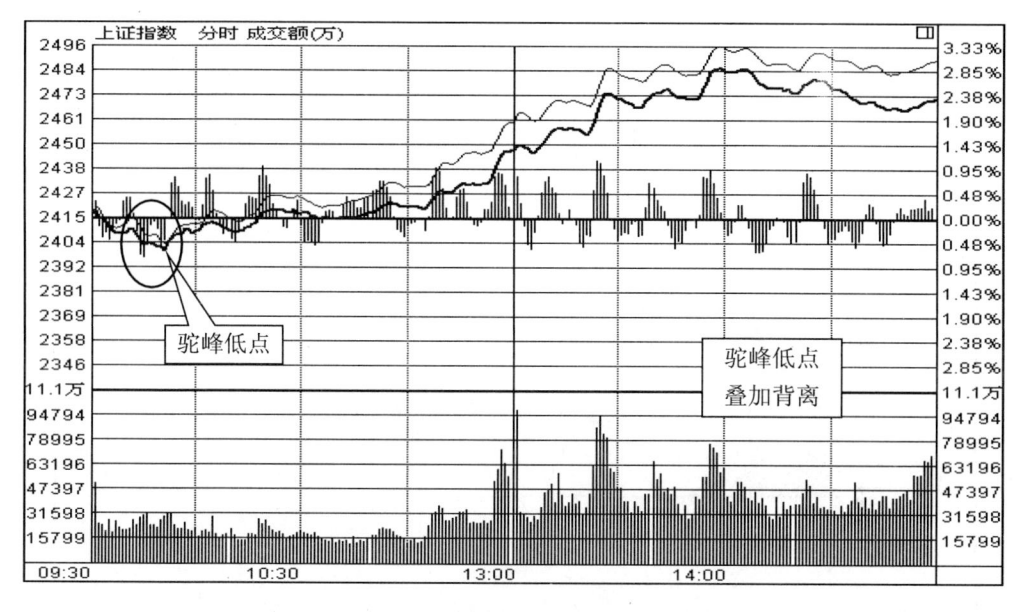

图 5—14

驼峰低点结构背离要点总结：

①绿角线连续释放，形态上类似骆驼的驼峰一样，做空动能得以连续释放；

②绿角线呈现重心上移之势，可见驼峰形态透支了做空动能；

③驼峰低点伴随绿角线和指数的背离结构，增强的驼峰低点的强度和级别。

5. 动能衰竭性

（1）动能衰竭性高点：驼峰高点和背离高点形成之后，并不一定会马上形成大级别拐点，也可能只是次高点。比如背离高点形成之后，并不排除背离继续扩大，这样指数继续创新高，而动能继续衰竭。但背离始终不是什么好的事情，好比无线的风筝一样，断了线的风筝也许还能乘风向上滑行一点儿,但仅仅是一点儿而已。用四个字来形容——终要落地!所以这种发生在驼峰高点和背离高点之后的高点,级别会更大一些,即动能衰竭性高点!如图5—15所示。

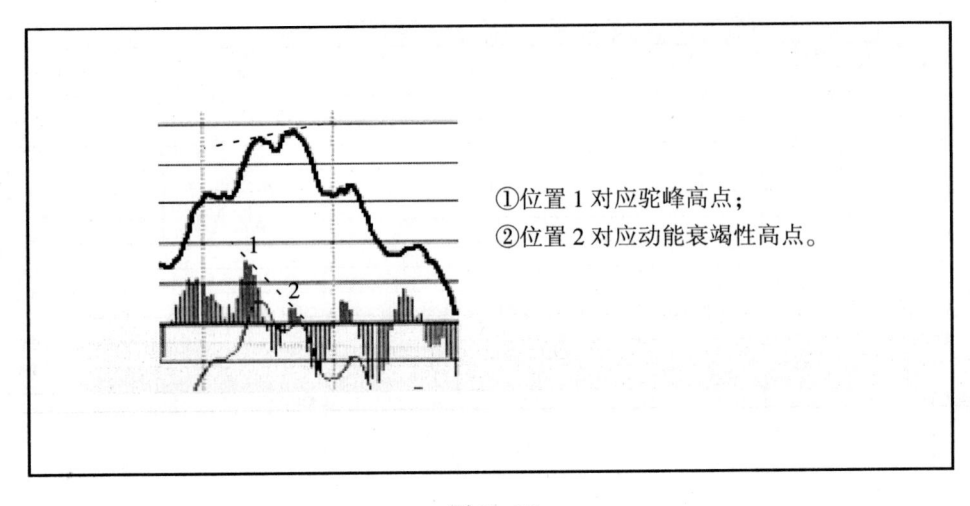

①位置1对应驼峰高点;
②位置2对应动能衰竭性高点。

图5—15

动能衰竭性高点解析:

①首先必须出现驼峰高点或者是背离高点,一定程度上增强市场压力;

②驼峰或者背离高点后指数继续刷新高点,与此同时伴随红角线缩小,新的高点就是动能衰竭性高点;

如图5—16所示,图中位置1是红角线连续释放形成的高点,红角线连续释放中没有绿角线出现,位置1是单一的驼峰高点。位置1到位置2的过程,红角线开始缩小,与此同时指数创新高,这样驼峰高点1和高点2就构成了新的背离结构,即位置2是动能衰竭性高点。

(2)动能衰竭性低点:驼峰低点和背离低点形成之后,并不一定会马上形成大级别拐点,也可能只是次低点。比如背离低点形成之后,并不排除背离继续扩大,这样指数继续创新低,而动能继续衰竭。这种发生在驼峰低点和背离低点

第五章
大级别高低点

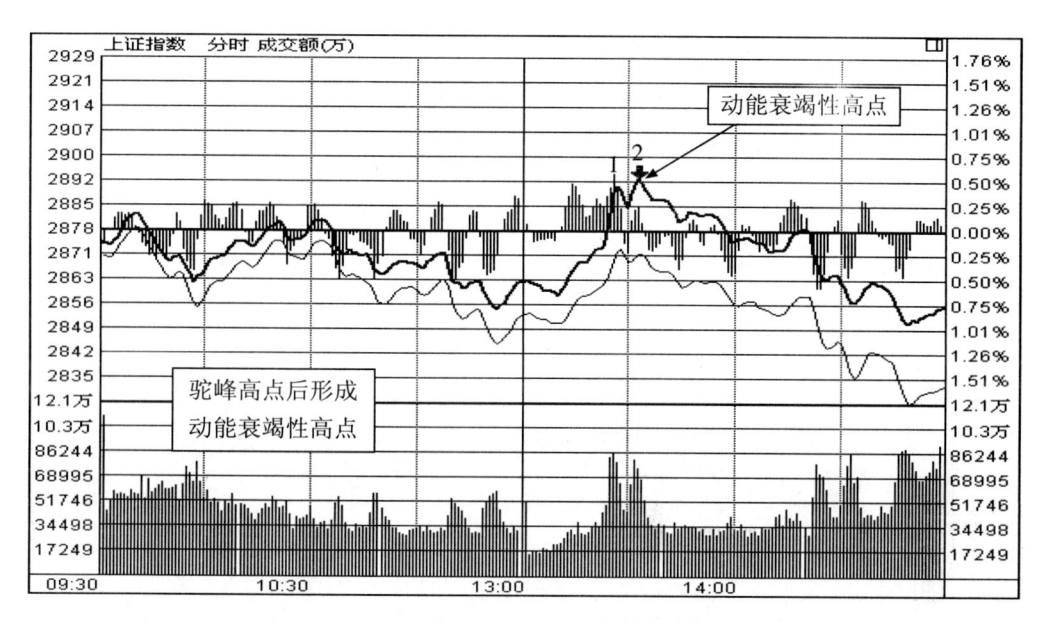

图 5-16

之后的低点，级别会更大一些，即动能衰竭性低点！如图 5-17 所示。

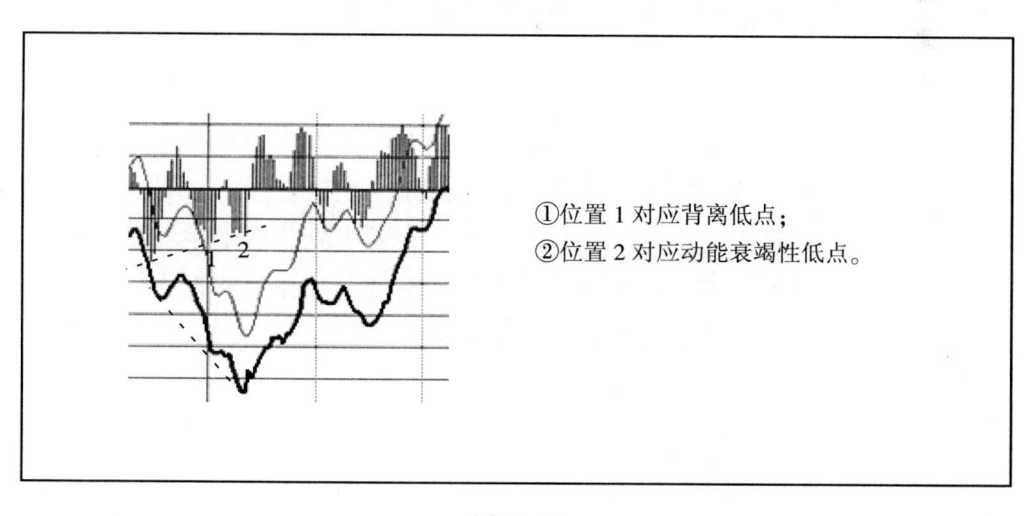

①位置 1 对应背离低点；
②位置 2 对应动能衰竭性低点。

图 5-17

动能衰竭性低点解析：

①首先必须出现驼峰低点或者是背离低点；

②驼峰或者背离低点后指数继续创新低，与此同时伴随绿角线缩小，新的低点就是动能衰竭性低点。

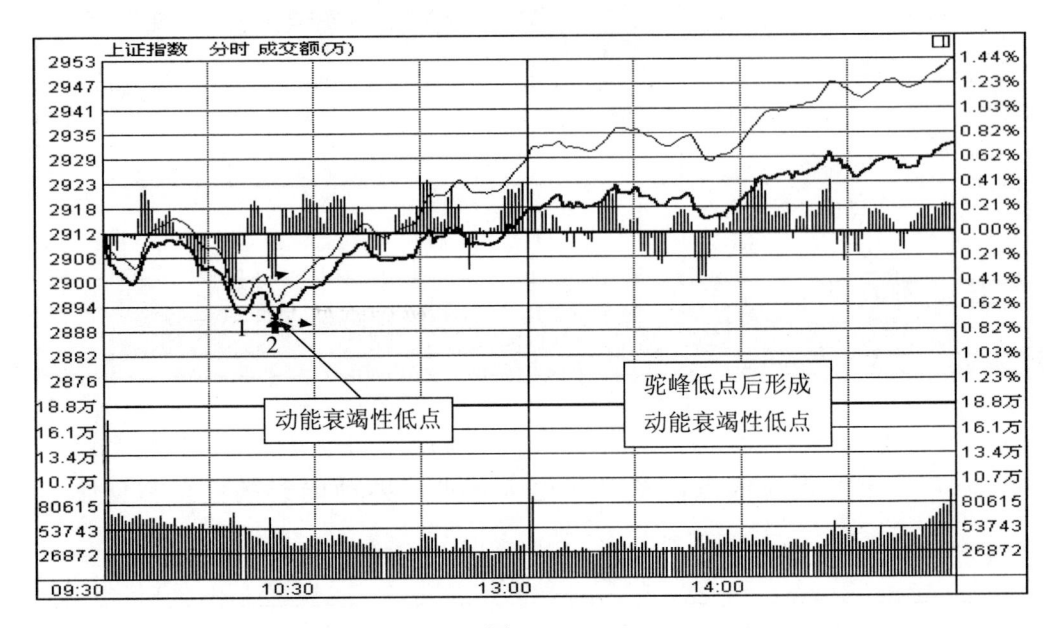

图 5—18

如图 5—18 所示，图中位置 1 是绿角线连续释放形成的低点，绿角线连续释放中没有红角线出现，位置 1 是单一的驼峰低点，暂时没有背离结构。位置 1 到位置 2 的过程，绿角线开始缩小，与此同时指数创新低，这样驼峰低点 1 和低点 2 就构成了新的背离结构，即位置 2 是动能衰竭性低点。

第 2 节
高低点的级别

上面介绍了盘口动能背离、结构背离的几种表现形式。下面我们讲讲级别，也就是说大级别高低点的可操作性，分别从共振、空间、时间、市场、速度等方面进行讲解。

1. 共振

把握大周期，操作小结构。市场不同周期之间的协调性很重要，大周期和小周期之间并不一定始终保持一致的方向，往往在大周期向上运行的时候，小周期会出现调整，也就是我们经常说的反弹中继；反之，大周期向下运行的时候，小周期会出现反弹，也就是我们经常说的下跌中继。大、小周期的不同步、不协调是市场涨跌波段运行的主要因素，尽管小周期往往受制于大周期的涨跌影响，但唯有大、小周期共振同步才是加速涨跌的基础，即合力。发生在大周期下跌末端的逆向拐点和反弹末端的逆向拐点，要注意可操作性极强，通常伴随着多周期的拐点！比如盘口的大级别高低点和 5 分钟等其他周期 K 线的顶背离、底背离同时发生，可操作性就极强。其他周期 K 线顶底背离可借助 MACD 指标的 DIF 和价格背离技术！如图5—19所示。

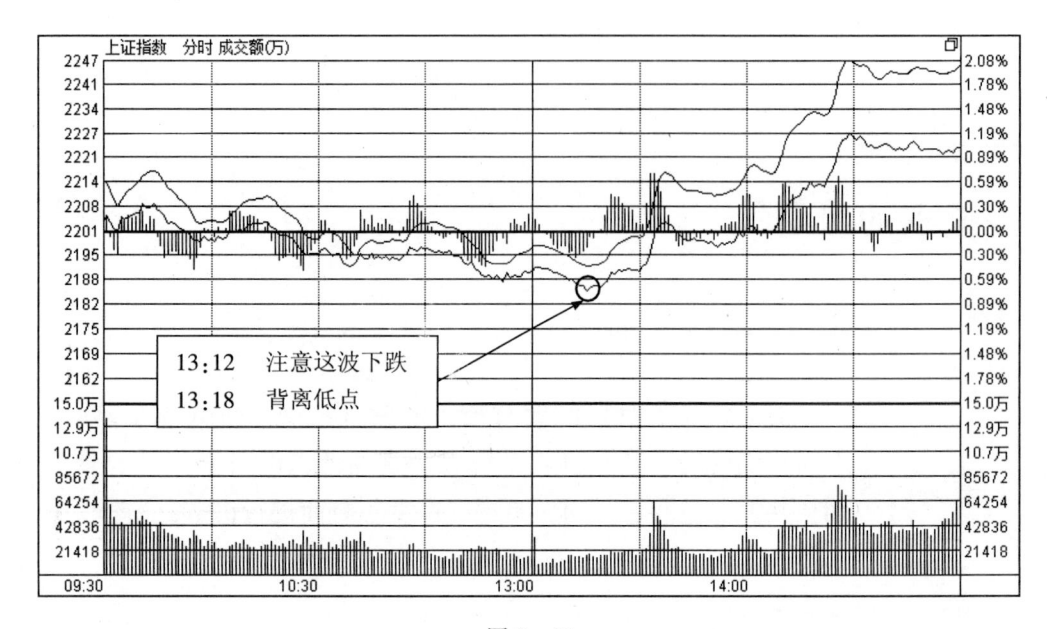

图5—19

图5—19中是盘口分时的背离低点，我在博客当天直播13:18加黑、加粗提示了背离低点。事实证明，该背离低点正是当天的最低点，之后的反弹非常强劲，可以用报复性反弹来形容背离低点后的行情。那么分时线背离低点的强度为什么如此强劲？因为该低点在多周期同步共振，形成了多周期的底背离。我们再来看图5—20。

我们来看在同一时间，分时盘口出现背离低点的时候，5分钟K线发生了什么事情？5分钟K线持续连跌，创当时的最低点2185点，随着指数的新低，我们清晰可见与之对应MACD的DIF线并未新低，即指数和MACD的DIF产生底背离。即盘口分时背离低点在5分钟K线共振同步形成，这是当天下午展开惊天大逆转的关键所在。另外，我们再来看15分钟结构当时又发生了什么事情呢？如图5—21所示。

我们再看在同一时间，盘口背离低点和5分钟K线底背

图 5－20

图 5－21

离的同时，15 分钟 K 线又发生了什么事情呢？15 分钟 K 线同样刷新了当时的最低点，即 2185 点，这和 5 分钟 K 线的低点一样，即同一时间、同一位置，随着指数的新低，我们清晰可见与之对应 MACD 的 DIF 线并未同时新低，即指数和 MACD 的 DIF 线出现底背离，这样我们就不难理解为什么分时线底背离之后，立刻产生惊天大逆转。我们再来分析一个顶部结构的共振案例，如图5－22所示。

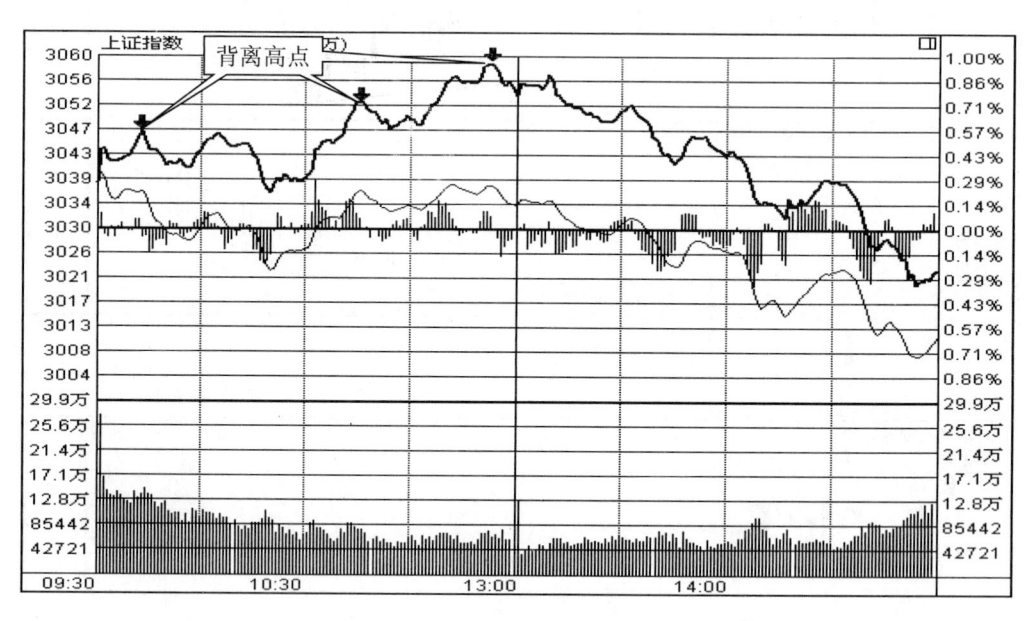

图5－22

图中分时线在上午连续出现了3个背离高点，我当时在博客直播均做了重点提示。此3个背离高点同时叠加了动能背离和结构背离：随着分时指数的持续新高，红角线持续衰竭，这是明显分时背离结构；另外，白色曲线持续向上拉开黄色曲线的距离，这一点从早盘第一个背离高点开始就显现出来了，只是临近中午的时候，敞口放大到了极致，即背离高点不仅仅是分时线的结构背离，也是动能背离。所以在这种高强度背离环境下，尽管分时线背离后有惯性滑行，也要开始注意风险了，因为无线的风筝——终要落地！果不其然，临近中午收盘的背离高点成为当天的最高点。其实我在博客直播这一天连续提示 3 个背离高点的时候，我自己的态度是非常坚决的，当时很多博友给我留言说："冯老师，我也为你捏了一把汗啊，呵呵。"长期看我博客的读者应该还记得我们当时并肩作战的情景，如果当时我对自己的技术产生怀疑的话，就必然会酿成大错了，我在一个上午的时间，连续提示 3 个背离高点，是对自己技术的肯定和自信。那么此背离高点的同时，其他周期又发生了什么事情呢？我们过滤掉 5 分钟、15 分钟等微观周期，直接来看日线。如图 5－23 所示。

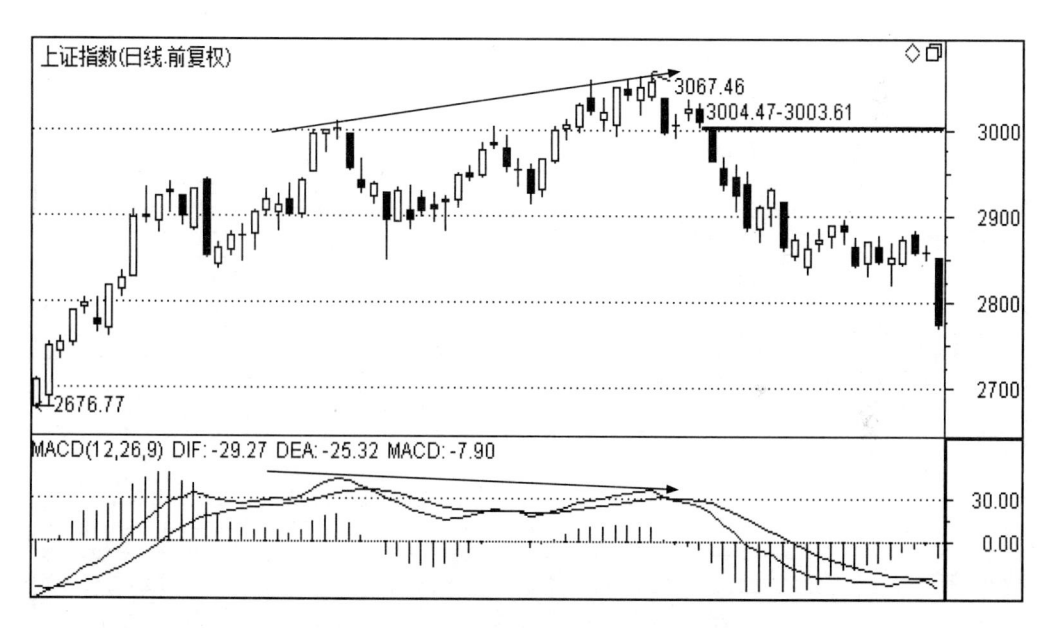

图 5－23

盘口分时连续高强度背离高点出现的同时，日 K 线正忙着构筑 3067 点大顶：随着日 K 线指数的新高，与之对应 MACD 的 DIF 线并未同步新高，即日 K 线指数和 MACD 的 DIF 线构成背离。这样我们就不难理解，为什么 3067 点附近的分时线会出现这样高强度的连续顶背离了，因为大周期共振同步形成了背离高点，这样的拐点级别自然是非常大的。

2. 空间

单位时间内极值点可操作性强，即大级别拐点出现的时候，在当时分时图中的位置为当时的最高点或最低点！盘口分时4个小时是一个时间周期，虽然只是市场的一个细小单位，但也是一个完整、连续的时间周期，在此周期内新低（高）后往往伴随原做空、做多动能的衰竭，指标伴随出现背离的概率较大。如图5-24所示。

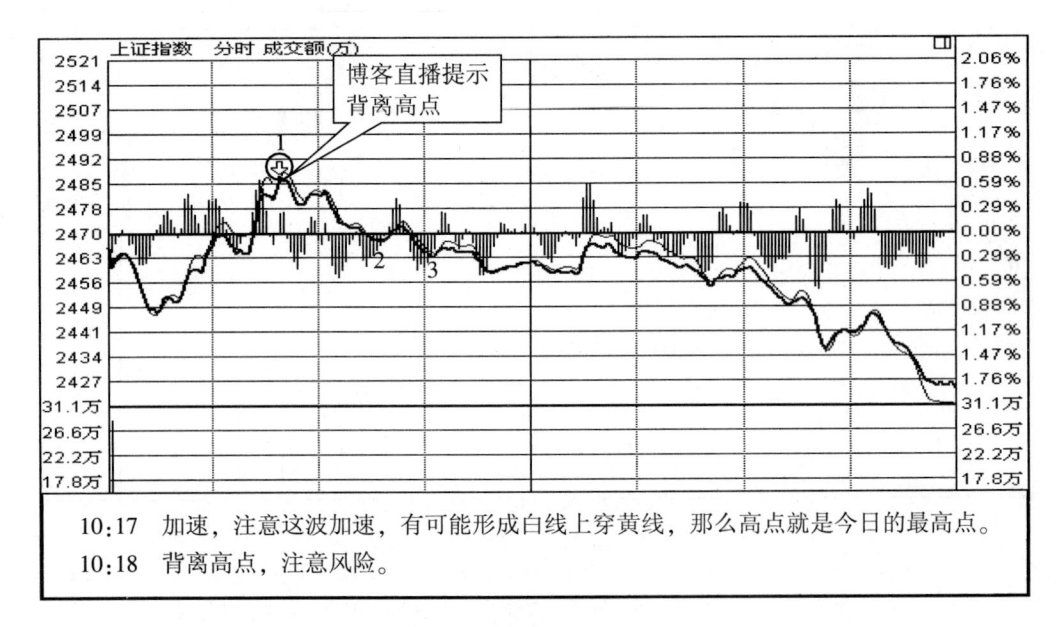

图 5－24

在图5-24中，上午10:18，我在当天博客直播中加黑、加粗提示了背离高点，并强调注意风险，之后该高点成为当天的最高点，其后的杀伤力非常大。上午10:18的背离高点在当时也是最高点，但图中位置2和位置3，如果不考虑空间位置，那么位置2和3的形态也是背离，因为随着指数的新低，绿色能量柱在持续的缩短，这是很明显的背离。但为什么之后没有反弹呢？主要原因就是位置2和位置3并非当时的最低点，处于高不成低不就的位置，多空动能并未充分消耗。

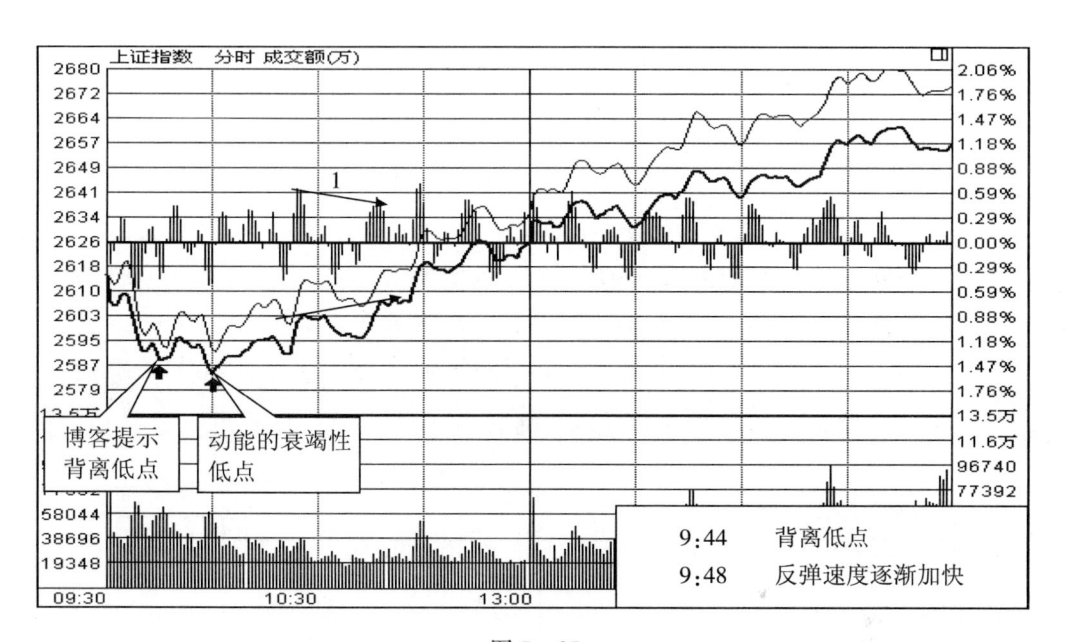

图 5-25

在图5-25中，上午9:44，我在当天博客直播中加黑、加粗提示了背离低点，之后该低点成为当天的最低点，其后的反弹强度相当大，绝对可以用报复性反弹来形容。但是很多读者可能会问：为什么位置1不是背离高点呢？按照背离的要素，位置1随着指数的新高，红色的能量柱已经开始缩短，这是典型的背离高点，但是不跌反涨的原因就是位置1并非当时的最高点，无法判断多空动能的充分消耗。之后的持续拉升也说明了空间在背离强度判断上的作用，不容小觑。

3. 时间

临近中午收盘或者下午收盘才形成的大级别拐点，级别降低，需要下午或次日开盘进行确认，除非你对下午或者次日开盘有足够的把握，否则等待确认。这里面要考虑两个因素：一是中午A股收盘的时候，港股还未收盘，这个时间差港股的大幅度波动会直接影响临近中午收盘的大级别高低点级别；二是隔夜美股的涨跌也是要考虑的因素，隔夜美股的涨跌往往会直接作用次日A股的开盘上，甚至导致大幅度高开和低开。所以，临近下午收盘形成的大级别高低点，级别降低，需等待次日确认。如图5-26所示。

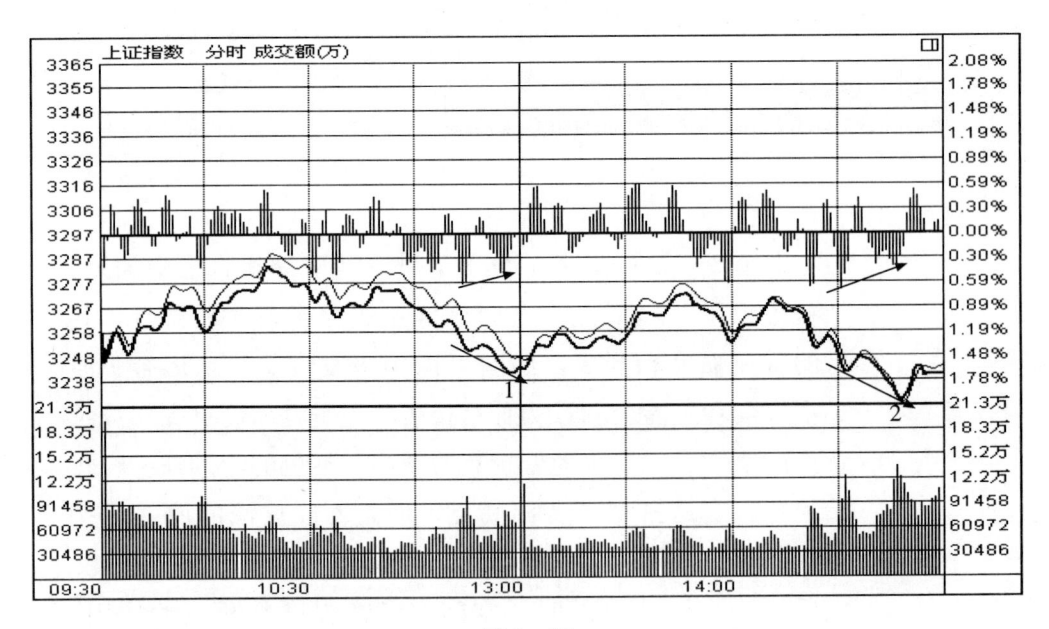

图5-26

图 5－26 中位置 1 是临近中午收盘的瞬间完成的底背离结构。位置 1 随着指数的新低，与之对应的绿角线缩短，即底背离，可惜是在临近中午收盘的瞬间完成，这就需要下午进行确认，级别降低，事实上下午弱反后再创新低；位置 2 是临近下午收盘的瞬间完成的底背离结构。位置 2 随着指数的新低，与之对应的绿角线缩短，即底背离，可惜是临近当天收盘的瞬间完成，这就需要次日进行确认，规避隔夜美股和消息面的影响。所以，类似这样在中午和下午收盘瞬间完成的背离低点，级别将降低。

4. 市场

大级别高低点尽量在沪、深市场都能够同时出现，这样会增强其可操作性。毕竟市场的动能集中在沪、深两市，单一沪市或者单一深市的背离所引发的反弹或调整并不是市场所有资金的方向，这样势必造成动能分歧，动能分歧直接影响大级别高低点的速度和级别。

图 5－27 是上证指数的分时图。当天 13:20 随着分时线的新低，绿角线出现缩短，即典型的背离低点，我在当天博客直播中 13:20 明确提示了背离低点。但问题是级别如何确定呢？时间上没问题，为 13:20 时午后刚开盘时；空间上也没问题，因为 13:20 是当时的最低点，但是结构上却没有其他周期的共振，所以细心的你应该会发现，图中 13:20 我提示背离低点的时候，加了级别：小级别背离低点，这个小级别是针对无结构共振而言的。但该低点毕竟是当天的最低点，而且 13:20 之后产生了惊天大逆转，为什么会如此强烈呢？除了时间和空间因素具备之外，还有市场共振。我们再看

双龙战法

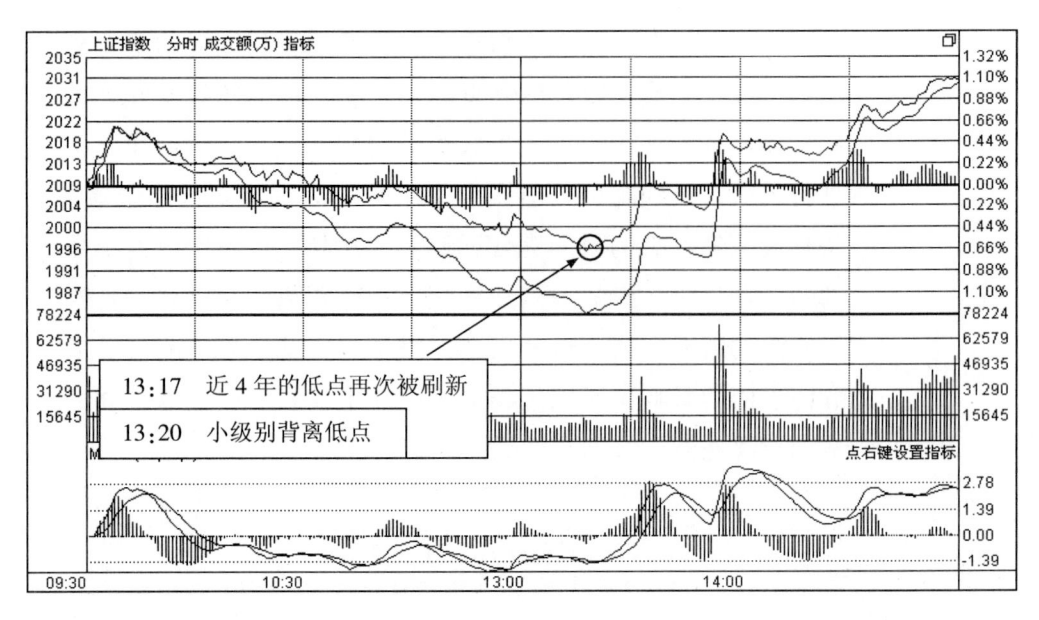

图 5-27

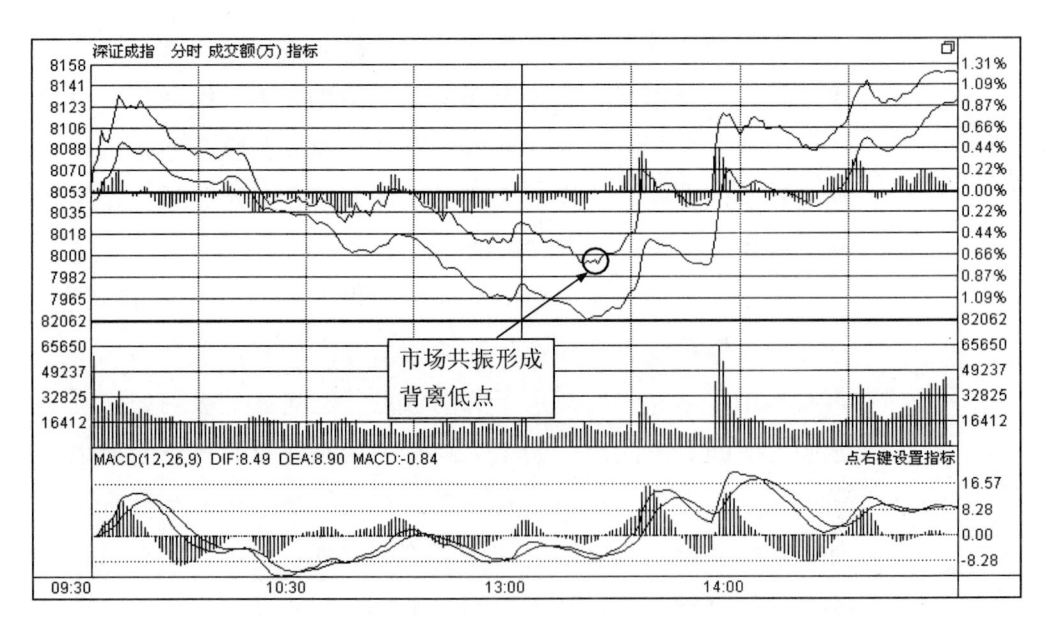

13:17 近4年的低点再次被刷新
13:20 小级别背离低点

图 5-28

市场共振形成背离低点

图 5-28。该图是当天深证成指的分时图，不难发现当天深证成指在13:20也共振形成了背离低点，即13:20在上证指

数和深证成指上都同时形成了背离低点，所以级别上自然要有所增强，尽管没有结构共振，但时间、空间和市场共振同样实现了分时线的惊天大逆转。

我们再看一个相反案例。图5-29是深证成指分时图，位置1当时分时线已经刷新了低点，即当时的最低点，与此同时，绿角线出现了缩短，绿角线中间有红角线释放，即典型的背离低点。但我们发现分时线止跌弱反后就再度杀跌，最终跌的一塌糊涂，如果在位置1背离低点抄底，当天就会死的很惨，原因错在哪里呢？就是市场共振出了问题。我们再来看看当天上证指数同一时间是什么结构，如图5-30上证指数分时图。深证成指位置1背离低点的时间，上证指数当时并未创新低，即上证指数根本不是背离低点。

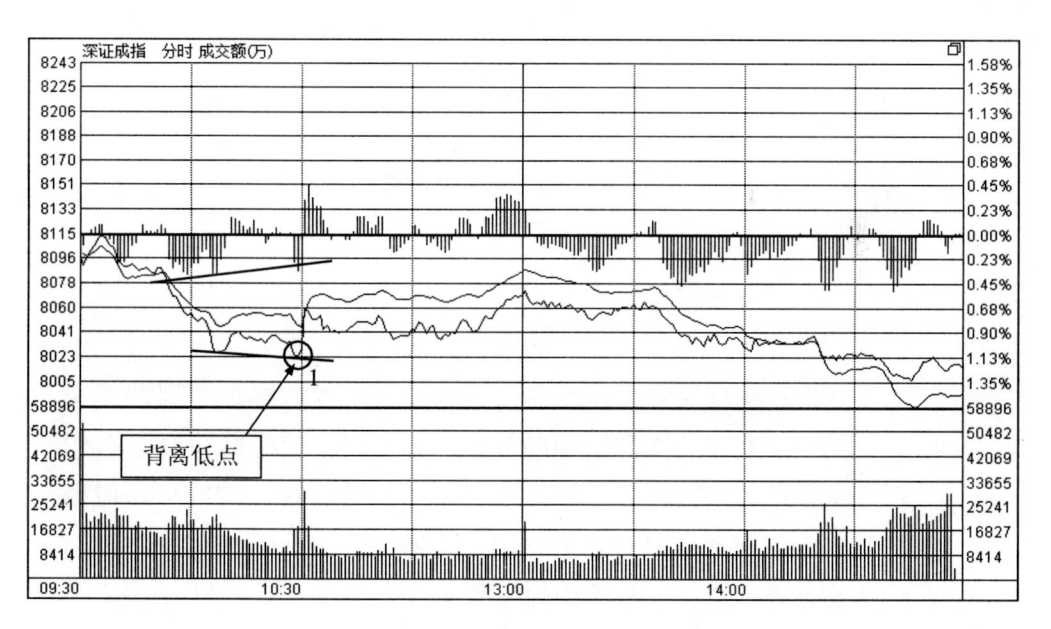

图5-29

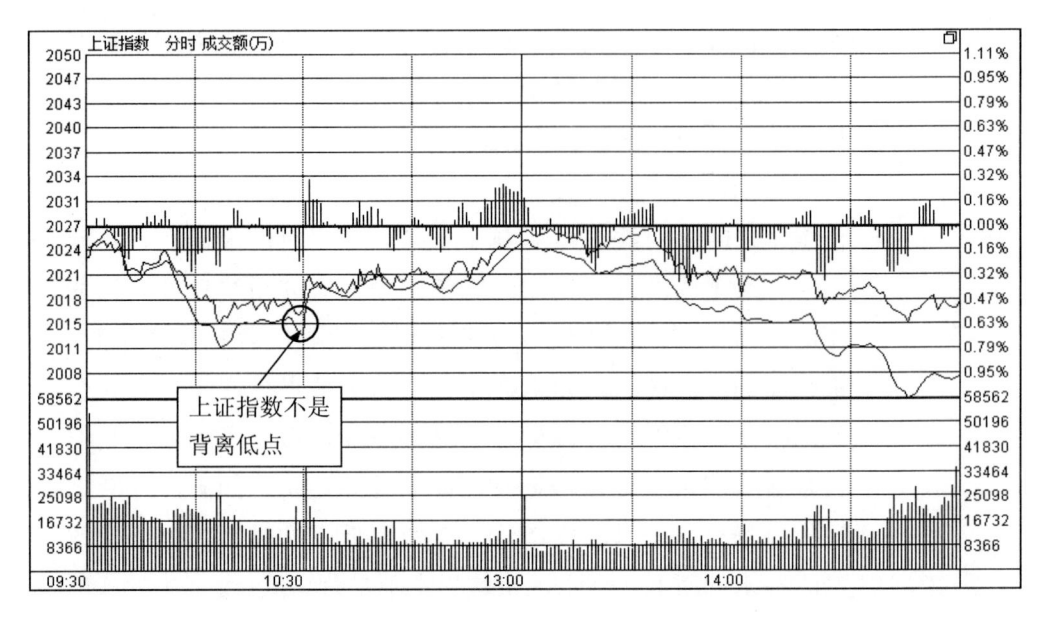

图 5—30

5. 速度

  结构的运行要素涵盖结构、动能、速度、周期，要素之间存在一个循环关系。资金进出场产生动能，动能运行产生速度，速度快慢牵制结构，结构是资金参考标的，周期贯穿始终。其中速度和结构的关系非常紧密，速度的快慢是形成结构的关键因素，很多投资者都擅长和喜欢背离技术，但很少有人知道背离形成的原因，是速度。本书围绕盘口大级别高低点介绍速度和结构的关系。

  速度可以形成结构，也可以化解结构，用这句话来形容速度一点儿也不为过，即"成也速度败也速度"。速度是有生命周期的，为了便于理解，我把速度简单分为急速和缓速。那么急速之后市场往往会有几条路线呢？以反弹为例：急速

第五章 大级别高低点

拉升后会有4条路线：①急涨后再急涨，即维持原速度；②急涨后缓涨，即速度降低（形成背离的核心形态）；③急涨后急跌，通常形成尖顶；④急涨后缓跌，普涨、脉动常见形态。如图5－31所示。

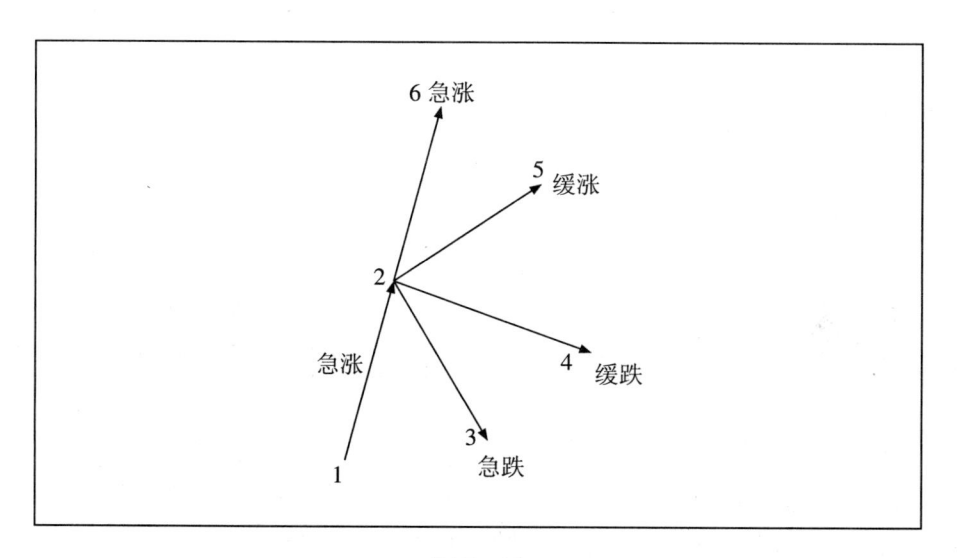

图5－31

根据以上情况，我们分别来看几个案例：图5－32是急涨缓跌的案例，分时线经过近两个半小时的窄幅横盘之后，突然黄、白曲线共振向上加速拉升，加速拉升的过程黄、白线基本黏合。合力是加速的基础，所以这个急速拉升的过程一共涨了三波，三波拉升的速度维持急速水平。一直到最后一波急涨之后，位置1分时线筑顶回落，但是位置1并非背离高点，也不是其他形态的大级别高点。因为我们注意到位置1的红角线连续放大，即释放当时最多做多动能，所以位置1不是大级别高点，也不存在急跌的可能。因此选择急涨缓跌的路线，操作上遇到此类情况不用惊慌，因为你有足够的时间进行风险控制。

双龙战法

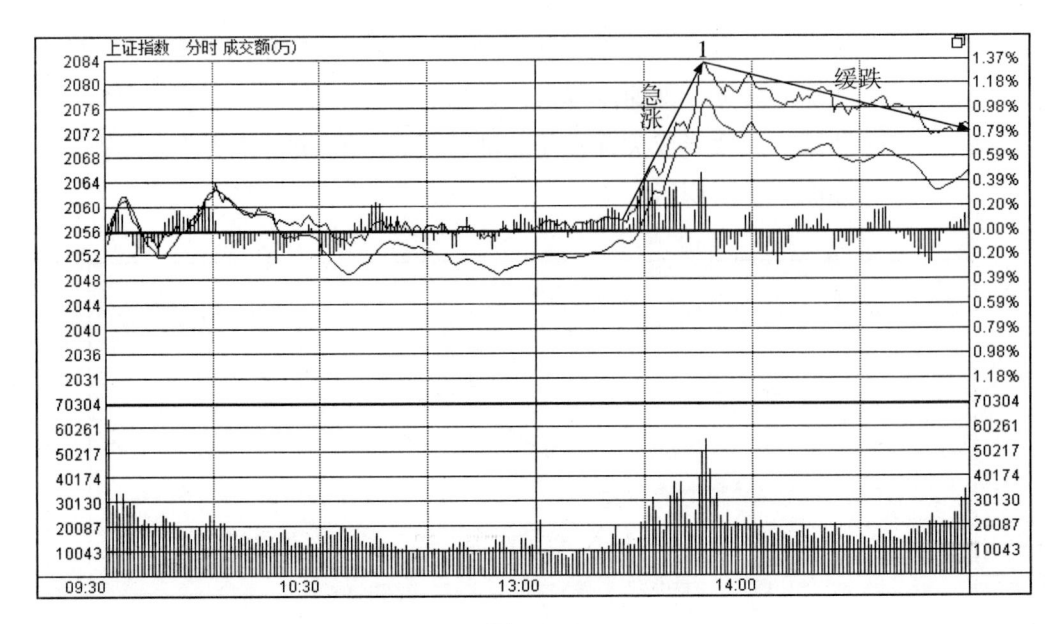

图 5—32

图 5—33 是一个综合案例图，位置 A 是早盘急速拉升后构筑的小尖顶，即急涨急跌路线。尖顶是最难控制的，因为来得太过突然，甚至有的时候并不会形成常见的背离、驼峰等大级别高点形态。遇到此类情况不要惊慌，记住一个原则即可：跳水不卖股！有很多投资者总是在急跌跳水的时候卖出股票（通常是急跌击穿了自己的心理底线，恐慌性抛盘，主力资金要的就是你的恐慌），由于是急跌，所以并不容易成交，越是成交不了就越是心急如焚，最终好不容易成交的时候，基本就搁在了地板上，悔之晚矣。跳水不卖股，那么什么时候卖呢？①急跌前的次高点或极值高点，此可遇不可求；②急跌后的修复性反弹高点，通常是次高点。图中位置 B 和位置 C 都是急涨缓跌的案例，和上一个案例相同。

我们再来看一个急跌的案例：急跌和急涨一样，急速下跌后也会有 4 条路线：①急跌后再急跌，即维持原速度；②急跌后缓跌，即速度降低（形成背离的核心形态）；③急跌

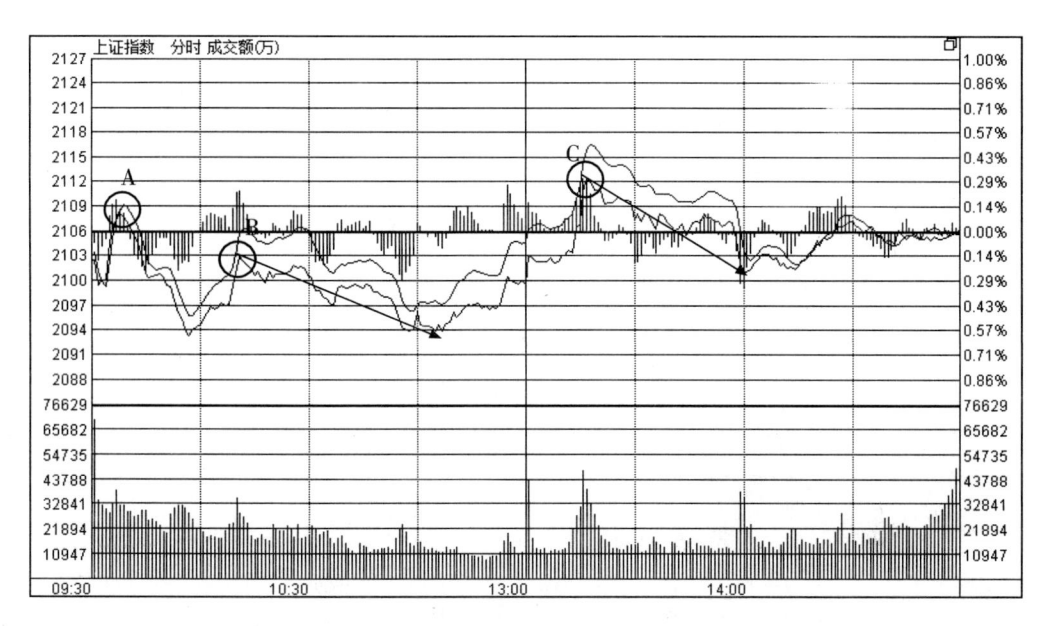

图 5－33

后急涨，通常形成尖底；④急跌后缓涨。如图 5－34 所示，是急跌后缓跌的一个案例，位置 1 的波段是一波急跌，也是速度很快地连跌过程，用小跳水来形容一点儿不为过，很明显在这个跳水过程是不能卖出股票的，即跳水不卖股。如果非要在位置 1 的过程卖出，那么，最终肯定是卖在了地板上。经过位置 1 的急跌之后，位置 2 的下跌速度和位置 1 相比，出现了明显的速度放缓，即运行了急跌后缓跌的过程，即速度降低（形成背离的核心形态）。

因为急跌后缓跌的过程是形成背离的核心形态，所以我们接着看此案例急跌后缓跌是否构成了背离低点。如图中位置 3 当时指数创了新低，与此同时，所对应的绿角线出现了缩短，绿角线中间有红角线出现，即典型的分时背离低点形态，此背离低点形成的关键因素就是速度的放缓。

双龙战法

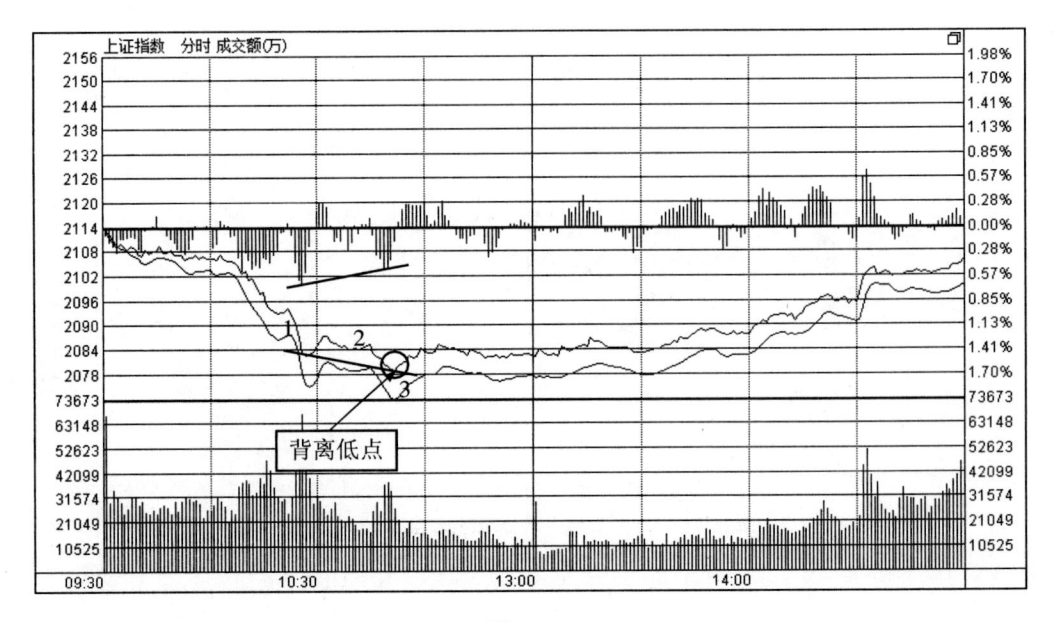

图 5—34

第 3 节
大级别高低点的化解

没有一剑封喉的技术，也没有一招儿制胜的方法，大级别高低点未必一定形成拐点，也可能会被市场所化解，虽然不能称其为失败，但结构化解之后市场不会如期进行反弹或调整，它和级别的判断要紧密结合使用。结构化解的情况可以简单分为两种：普涨惯性和动能背离。

1. 普涨惯性

普涨结构存在一个惯性，即普涨——横盘——分化，当市场呈现普涨拉升之后，无论实现普涨的时间周期有多长，只要实现了普涨，立刻会进入横盘周期。如果早盘 30 分钟内实现板块个股的普涨，那么横盘周期就有可能延续 3 个半小时，即横盘右行至收盘。这个横盘周期通常表现为横盘右行或震荡爬升，即速度上相比普涨周期出现明显地放缓，有点儿类似急涨后缓涨的过程，而我们知道急涨后缓涨是构筑背离高点的条件，所以在普涨后的横盘周期通常会反复出现背离高点，而此时的背离高点通常没有杀伤力，甚至很容易被修复、化解，这就是很多投资者好不容找到了一个背离高点，却不跌的原因。此周期的背离高点需如何操作呢？①不追高，因为即便是不跌，也不会怎么涨了，充其量是缓涨，后面没有多少利润，更何况横盘周期结束会进入分化周期，你的股票能不能扛得住分化还不知道呢？所以此周期背离高点首先是不追高；②不操作，因为此周期的背离高点很容易被化解，所以无需草木皆兵，不考虑日线因素的前提下，当天应不会有大的风险，即便是分化周期提前，你也有足够的时间离场。如图5-35所示。

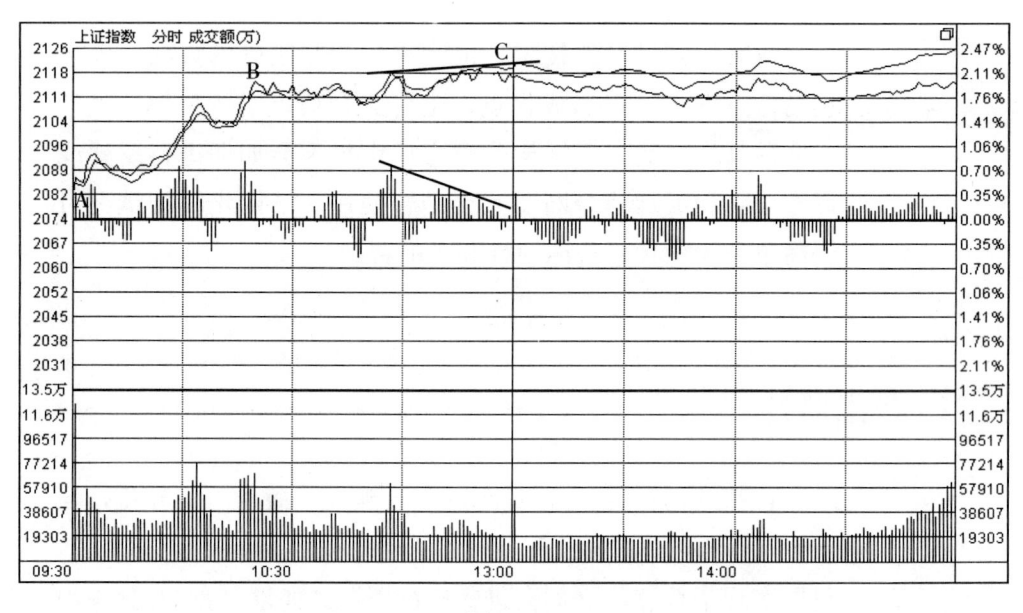

图5-35

图5-35中位置A到位置B的波段，黄、白线黏合共振拉升，不到1个小时的时间完成了板块个股的普涨局面，按照普涨惯性：普涨——横盘——分化，所以位置B之后，我们就可以大胆做出预测：预期位置B开始一直横到下午收盘。事实如预期一样，位置B实现普涨之后，直接进入横盘周期，所以位置B到收盘的3个多小时中如果出现背离高点，则级别自然降低，而且有被化解和修复的可能。

位置 C 正好处于普涨后的横盘周期，随着分时线的震荡爬升，位置 C 刷新了分时线高点，与此同时红角线出现了缩短，而且红角线的中间有绿角线出现，这是典型的背离高点形态。但此背离高点生不逢时，出现在普涨后的横盘周期，所以没有杀伤力，而且很容易被化解。事实如此，午后虽然没有大涨，但并没有因为背离高点而下跌，而是维持了普涨后的横盘周期，一直横到下午收盘，这个周期中的背离高点显得苍白无力。所以操作上无需草木皆兵，不追高即可。

2. 动能背离

动能背离也是化解大级别高低点的技术形态，动能背离分为两种情况：

（1）指数分时图中，白线在上而黄线在下的背离，此背离方向是向下的，即使权重积极护盘，力度也显得很苍白。比如最常见的银行护盘——苍白无力！另外，此种背离如果出现权重井喷式拉升，则也非常容易形成盘口的大级别高点，即没有反弹的延续性，我经常用无线的风筝来比喻此类背离，最终的结果：终要落地！

（2）白线在下，而黄线在上的背离，此背离方向是向上的，即使权重杀跌，也会很快收回来，最差的情况不过权重横盘而个股活跃度不止，市场是不缺利润的！总体来说，无论是结构性的背离还是动能背离，都不是好事，合力才是反弹的根基，孤掌难鸣！

我们先来看一下第一种动能背离的化解，如图 5-36 所示，图中黄色曲线向下拉开白色曲线的距离，而且是一开盘就表现出了严重的动能背离，对比上文两种情况，很明显属于第一种：白

那么就看结构性的背离了。白色曲线在持续拉升的时候，红角线出现了重心回落的结构，即做多动能开始衰竭，而衰竭的同时白色曲线却创了新高，没有动能基础的拉升势必要构筑大级别高点，即背离高点。从背离高点开始，分时线持续单边运行至收盘。

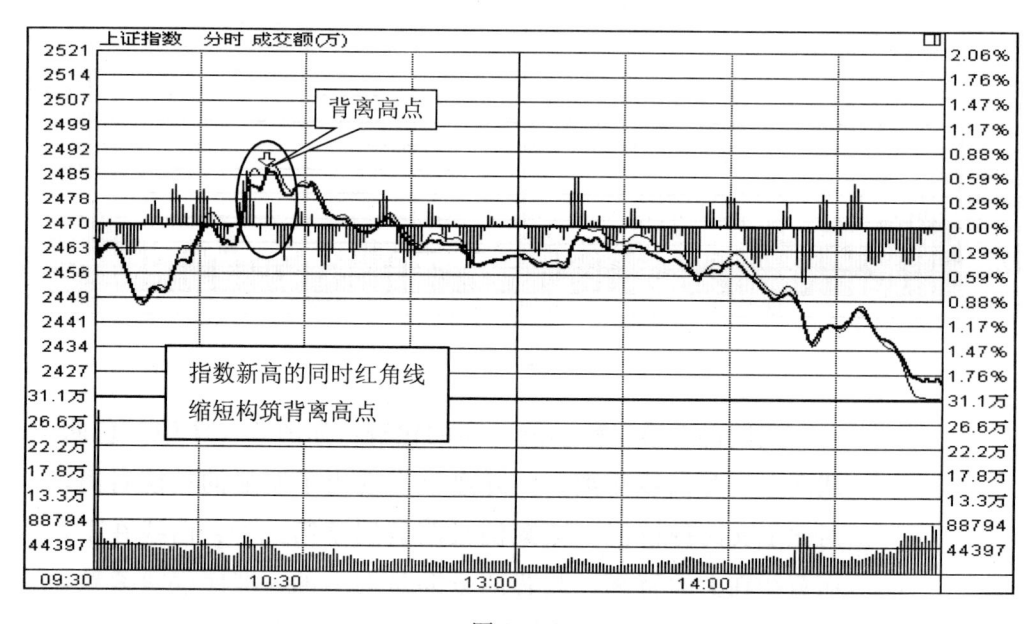

图 5-38

案例要点总结：

①白色曲线新高的时候，红角线呈现重心回落趋势，即对应的高点为背离高点；

②背离高点的位置为当时的最高点，也成为了当天的最高点；

③背离高点出现的时间在上午第一个小时，可操作性极强；

④操作上首先不能在这里追高，其次应注意风险控制。

我们再来看一个案例，如图 5-39 所示。图中白色曲线和黄色曲线黏合运行，即动能之间是无背离的，那么就看结构性的背离了。随着分时线震荡走低，白色曲线不断刷新低点，临近中午收盘的时候，绿角线在白色曲线新低的时候却呈现重心上移的态势，即形成了结构性的背离低点。而且背离低点出现的位置是当时的最低点，事实上也是当天的最低点。唯一不好的地方是临近中午收盘，上午收盘前可以先不抄底，但绝对不能割肉了，等待下去确认后再进场也可以。从背离低点开始，分时线持续震荡爬升，整个下午运行上行周期。

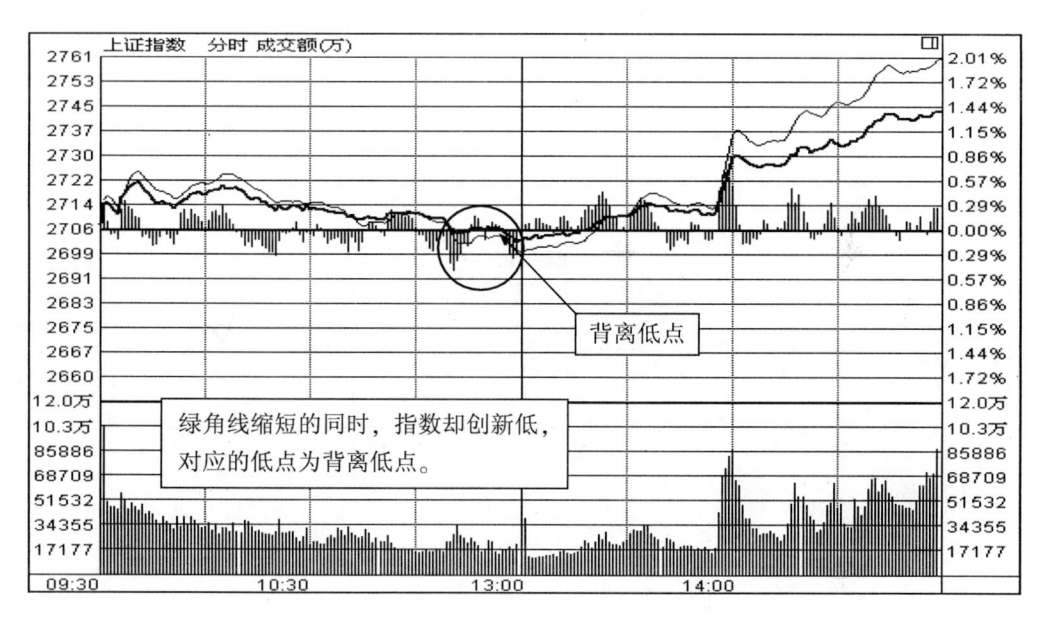

图 5-39

案例要点总结：

①白色曲线新低的时候，绿角线呈现重心上移趋势，即对应的低点为背离低点；

②背离低点的位置为当时的最低点，也成为了当天的最低点；

③操作上首先不能在这里割肉，其次应注意抄底。

我们再来看一个案例，如 5-40 所示。图中白色曲线和黄色曲线敞口激增，可见首先是动能背离，然后再看是否叠加了结构性背离。从刚刚开盘就透露了重要的信息，即白色曲线在上，黄色曲线在下，分时线呈现黄白线的动能背离，关键的问题是此动能背离个股偏弱，权重再强市场也没有利润，最好的结果是赚了指数不赚钱，最坏的结构是分时线随着动能背离的加剧构筑大级别高点，而后震荡回落。事实上，图中白色曲线冲高后，由于没有黄线的共振支撑，白色曲线构筑大级别高点，整个下午运行震荡下行结构；另外，结构上依然呈现了背离结构，临近中午收盘的时候，白色曲线不断新高，而与之对应的红角线持续重心回落，即结构上也形成了背离，临近中午收盘形成背离高点。所以图中的高点是动能背离和结构性背离的叠加，高点的级别较大，不仅仅是不追高的问题，应及时进行风险控制。

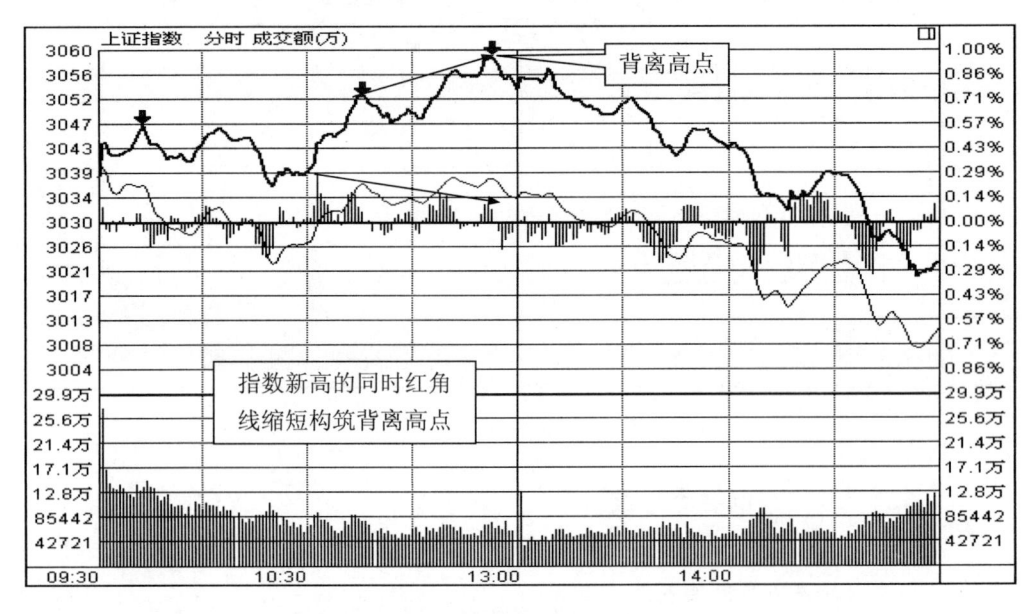

图 5-40

案例要点总结：

①黄、白线敞口持续扩大，形成动能背离；

②白色曲线新高的同时，红角线呈现重心回落之势，即形成结构性背离；

③结构性背离高点与动能背离高点叠加的位置，是当时的最高点；

④操作上不仅仅是不能追高，而且要及时进行风险控制。

我们再看一个案例，如图5－41所示。图中随着白色曲线的不断新高，红角线呈现重心回落之势，开始逐渐缩短，首先是形成了背离高点。但背离之后没有马上回落，红角线继续释放，白色曲线继续向上反攻，对应的高点为动能的衰竭性高点，由于临近中午收盘，在不追高的前提下，要注意风险控制。

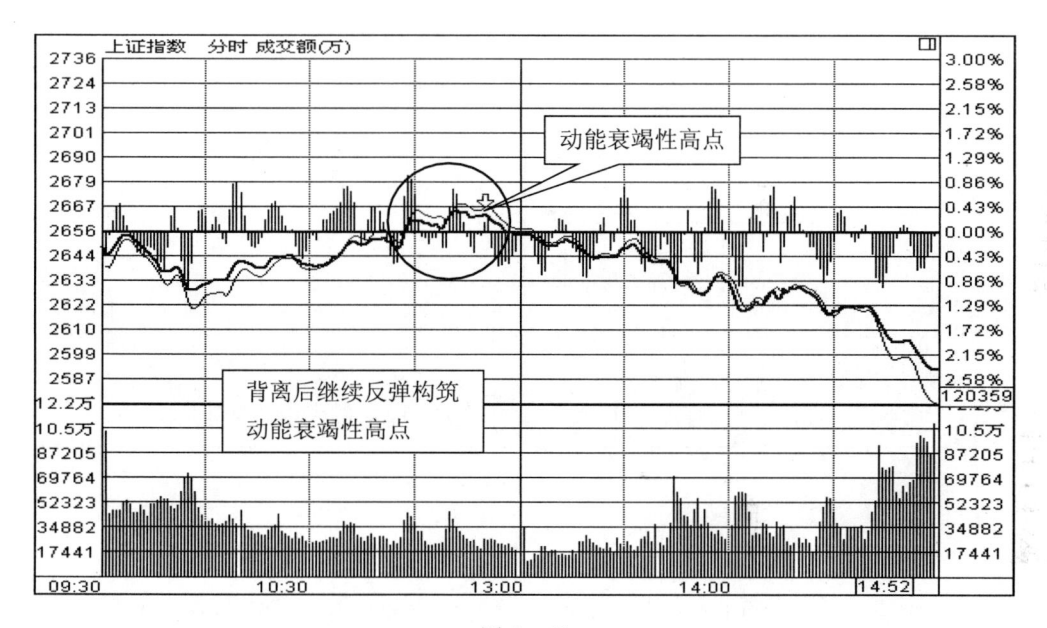

图5－41

案例要点总结：

①随着白色曲线的新高，红角线缩短，先构筑了背离高点；

②背离高点后红角线再度释放，白色曲线继续反攻，形成动能衰竭性高点；

③临近中午收盘，可等下午确认，但不能在这里追高。

我们再来看一个案例，如图5－42所示。图中随着白色曲线的新高，黄色曲线却向下运行，这是明显的动能背离，动能不同步，指数新高犹如无线的风筝，也许乘风还能惯性冲高，但最终还是会落地的。所以随着黄色曲线的持续走低，

双龙战法

白色曲线构筑大级别动能背离高点。背离高点出现的时间是上午1个小时左右，不需要随后行情的确认，在不追高的前提下，进行风险控制。

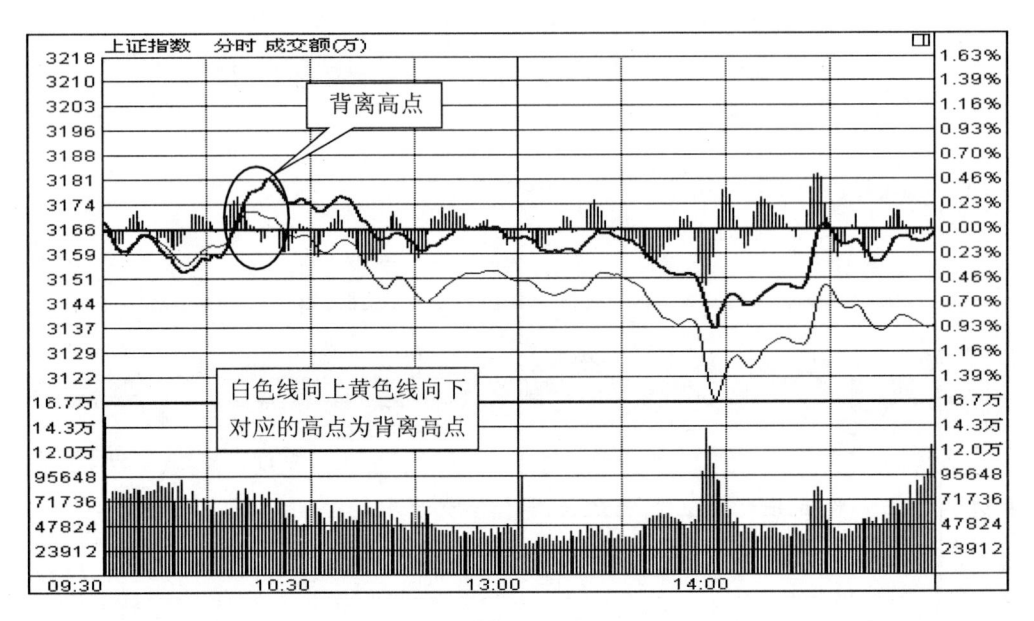

图 5—42

案例要点总结：

①随着白色曲线的新高，黄色曲线向下运行，即形成动能背离；

②开盘1小时内形成，无需确认，不追高的同时注意风险控制。

后　　记

　　我记得有一年的冬天，雪下得很大，股市也异常的"冰冷"，有位博友在我的博客中给我留言说："冯老师，有你的陪伴，这个冬季我不会感到寒冷。"这位博友的这句话整整温暖了我三年，并且在我心中最脆弱的地方烙下了深深的印记。有句话是这样说的："你的能力有多大，你的责任就有多大。"是的，本人不才，我并没有特殊的能力，但是从我决定写这本书的时候，我就告诉自己："我要用心写好每一句话、每一个词、甚至每一个字。"我没有很绚丽的文采，但全书的每一个字都是我用心来写的。我经常告诉身边的朋友：股市并无专家，什么是专家？前面有一个坑，你不小心掉进去了，等到我走过来的时候，你告诉我这里有个坑，对我来说，你就是我的专家，就这么简单。本书是我多年来经验的沉淀和积累，《双龙战法》立足强势市场，在安全气囊内充分加固技术形态的可操作性，大大提高交易的执行力，建立自己的稳定获利系统为终极目的。

　　我个人非常敬佩股市技术分析者，因为每一个技术都是用血和泪换来的，每一个技术背后都有一个心酸的故事。

　　本书内容虽然是我多年来实战的经验总结，但不排除会有疏漏，希望广大读者批评指正。正所谓：批评不自由，表扬无意义！特此公开我的个人邮箱：fkwfs@sina.com，非常乐意和投资者进行学术沟通和交流。